U0513573

乃武乃文 惟精惟一

上海精武体育会体育现代化研究
（1910–1937）

胡玉姣 著

上海古籍出版社

图书在版编目(CIP)数据

乃武乃文　惟精惟一:上海精武体育会体育现代化研究:
1910—1937 ／ 胡玉姣著.—上海：上海古籍出版社，2018.9
ISBN 978‐7‐5325‐8956‐2

Ⅰ.①乃… Ⅱ.①胡… Ⅲ.①体育组织‐研究‐上海—
1910-1937 Ⅳ.① G812.175.1

中国版本图书馆 CIP 数据核字(2018)第178518 号

乃武乃文　惟精惟一
上海精武体育会体育现代化研究（1910—1937）

胡玉姣　著

上海古籍出版社出版发行
（上海瑞金二路 272 号　邮政编码 200020）
（1）网址：www.guji.com.cn
（2）E-mail：guji1@guji.com.cn
（3）易文网网址：www.ewen.co
浙江临安曙光印务有限公司印刷
开本 890×1240　1/32　印张 8　插页 2　字数 208,000
2018 年 9 月第 1 版　2018 年 9 月第 1 次印刷
ISBN 978‐7‐5325‐8956‐2
G·699　定价：55.00元
如有质量问题,请与承印公司联系

目　　录

导　言

上海精武体育会①是我国近代体育史上规模最大、延续时间最长的民间体育组织，1910 年创建，至今已有百年历史。在这一百余年的历程中，精武体育会除教授武术外，还开展网球、足球、篮球、乒乓球、溜冰、田径、台球、木马等现代体育活动，另外所设音乐、摄影、兵操、文事等部门，皆有专业人士指导和管理。上海精武体育会先后指导建立国内外精武体育会近 60 所，其中抗战前建立的分会就有 49 所，会员多达数十万人，在国内外都产生过很大的影响，也为我国培养了许多优秀的体育人才。② 近代是中国现代体育理论构建、中国传统体育改革、西方体育运动项目及管理模式引进以及中国体育社会化的重要历史阶段，本书以上海精武体育会为研究对象，考察其在 1910 年成立至1937 年抗战爆发前这段时期内，作为近代规模最大、延续时间最长的民间体育组织，对上海城市体育甚至近代体育现代化所产生的影响。

体育的发展在近代经历了一个由"体操"③体育向现代体育转变

---

①　因各地建立的精武分会也称为"精武体育会"，如没有特别说明，本书所称"精武体育会"或"精武会"皆指上海精武体育会，1921 年之后则指设立于上海的"中央精武体育会"（简称"中央精武"或"精武总会"）。本书所述内容集中在 1910 至 1937 年之间，由于历史事件的延续性，有些内容超出此时间限定范围。

②　香港精武会：《精武史略》，《精武》2008 年第 9 期，第 46 页；《精武杂志》，上海档案馆，卷宗号 Q401-10-31、SC0064、SC0065；《上海精武体育会征求特刊》，上海档案馆，卷宗号 Q401-10-27,018；《上海精武体育会征求特刊》第 2 卷第 10 期，第 8 页，上海档案馆，卷宗号 Q401-10-28。

③　对于"体操""体育"二词的来源，有学者考证，认为皆是近代的留日学生将其引入中国的。日本汉字"体操"一词的解释是"为达到健身目的而进行的人体有规律的操练"，被我国军事、教育、体育界所接受，而直接引用了日本的"体操"一词，该词泛指（转下页注）

的过程,这个过程因与中国民族危亡牵连在一起,从而赋予了体育"强国""救国"的时代任务,并且成为彰显中国现代化不可或缺的部分。19世纪中期以来,为抵抗外侮,中国各阶层民众纷纷寻求救国救民、挽救民族危亡的道路,"体育救国"的观念逐渐为越来越多的国人所接受。到20世纪初,形成为一股强大的军国民体育思潮,主张"尚武救国",全民皆兵。在这种"体育救国"理念的指导下,西方兵式体操从最初在军队和学校中普及,逐渐向社会扩展,并一度成为近代"体育"的代名词。五四运动前后,西方的实用主义、自然主义体育思想传入中国,引起国内外体育界对军国民体育的反思和批判,人们开始更多关注体育的健身、娱乐,以及它与人体生理、心理的契合等功能,也开始将中国体育纳入西方体育竞赛、体育现代化的视野中进行考量。体育场馆的建设、体育运动的普及、体育竞赛的成败,也成为当时政要们衡量政绩大小、社会现代化程度的主要指标之一。近代体育完成了由"体操"体育向现代体育的转变。

近代是西方体育运动项目东渐,本土体育运动项目发展和改革的重要时期。为了实现体育救国的理想,国人不仅引介和吸纳有关西方的体育教育理论,作为其推广体育的理论基础,而且积极引进西方体育运动项目及其管理运作模式,希望通过学习西方的体育赛事和组织,在与西人的竞赛中赢得比赛,"师夷长技以制夷"。同时,国人还从中国传统的体育运动项目中寻找出路,将中国传统武术视为

(接上页注)一切体育活动,也包括了一切身体教育的内容。由于受条件限制,近代国人对体操的认识基本上局限在兵式体操上。"体育"是在1897年底,在康有为收集并编纂的《日本书目志》的第五册"教育门"(卷十)中首次出现。几乎与之同时,上海南洋公学编的《蒙学读本》上也出现了"体育"一词,并首次将"德育""智育""体育"三词作为一个完整的教育口号提出。开始时"体育"与"体操"混用,所指皆为与身体锻炼和身体教育有关的所有内容。这种"体操"与"体育"的混用一直延续到1922年。1922年后北洋政府颁布《新学制课程标准》,把学校的"体操科"改为"体育科","体育"一词得到官方的认可和确认,从此"体育"一词逐渐被人们普遍接受。参见杜俊娟:《"体操"与"体育"的词源学略考》,《北京体育师范学院学报》1998年第3期,第76—77页。

中国式的体育,先是借助西洋体育的运动模式对其加以改造,走中国武术与西方兵操相结合的路子,之后为了适应国际体育竞赛的需要及体育健身功能凸显的趋势,开发和挖掘中国武术中的竞技、娱乐、健身等性质和功能,试图用中国传统的体育模式抵制西方体育文化的入侵。

上海精武体育会是近代军国民体育思潮的产物和重要组成部分。上海精武体育会成立于军国民体育思想称盛一时的年代,它的成立与中国武术名家霍元甲息息相关,又与陈其美等爱国人士的革命活动密不可分,是二者的结合共同缔造了这个带有军国民性质的民间体育社团。受五四新思想、新文化的洗礼,上海精武体育会逐渐改良军国民体育思想,使体育向健身、娱乐、大众化方向转变,它凭借对东西方体育文化的解读和吸纳,一度成为引领近代上海体育发展方向的民间体育教育组织。

上海精武体育会是近代上海体育现代化发展的推动者和历史见证人。它为人们理解近代体育思想的形成和发展提供了一个实证性案例。近代是个学术百家争鸣的时代,东西方的各种体育思想随西方文化的涌入纷至沓来,人们根据自己的实际需要进行选择和利用,不同的体育思想、体育理论成为人们实现自己理想的理论工具。上海精武体育会成立前后,陈其美、霍元甲等爱国人士借用军国民思想,为上海精武体育会奠定了"尚武"的精神主旨,用它作为训练革命志士的指导思想。实用主义、自然主义体育思想甫兴,便成为具有商人身份的新式知识分子改造上海精武体育会的新的舆论工具,借此他们大胆改革会务,引进西方体育运动项目,开设摄影、音乐、识字等科目,将德、智、体全面发展的教育理念定为会员教育的指导思想,同时更易体操会的名称,将中国传统武术吸纳进"体育"这个现代体育学科之中。受中国传统文化的影响,又接受西方基督文化的洗礼,精武体育会的体育思想中既有浓厚的中国文化的特质,又包含着西方文化的某些元素,既有西方"民主""博爱"式的"大同"观念,又有以牺牲个人主义为核心的"群体"认同。最终,精武体育思想演变为其发展会务、激励会员向学的大精武主义。

研究上海精武体育会,有利于人们深入理解近代中国传统体育尤其是传统武术的发展和改革。精武体育会以"技击术"为立会的根本,以提倡"武德"为皈依,奉行"乃武乃文、惟精惟一"的办会宗旨,在发展体育,强化会员体育技能的同时,普及文化知识,提高会员思想文化素质。一方面,挖掘中国传统武术文化的精髓,认为"无文不行远",因而演绎出武术教学中注重"智育""德育"的全面教育思想,并在"武德"上严格要求,务使会员做到"诚信为本""尚武自律",将"爱国、修身、正义、助人"定为每个人所要遵循的宗旨。另一方面,借鉴西方的体育运动模式,改革中国传统武术的习练形式。这体现在:一是打破家族式"师徒传承"的门户之见,融各派于一炉,采用现代课堂教学模式,进行集体授课;二是结合西方兵操的训练模式,将中国传统武术或编配口令集体操练,或抽取武术动作应用于西方体操中,形成特有的"中国式体操",还借鉴西方舞蹈形式,编练剑舞、凤舞、对舞等精武舞蹈术;三是举行以武术表演为核心的运动会,通过武技阐释的方法,向民众普及武术知识。

谈起近代西方体育运动项目及组织管理模式的引入,也不得不提到上海精武体育会。近代西方体育运动项目最先是作为西方侨民的体育娱乐项目被国人所认识的,随后西方教会学校及教会组织尤其是基督教青年会,将西方体育运动项目作为教育和课外活动内容的一部分,引进到华人学生的教学和体育锻炼中。近代的留学生群体回国后对西方体育的传播,也促进了中国近代体育的发展。随着西方体育运动项目的逐渐普及,西方体育开始向社会层面传播。上海精武体育会紧跟时代步伐,从建会初期便开始引进西方的体育运动项目,并将其专门列为一科,即"游艺"。另外,精武会不仅引进西方体育运动项目,而且还学习西方体育组织,采取民主参议的管理运作模式,在形式和内容上打破了中国传统武术组织所具有的家族式管理模式,成为我们了解西方参议制度在近代中国应用的实证案例。

　　关于近代体育社会化的研究,人们往往更多关注的是近代中国如何引进西方体育,引进的历史背景是什么,引进的途径及在引进过程中哪些人物起着关键的作用,至于近代体育是如何向社会传播及如何扩大传播范围的,却知者甚少。上海精武体育会以其民间体育组织的身份,加深了近代体育的社会化。上海精武体育会通过建立分会的方式,将精武主义推广至国内外。与之同时,上海精武体育会还积极指导建立精武女子体育会,提倡妇女解放。在精武体育会的推动下,体育运动向女界延伸。而精武体育会社会关系网络的构建,也使精武体育的推广和传播深入到社会各个角落、各个层面。上海精武体育会的这些活动不仅仅有对西方体育所带来的冲击的回应,也有自主学习、改造和自身生存、发展的需要。上海精武体育会的体育活动是上海体育现代化的重要组成部分,它在体育上所做的各种努力,促进了中国体育的现代化进程。

　　本书集中研究上海精武体育会在 1910—1937 年间的发展变化,及对中国体育现代化的影响。在研究取向上,有以下几个考虑:

　　(一)在研究视角上,以小见大,借助上海精武体育会这一民间体育社团,探讨近代上海乃至中国的体育现代化进程。这一进程包括体育观念的转变、体育思想的逐步成熟、中国体育现代化、社会化的探索等一系列问题。同时,作者还将从女性的视角,探讨近代妇女参与体育活动的内在动因及外部条件,从而揭示上海精武体育会在推动近代女子体育运动方面所做的贡献。

　　(二)对上海精武体育进行深入、微观的研究。作者依据上海精武体育会的档案资料,并在前人研究的基础上,对上海精武体育会的体育思想、传统体育改革、西方体育引进及体育的社会化等方面做细致、微观的研究,分析精武主义得以迅速发展的深层原因。

　　(三)全面、动态的看待上海精武体育会对体育现代化的影响。该书从近代体育文化、体育思想的传入和引进,传统体育项目的挖掘和改造,对西方体育的吸纳和利用,体育的社会化,体育的女性参与等多角度把握和理解上海精武体育会体育改革和发展的内容,考察这一改革和发展过程的动态因素。

(四)打破精武历史发展进程的纪年式叙述方法,把上海精武体育会对近代体育现代化的贡献浓缩到四个大板块的内容中,四个部分形成并列的四章,共同构成一个完整的研究内容。

精武体育会对近代体育的一个突出贡献,就是构建了一套系统的体育思想——精武主义,它是上海精武体育会所奉行的体育文化理念,也是其发展和扩张的指导思想。易剑东、邱海洪指出,精武主义是东西方文化交融的产物,它以体育(武术)为核心,以弘扬国粹为出发点,根本目标是通过造就体、智、德全面发展的国民,提高国民综合素质,达到社会道德、精神的完善,进而实现世界大同。但精武主义产生的思想根源是什么,它与精武体育会产生的时代背景、历史条件有何关联,精武主义所涵盖的具体内容及其内在结构是怎样的,都有待深入分析。

精武体育会在精武体育思想指导下开展活动,其中的一个重要内容就是对以武术为主的传统体育进行改革。关于这方面的内容,现有研究仅限于对原始资料的梳理和陈述,过于简单和表面化。本书针对精武体育会如何看待传统体育、如何打破传统体育的传承模式、如何适应社会需要提供体操训练内容、如何应对西方新式舞蹈术的挑战以及精武运动会的性质和开展等等内容展开深入的讨论和研究。

对西方体育运动项目、比赛形式以及管理模式的引进和借鉴是本书要研究的另一个重要内容。马廉祯在《略论中国近代本土体育社团对外来社团在华发展的借鉴——以精武体育会对基督教青年会的模仿为例》一文中,从精武体育会和基督教青年会的组织目标与宗旨、组织构成、传播模式、宣传推广等方面入手,分析了近代中国体育组织在发展过程中对外来社团的学习和借鉴,为该书的写作提供了一个思路。但具体到西方体育运动项目的传入途径，它与上海精武体育会引入西方体育项目之间的关系，上海精武体育会如何参与和组织现代体育赛事、如何将体育与文事相结合、如何进行组织管理等内容，有待深入研究。

精武体育会致力于把体育向社会推广的工作，在这方面，研究者多立足于国内外精武分会的建立、精武会社会网络的构建等主题，针对某一方面的内容展开较为深入的研究，缺乏对精武体育社会化内容及其进程的全面把握。该书在已有研究基础上，尽量做到细描与粗写相结合。首先，分析精武体育会通过建立分会的形式将精武主义宣扬到国内外的全过程；其次，探究上海精武体育会在近代妇女解放运动中，是如何推动女子体育的开展的，以及它与妇女解放运动之间的相互促进关系；最后，在对精武体育会社会关系网络的考察中，将个人放置于社会关系网络中进行考察，透过社会关系网络探索精武体育深入的多种路径。

四个部分从内容上讲是并列的关系，相互之间互不统属，缺一不可，共同构成一个完整的主体。从主次上看，四个部分无明显的主次之分，第一章"精武体育思想的形成"是对上海精武体育会产生背景、体育思想形成的一个交代，它是精武体育会整个行动的精神指导，是精武体育会的灵魂；第二章"改革中国传统体育"和第三章"引入西方体育项目及管理模式"是本书研究的两个核心部分，有关传统体育的改革和西方体育的引进，是精武体育会体育活动的主导，二者之间随时间的推移，活动重心有所侧重，大体来说以20世纪20年代中期为分水岭；第四章"精武体育的社会化"是在精武主义思想的引领下，将精武体育活动推向社会乃至全世界实现"大同理想"的具体实践。四个部分形成本书的四个研究内容。具体来说有以下几个方面：

第一章，"精武体育思想的形成"。主要通过分析近代体育思潮的兴起及其社会影响，探讨上海精武体育会产生的社会历史背景，在此基础上重点研究和解读上海精武体育会体育思想的形成及其内涵。

第二章,"改革中国传统体育"。结合中国传统武术"谱系传承"的传播模式,分析上海精武体育会对以武术为主的中国传统体育进行了哪些方面的改革。针对西方兵式体操代替体育盛行全国的现象,探讨精武体育会创编"中国式体操"的深层原因及具体方式、方法。上海精武体育会以挽救"国乐"为名,以抗衡西方健美体操表演为实,本章将探索其如何将武术、舞步与音乐相结合,编制成新式的精武跳舞术。创建精武技击运动会,则是精武体育会展示体育研究成果的重要舞台,也为现代体育运动会的开展奠定了实践基础。

第三章,"引入西方体育项目及管理模式"。把上海精武体育会对西方体育项目及管理模式的引进,放在近代国人对西方体育文化认识和接受的历史大环境下,关注精武会对现代不同体育科目的设置及管理,尤其是其参与现代体育赛事的措施和途径,同时考察它兼办文事的意义和影响。另外,结合西方代议制民主形式在中国政治管理中的应用,探讨上海精武体育会对西方管理模式的借鉴。

第四章,"精武体育的社会化"。重点分析精武体育会在体育社会化方面所采取的策略和手段,以及所产生的效果和影响。

上海精武体育会作为近代规模最大、延续时间最长的民间体育组织,其产生和发展有一个动态的历史过程,在这个动态过程中,虽然精武体育会不断丰富和成熟,它在体育思想的形成、中国传统体育的改革、西方体育的引进等方面,不断地学习借鉴西方,中西融合,取长补短,但是由于受中国传统文化的影响和约束,又使得这些学习和借鉴而来的产品非中非西、似是而非。这是历史的产物,也是时代的需要,是近代体育向世界靠近,走向现代化的必经之路。

第一章　精武体育思想的形成

　　上海精武体育会是在近代体育思潮影响下建立并发展起来的，它的主要管理者是受近代新式教育的知识分子，又是当时颇有成就的商人，既受传统文化的熏陶，也接受西方先进的思想。他们将精武体育会当作一个学校、一个俱乐部性质的企业进行管理和经营，在建设校园文化或企业文化时，既吸取儒、佛、道等中国传统文化内涵，同时又吸收西方基督教文化的精神内容，将培养具有"诚信""尚武""合群""牺牲"精神，"体""智""德"全面发展的社会民众为己任，在实践层面形成了独有的精武思想体系，即精武主义。

第一节　近代体育思潮的兴起及其影响

　　中国近代对体育发展以及民间社团影响较大的体育思潮，是兴起于清末民初的军国民教育思潮及"五四"前后传入的实用主义、自然主义体育思想。另外，国内还相继出现过国粹主义、民族主义等体育思想。这些体育思想或思潮的存在与中国近代体育的发展相互影响、相互促进。

　　军国民教育思潮产生于清末民初，其思想核心是批判传统柔性文化，提倡尚武精神，增强国民体质，在学校中实施军事体育，教授军事知识，在社会上加强军事教育和军事训练，使学生和普通民众具有军人品德与能力，达到寓兵于民、全民皆兵的目的。

　　军国民教育思潮的兴起有着深远的社会历史原因。19 世纪后半叶，西方列强借助坚船利炮，打开了中国的大门，借助不平等条约的保护,纷纷在中国划定租界,创办教会学校。在这种情况下,西方文化生活方式及新式学校教育模式强行闯入国人视线中,迫使国人逐渐接受和学习西方。这种接受带着深深的屈辱和不甘。两次鸦片战争,中国皆以丧师辱国、割地赔款而告终。19世纪70年代以后,中国的民族危机和边疆危机日重,1894年中日甲午战争爆发,中国海军几遭全军覆没,洋务派筹办的长达三十余年的"自强"运动失败。甲午战败,中国被迫割让台湾及附属岛屿、澎湖列岛给日本,赔偿巨额战争赔款。战后,列强掀起瓜分中国的狂潮。1901年《辛丑条约》的签订,再次激起国人的民族危机感,"国势危急,岌岌不可终日,有志之士,多起救国之思"。①

　　空前的民族危机刺激着中国的先进知识分子,也激发了传统文化结构中的民族尚武意识。早在19世纪中后期,以曾国藩、李鸿章、左宗棠、张之洞等人为代表的"洋务派",就提出"自强""御侮"的革新主张,将西方兵操引进洋务新军的练兵中,随后在其举办的军事学堂如天津水师学堂、广东水师学堂、江南水师学堂、天津武备学堂等的教学计划中,也列入有关军事、武备训练等科目,用以培养军事人才。以康、梁为代表的维新派,也积极倡导体育教育,希望通过体育锻炼达到"强民""强种"的目的。梁启超在戊戌变法失败后流亡日本,在亲身体会到日本举国一致的"好武雄风"后,呼吁中国仿效斯巴达、德意志、日本等国的尚武教育,自立自强,号召同胞"练其筋骨,习于勇力,无奄然颓惫以坐废也"。② 1903年梁启超在《新民丛报》中刊发《论尚武》一文,提倡"尚武"以拯救国家。他认为"尚武者,国民之元气,国家所恃以成立而文明所赖以维持者也"。③ 1904年更是出版了《中国之武士道》一书,鼓吹尚武精神。

---

① 孙中山:《孙中山选集》,人民出版社,1981年版,第110页。
② 梁启超:《饮冰室文集(第一集)》,云南教育出版社,2001年版,第621页。
③ 洪治纲主编:《梁启超经典文存》,上海大学出版社,2003年版,第53页。

心系民族危亡,留日学生大力宣传和鼓吹军国民思想。甲午战后,中国仁人志士,为救亡图存,四处寻求富国强兵道路,留日学生中就有一批专攻体育和军事的人。1902 年,留日学生蔡锷在《新民丛报》上发表《军国民篇》的文章,比较详细地阐述了自己的军事救国思想。在《军国民篇》中,蔡锷认为中国的前途和希望、中国由弱变强的关键在于"陶铸国魂","建造军国民",最后达到国家的富强。该文还指出:"居今日而不以军国民主义普及四万万,则中国其真亡矣。"[1]这是中国较早宣传军国民主义的文章,不仅引起国内各界的瞩目,而且在日本留学生界也激起热烈的反响。同年,另一留日学生蒋百里发表《军国民之教育》一文,系统而具体地提出了军人精神教育的大纲及其在学校、社会、家庭各方面实施军国民教育的方法。此外,留日学生陈天华等主办的《游学译编》《浙江潮》等刊物,也纷纷载有鼓吹军国民教育的文章。留日学生军国民教育的言论与主张,通过各种渠道在国内广泛传播,从而在中国掀起一股强大的军国民教育思潮。

在国内尚武之风愈刮愈烈之时,拒俄运动成了军国民思潮兴起的直接推动力。义和团运动期间,趁中国混乱之机,沙俄单独出兵侵占了我国东北三省,遭到中国人民的强烈反对。在帝国主义国家的干预下,1902 年 4 月,中俄双方订立了《交收东三省条约》,规定俄军自条约签字之日起一年半之内撤出军队。但沙俄不仅违约不撤,反而增派军队,并向清政府提出无理要求。为了抗议沙俄对中国东北的侵略,1903 年,留日学生在东京集会,蔡锷与黄兴等人发起并组织"拒俄义勇队",定期训练,准备为国赴难。5 月,拒俄义勇队改名为"军国民教育会",确定以"养成尚武精神,实行爱国主义"为宗旨。该会决定派黄兴、陈天华等以运动员的身份回国组织起义。

国内以上海为中心也纷纷组织拒俄运动。1903 年 4 月 27 日,

---

[1] 曾业英编:《蔡松坡集》,上海人民出版社,1984 年版,第 15 页。

上海各界爱国人士一千余人在张园(原名味莼园)召开拒俄大会,呼吁国民应具有"军国民之精神",同心协力,抗拒俄国。会中,留日学生来电表明已组成拒俄义勇队,与会者当即表示支持。同时,在日本军国民教育会的影响下,成立于1901年3月,以蔡元培、黄宗仰为首的上海中国教育会也改名军国民教育会。国内外密切联系,遥相呼应。稍后,湖北、江苏、安徽、浙江、江西、广东、直隶(河北)等地也掀起拒俄运动,一场群众性的拒俄运动在全国迅速展开。

这一运动与当时甫兴的民主革命相配合,使军国民教育顿时成为一股强大的洪流。资产阶级革命派用军国民教育思想组织革命力量,号召群众通过"军国民"或"尚武"教育,武力推翻清政府的专制统治,实现富国强兵、抵御外侮的目的。军国民教育思潮对近代体育发展产生了深远影响,主要表现在以下几个方面:

首先,在军国民教育思想的影响下,国人很快接受了体操等军事教育内容,将兵式体操作为进行军国民教育的主要体现。20世纪初开始,一些爱国人士纷纷将军国民思想引进教育中。蔡元培1901年任南洋公学特班总教习时,就开设了以兵式体操为主的体操课。1902年,他创设当时上海两所最进步的学校,即设于南京路福源里的爱国学社和设于白克路的爱国女学,设置体育科目,实行军事训练,并在爱国学社组织中国教育会,自任会长。1903年,黄兴留日回国,任教于湖南明德学堂,教授兵式体操,以尚武爱国思想教育学生。陈独秀则于1905年后在安庆办学,强调体育课应注意"体操发展全身的力量",并提倡军国民教育,号召青年参加军训。①

军国民教育思想出现后,清政府也在内忧外患的处境之中对军国民教育思想有了共鸣,先后颁布一系列教育法令,提倡军国民教育。1902年,直隶总督袁世凯拟订小学堂、中学堂及师范学堂的暂行章程,依年龄分别授以柔软体操、器具体操、兵式操。这是普通学

---

① 毛注清:《黄兴年谱长编》,中华书局,1991年版,第45页。

堂实施体操教育的开始。1904 年,清政府颁布《奏定学堂章程》(癸卯学制),规定各级学堂一律开设"体操科"(或"体育科"),以练习兵式体操。1906 年的《学部奏宣示教育宗旨折》,将"尚武"列为宗旨之一,并要求"凡中小学堂各种教科书,必寓军国民主义",把兵式体操列为体育课的主要训练内容。[①]

中华民国成立后,军国民教育思想仍然得到重视。1912 年 9月,教育部颁布教育宗旨:"注重道德教育,以实利教育、军国民教育辅之,更以美感教育完成其道德。"[②]时任教育总长的蔡元培还将教育分为军国民主义教育、实利主义教育、道德教育、世界观教育和美育教育五种,并认为此五者,"皆今日之教育所不可偏废者也",其中"军国民主义为体育","军国民主义毗于意志",[③]几乎将军国民主义与体育等同。继蔡元培任教育总长的范源濂基本上承继蔡元培的教育思想,大力提倡尚武精神,倡导军国民教育。"强国""强种"一时成为体育界乃至教育界的响亮口号。

以袁世凯为首的北洋军阀篡夺政权后,出于政治斗争的需要,也提倡所谓"尚武"精神。当时,无论是地方军阀,还是各政治团体,纷纷利用军国民教育思潮,鼓吹"尚武",希望借此达到其扩充军事实力、掌控青年学生的目的。

第一次世界大战期间,军国民思想再度掀起高潮。第一次世界大战爆发后,实行军国主义教育的德国势如破竹,锐不可当,使一些人更深信实行军国民教育的必要。不久,日本趁列强无暇东顾,占领胶济一带要地,1915 年 1 月 18 日,日本提出"二十一条"要求,中国交涉失败,激起国人强烈的民族情感,军国民思潮再度席卷全国。

---

① 舒新城:《中国近代教育史资料》(上),人民教育出版社,1981 年版,第 220 页。
② 教育部总务厅文件科:《教育法规汇编》,民国八年(1919)五月,第 87 页。
③ 中国蔡元培研究会:《蔡元培全集》(第二卷),浙江教育出版社,1997 年版,第12 页。

其次,在军国民教育思潮的影响下,体育界掀起军国民教育的热潮,各种大小不一的体育社团和组织纷纷出现。这些体育组织一方面是在军国民教育思潮的影响下成立的,另一方面也为近代军国民教育思潮的发展起着推波助澜的作用。

较早出现的带有军国民体育色彩的近代社团是上海的中国教育会和爱国学社。中国教育会1902年4月以蔡元培为首的爱国知识分子在上海创立,蔡元培任会长。同年11月,蔡元培辞去南洋公学教习工作,于11月26日以中国教育会名义成立爱国学社,并任爱国学社总理,吴稚晖为总监,聘请章炳麟、蒋维乔为教员。爱国学社成立后,开设体操课程,灌输民主思想,将军国民思想付诸教学实践,直到1903年5月受《苏报》案牵连而被迫解散。①

继爱国学社之后,全国各地成立了众多的带有军国民色彩的体育社团和组织。如革命党人王人杰在河南成立河南体育会,聘请毕业于武备学堂的人士为教习,训练会员;1903年,浙江嘉兴成立嘉兴竞争体育会;1905年,徐锡麟创立绍兴体育会,以兵式体操训练学员;1906年,杭州一些进步人士创建杭州体育会,提倡尚武精神、强种兴国;同年,倪开鼎创办苏商体育会,以柔软体操、器械体操、兵式体操等各种操法传授会员;1907年,黄由甫成立广东体育会,规定每星期日进行体操操练;1910年,杭州成立了杭垣国民尚武会,习练兵式体操,宣传尚武精神;1911年,王经五在湖南成立湖南体育会、士商体育会;同年,浙江嘉兴成立嘉兴农余体育会。这些体育社团和组织皆以体育为宗旨,提倡国民体育训练的尚武精神。

在全国各地纷纷成立各类以体育为宗旨的社团的同时,上海的爱国人士有鉴于国民身体羸弱致蒙"东亚病夫"之诟,欲图自强雪耻,也先后组织一系列体育社团。除前述中国教育会和爱国学社外,

①　杨涛:《蔡元培与中国教育会及爱国学社》,《文史杂志》,2009年第1期,第34—36页。

1906 年,穆湘瑶等在沪南创设沪学会体育部;李平书、王一亭等在南市创设商业体操会;郁怀智等为培养商战人才、建立商团基础,在上海成立商余学会;苏本炎在上海成立商学补习会;吴馨等在上海成立沪西士商体育会等。这些社团招收工商店东、职员、知识分子为会员,以兵式操练、徒手操、柔软体操、木枪、杠子、田径等为训练内容,同时聘请社会名流演说致富图强的各种道理。不久,五团体联合组成上海商团公会,以求集中事权。商团公会推李平书为会长,规定各会会员每日早晨进行操练,以 3 年为毕业期,达到毕业资格后,由上海道发给文凭,方能升入公会为团员。因上海商团公会在维持地方秩序、服务社会方面成绩卓著,一度获得官府的信任。①

1906 年是上海体育组织成立较多的一年,除上述组织之外,上海务本女塾成立女子体操传习所,李平书、朱少屏、袁公诚等在上海创办上海体操研究会,李平书还创办商业体操会。上海北区华商体操会则以"健身、卫生、尚武、强种"为号召,借经商之暇组织会员练习体操;上海南区商业体操会也以经商余暇,先习体操,后习兵操,欲与上海北区华商体操会相联络,以互相保护。

1907 年,徐一冰等人在上海创办中国体操学校。1909 年,上海体育会成立,该会以训练兵操为主,凡"四民无暇入学校者"皆可入会习练;同年,上海华商体操会和上海商业体操会相继成立,皆以训练兵操为主。1910 年,中国精武体操会在上海成立;同年,上海商团体育会成立,以研习兵学,造就军国民人才为目的,并以军人之模范自许。1911 年,张廷桂在上海创设商务印书馆体育部。

再次,清末民初军国民教育思潮的兴起,推动了中国传统武术的振兴和改革,武术社团纷纷出现。除 1910 年在军国民思潮影响和推动下成立的中国精武体操会外,1911—1920 年,上海成立武术团体13 个,1921—1930 年新成立者达 31 个。其中包括影响很大的中华

---

① 唐振常:《上海史》,上海人民出版社,1989 年版,第 432—433 页。

武术会和上海市国术馆。1919 年 2 月,由吴志青、唐新雨、戈公振、黄警顽等联合发起成立中华武术会,初称中华武侠会,以提倡德、智、体、美四育为宗旨。3 月 15 日,中华武术会在上海公共体育场召开各界人士谈话会,会上推定徐悲鸿、黄警顽、戈公振、吴志青等 18 人为临时干事,4 月初,开设体育部,聘请名师执教。同年 8 月初,中华武术会改称上海武术会,由南商会会长苏筠尚任会长,吴志青任总干事。12 月 10 日,上海武术会又改名为中华武术会。中华武术会也曾在法国巴黎、印尼爪哇等地组织分会。1924 年冬,因中华武术会主要骨干吴志青参加西北国民军,会务主持乏人,陷于停顿。此后虽于 1928 年重建,但会务一直未能恢复。

上海市国术馆原为沪北国术总社,社长张伯璇,副社长袁履登、王云五。1928 年 8 月,奉中央国术馆命令,更名为上海特别市国术馆,9 月,改组为上海市国术馆,聘王壮飞等 11 人为董事。先后有张伯璇、张岳军、吴铁城等人担任过馆长。上海市国术馆设有教练场 7 处,历任教练有刘百川、佟忠义、任虎臣、姚馥春、马华甫、张文发、叶良、朱剑光、马汉章、吴鉴泉、马兵、马子隆、赵寿屯、王振章、刘云祥、刘德生等。上海市国术馆馆址在闸北宝山路三德里,“一·二八”事变中毁于日军炮火,后迁新开河民国路 83 号。该馆在 1949 年解散。①

表 1-1　1910—1930 年上海主要武术团体

团 体 名 称	创办时间(年)	创 办 人
精武体育会	1910	陈其美、农劲荪、霍元甲
拳术研究会	1911	汪禹承、吴荫培
南洋大学技击部	1912	黄照临、李鸿儒
中华国技传习所	1914	刘震南
上海武学会	1915	朱国福

---

① 《上海体育志》编纂委员会编:《上海体育志》,上海社会科学院出版社,1996 年版,第 68—70 页。

（续表）

团 体 名 称	创办时间(年)	创 办 人
中华拳术研究会	1916	向逵
广肇公所技击部	1916	霍守华
武术学会	1918	铁夫
武技研究会	1918	张子武
江苏教育会附设体育研究会国技部	1919	唐豪、周启明
中华武术会	1919	吴志青
圣约翰大学拳术研究会	1919	徐云岳
昌明技击传习所	1919	金殿传
中华拳术研究会	1919	吴荫培、刘百川
国技研究会	1922	刘仁
国育武术研究会	1922	查瑞龙
普及武术会	1922	余鲁卿
中华剑术研究会	1922	朱剑华
中国武术社	1923	王子平
中华尚武会	1924	王汉礼
安徽拳术研究会	1924	刘百川
慕尔堂技击团	1924	王亦樵
致柔拳社	1925	陈微明
集精武术团	1925	包胜才等
中华体育会国术研究院	1926	肖格青
武当太极拳社	1926	叶大密
上海国术协进会	1927	唐豪、徐致一
汇川太极拳社	1928	武汇川
上海市国术馆	1928	张伯璇
中华国技学会	1928	马景援、李景林
中华太极拳研究社	1928	

（续表）

团 体 名 称	创办时间(年)	创 办 人
尚德武术研究社	1928	贾铁成、叶良
中国内功研究社	1928	庄欣荣
中华国术协会	1928	褚民谊、李景林
尚武进德会	1928	姜容樵
中华武当太极拳研究社	1929	褚桂亭、武汇川
尚志国术社	1929	吴翼翚
螳螂拳研究社	1929	杨维新
意拳社	1929	王芗斋
国术太极拳学社	1930	黄金荣、江子诚等
尚武国术研究社	1930	夏子刚、杨奇范
民强国术团	1930	廖松柏
上海武学研究社	1930	施乘骝、郑启亭
良华国术学校	1930	徐剑英
鉴泉太极拳社	1930	吴鉴泉

资料来源：《上海体育志》，上海社会科学院出版社，1996年6月第1版，第70—71页。

继军国民教育思潮兴起的是实用主义、自然主义体育思想。实用主义与自然主义体育思想是在同一时期传入中国的两种体育思想，他们分属于不同的体育派别，都对中国近现代体育产生了深刻的影响。很多时候国人对二者并未有严格的区分。实用主义与自然主义体育思想的兴起情况及对中国近代体育发展的影响主要表现在以下几个方面：

首先，二者属于同一时期传入中国的两种体育思想。实用主义体育思想是兴起于美国的一种体育学说。19世纪末20世纪初，欧美各国兴起了一场教育革新运动，这次教育革新在欧洲称为"新教育运动"，在美国称为"进步教育运动"。1910年前后，二者开始融合，形成革新欧洲传统赫尔巴特教育理论的国际教育革新运动。美国实用主义教育就是在这种条件下形成的,其创始人是哲学家、逻辑学家和教育家皮尔斯(Charles Sanders Peirce,1839—1914),后经心理学家、哲学家詹姆斯(Willian James,1842—1910)的大力宣传,形成为一场具有国际影响力的实用主义运动。美国教育家、哲学家杜威(John Dewey,1859—1952)则对实用主义思想进行了全面的论述和传播。杜威推崇实用主义所主张的彻底自然主义的经验,强调个人的行动和实践应与现实的生活环境和所获得的实际效果相适应,鼓吹"有用就是真理",反对传统的经验主义,认为"科学试验室"的态度才是正确的"历史的态度"。①

19世纪末,随着美国教育和体育的科学化运动,在美国的进步教育运动和社会化教育中,形成一种"新体育"思想。这种"新体育"挣脱老式的"体操教育"的束缚,按照体育"通过发展身体来教育人"的观点改革体育教育模式。这种"新体育"思想,后来与杜威实用主义教育学说相结合,形成了实用主义体育学派,其代表人物是伍德(T. D. Wood,1865—1951)和威廉姆斯(J. F. Williams,1866—1966),他们认为体育就是通过身体活动进行的教育,目的是培养全面发展的人,在体育手段和方法上,主张采用更自然、自愿、活跃的运动方式。

自然主义体育思想源于18世纪60年代的自然主义教育思想。自然主义教育思想推崇教育应该遵循人的自然天性,反对不顾人的生理和心理特点强制接受违反自然的所谓教育,其代表人物有卢梭(Jean Jacques Rousseau,1712—1778)、巴塞多(Johann Bernard Basedow,1723—1790)、裴斯洛齐(Heinrich Pestalozzi,1746—1827)、福禄倍尔(Fried Froebel,1782—1852)、蒙台梭利(Maria Montessori,1870—1952)、被称为德意志学校体育之父的施皮斯

---

① 郑俊武、邓星华:《美国实用主义教育思想对中国近代体育的影响》,《体育文史》,1998年第1期,第36页。

(A. Spiess，1810—1858)及奥地利的高尔霍费尔（K. Gaulhofer，1885—1941)等人。其中，德国的巴塞多和古兹穆茨（Guts Muths，1759—1839)最先使体育成为学校的正式课程之一。

自然体育的基本观点是，体育应以儿童的生物学和本能需要为出发点，以儿童为中心，要符合他们的兴趣，强调本能的冲动；通过身体运动来教育人，并形成生活技能，善从余暇中获得乐趣；采用游戏、球类、攀、爬、走、跑等运动，促进儿童个性的自由发展。另外，因自然体育思想还强调体育的教育意义，重视体育对人全面教育的作用，主张"体育即生活"，提倡"教育化的体育"，推崇自然生活，而把 19 世纪末 20 世纪初风行的德国和瑞典式体操看作是违反人性的"非自然的"活动或"人工的"东西予以否定和反对。①

20 世纪初期之后，在杜威及克伯屈（W. H. Kilpatrick，1871—1965)等人实用主义教育思想以及桑代克（E. L. Thordike，1874—1949)行为主义心理学的影响下，自然主义体育思想开始在美国生根发展，并与美国实用主义体育思想相互融合。因美国实用主义体育思想的主要观点与自然主义体育思想的基本一致，因而也被称为美国自然体育学派，其对 20 世纪以来的世界体育尤其是学校体育产生了较大的影响。

在杜威来华之前，实用主义教育思想在中国就已经有了一定的影响。早在 1912 年 2 月，蔡元培在其《对于新教育之意见》一文中，评述了西方的实利主义教育，成为在中国最早介绍实用主义教育思想的人。蔡元培出任民国教育总长后，他在制定民元学制时把"实利主义"教育列为教育宗旨之一。1913 年 7 月近代教育家黄炎培在《教育杂志》第 5 卷第 7 号上发表了《学校采用实用主义之商榷》一文。此后中国教育界对实用主义教育的兴趣逐渐增加，很多学者对

———————

① 夏成前、田雨普：《自然主义体育思想的历史嬗变》，《南京体育学院学报》（社会科学版)，2009 年第 1 期，第 26 页。

实用主义教育思想竞相研究。

杜威及其弟子在中国对实用主义的大力传播,使得实用主义教育思想成为了当时教育的一个主流。1919 年 5 月 1 日,杜威夫妇来中国讲学,并在中国进行了两年多对实用主义的传播。杜威的教育主张"教育即生活""学校即社会""从做中学""教育是经验的不断改组改造"等在中国的教育界广泛流传。[①] 在杜威讲学过程中,作为杜威学生的胡适、陶行知等人对实用主义教育思想进行了全面系统的传播和发展。胡适在五四前后通过翻译、演说和著文介绍皮尔斯、詹姆斯和杜威三位代表人物的实用主义哲学,成为我国第一个全面系统传播实用主义的学者。胡适在此基础上提出了"大胆假设、小心求证"的观点,并把它应用到自己的科学研究中去。陶行知则进一步发展实用主义学说,使其成为改革中国旧教育、发展新教育的理论来源。

在实用主义教育思想在中国传播的同时,自然主义体育思想(有时也被称为实用主义体育思想)也被引进中国。最早将自然主义体育思想带到中国的是基督教青年会干事麦克乐(C. H. Mccloy,1886—1959)。五四运动前后麦克乐受基督教青年会的委派来到中国,并于 1916—1926 年间,先后在上海青年会全国协会成立的体育专门学校、基督教青年会体育干事培训班、南京高师体育科担任职务,将自然体育学派的观点系统地传授给吴蕴瑞、董守义等人。袁敦礼、吴蕴瑞等人既接受了自然体育思想,又曾留学美国接受过西方的体育教育,回国后著书立说,积极宣传自然体育思想。由于自然体育思想符合当时资产阶级和民主主义者谋求民主和自由、反对封建化的需要,它很快就在中国盛行。

其次,实用主义和自然主义体育思想的传入否定了军国民体育

---

① A. Boydston(ed),*The latter works of John Dewey*,Southern Illinois University Press,1984,pp. 289—298.

的合理性,推动了近代中国体育的现代化进程。新文化运动时期,随实用主义和自然主义体育思想的引进,学校兵操受到一些进步人士的批评。1919年,第一次世界大战结束,积极实施军国民教育的德国战败,加之战后国际联盟积极提倡和平,更多人认识到军国民教育是帝国主义侵略的工具,主张废除军国民教育的呼声高涨。1920年,全国教育联合会废除了教育宗旨中有关军国民教育的内容,兵式体操在学校体育中失去原有的重要地位。1922年11月,北洋军阀政府公布《学校系统改革令》(即教育史所称之"壬戌学制"),开始把田径、球类和游戏引入学校体育课。翌年又公布《新学制课程标准》,把学校的"体操科"正式改为"体育科",兵操体育从此正式被废弃,我国的体育课逐渐以田径、球类、游戏等欧美流行的运动方式为主。

在西方体育思想的影响下,国民政府开始注重体育在民众教育中的重要性。1927年12月,国民政府大学院(1929年改称教育部)召集成立了全国体育指导委员会。为了管理全国体育活动的进行,1929年4月国民党"第三次全国代表大会"还审议通过中国历史上第一部体育法《国民体育法》,该法案规定"青年男女有受体育之义务",另外还规定了体育的目的、实施体育的方法等原则性内容。1932年8月,国民政府全国体育会议又通过了由吴蕴瑞、袁敦礼、郝更生起草的《国民体育实施方案》。因吴蕴瑞、袁敦理、郝更生都是自然主义体育思想的主要维护者和传播者,因此该方案带有明显的自然主义体育思想的痕迹。《方案》规定国民体育实施的目标:一、供给国民机体充分平均发育机会;二、训练国民随机运用身体适应环境之能力;三、培养国民合作抗敌御辱之精神;四、养成国民侠义勇敢刻苦耐劳之风尚;五、养成国民以运动及游戏为娱乐之习惯。可以看出,自然主义体育思想的确立使得当时中国的体育教育开始考虑人的因素,把体育教育作为使人全面发展的手段。

再次,随着实用主义、自然主义体育思想在中国的传播,一些新式体育组织陆续组建。1916年,中国精武体操会更名上海精武体育会,加大了吸纳西方新式体育项目的力度;1918 年,上海乒乓联合会组织成立,余斌祺任第一届会长(1935 年上海乒乓联合会发起组织"中华乒乓协进会");此后数年中上海又陆续成立华一乒乓队、约翰大学乒乓队、中国棒球研究会等;①其他还有 1923 年成立的上海优游体育会及上海体育会、中国网球会、上海网球会、丽都体育会、东华足球会等。1924 年 8 月,第一个全国性体育组织中华全国体育协进会(简称"体育协进会")成立后,各单项体育协会相继在上海出现,如1924 年冬中华足球联合会成立,每年举办一次全市性联赛;1925 年上海网球联合会成立,每年举办一次联赛,1926 年开始每年举行华人网球公开赛;1926 年上海棒球联合会成立,每年举行有中外球队参加的比赛;1926 年冬中华裁判会成立,下设田径、足球、篮球等组。"鼎革之交,团体林立,如风前春笋,雨后晚菌,触目皆是"。② 近代体育社团的出现,促进了中国体育事业的发展,也为中国近代体育的现代化铺平了道路。

其实,近代除军国民体育、实用主义及自然主义体育思想外,还有国粹主义、民族主义体育思想存在。"国粹主义"是 1902 年到 1905 年间在国内产生的一种体育思想,主要存在于传统武术界。该体育思想主张把武术等传统体育作为"国粹"加以保存和发扬,并在"保存国粹"的口号下,把武术作为"国术"予以推广。"民族主义"是 20 世纪 30 年代出现的一种体育思想,它的主要观点是强调体育是"强国强种"与"复兴民族"的工具,其核心是"全民体育化""体育军事化""军事体育化"。③ 这些体育思想的存在同样对近代体育的发展产生着各种影响,共同推动中国体育向现代化的转型。

---

① 马崇淦等编:《上海体育年鉴》(第一集),上海体育世界社出版,1940 年版,第 23 页。

② 《上海精武体育会内传与章程》,上海档案馆,卷宗号 Q401-10-2,SC0011。

③ 罗时铭、崔乐泉:《中国体育思想史(近代卷)》,首都师范大学出版社,2008 年版,第 284 页。

第二节　上海精武体育会的创建

上海精武体育会在 1916 年之前被称为中国精武体操会,它的创建及易名与近代体育思想的发展与转变息息相关。新文化运动之前,国内军国民教育思潮涌动,不论是在教育界还是在社会上,主张尚武救国、训练军国民的呼声不断高涨,在此情况下,以陈其美为首的爱国革命人士借霍元甲来沪比武之机,成立了具有军国民性质的中国精武体操会。随着西方实用主义、自然主义体育思想的传播,以新文化运动为契机,中国精武体操会内的中坚力量,借助新思想、新思潮,改革体操会,并根据时代发展需要,将体操会更名为"上海精武体育会",完成了上海精武体育会由军国民性质的体育社团向现代体育组织的转变。

中国精武体操会的创建与当时著名武术家霍元甲来沪比武直接相关。1909 年春,在上海北四川路亚波罗影戏院(Apollo Theatre,今四川北路中行大楼六楼)演播影戏过程中,为了娱乐观众,在中场休息时间加插歌舞杂技,英国大力士奥皮音登台表演裸露肌体的举重、健美等西洋力士技术,每场约 20 分钟,一连数晚。在最后一场表演中,奥皮音扬言愿与华人较力,言谈举止中带明显轻蔑华人之意。翌日,奥皮音的言行在上海各报刊上登载,沪人一片哗然。上海的一些爱国人士极为义愤,立誓要与奥皮音一决高下,以雪西人所谓中国"老大帝国病夫"之耻。① 此时,受孙中山所托在上海从事革命活动的陈其美、农劲荪等人,以及爱国人士陈铁笙(后改为陈铁生)、陈公哲等决定延聘天津静海武术名家霍元甲来沪与欧洲大力士奥皮音比武。

陈其美(1878—1916),字英士,1878 年 1 月 17 日出生于浙江湖

---

① 陈公哲:《精武会五十年》,春风文艺出版社,2001 年版,第 1 页。

州,1906年在其弟陈霭士、表叔杨信之的资助下,东渡日本留学,"入
警监学校,学习警政、法律"。① 翌年转入日本东斌陆军学校,学习军
事。在日本留学期间,陈其美结识了徐锡麟、秋瑾等爱国人士,从大
批留日学生出版的革命书刊中,开始接触民主革命的思潮。1906年
冬天,陈其美加入同盟会,同年4月在东京结识蒋志清(蒋介石),不
久结为义兄弟,后来由陈英士介绍蒋志清加入同盟会。② 1908年春
陈其美受遣回国,进行革命活动。回国后往返于浙沪、京津及汉口等
地,联络爱国志士,密谋革命活动,但经过近一年的南北奔波,毫无收
获。1909年春,陈其美回到上海,确定"联络商团,媾通士绅"的活动
方针,结交了上海一大批商界闻人,如杨信之、沈缦云、王一亭、虞洽
卿等。③ 同时,陈其美还兴办报刊,宣传革命。1909年至1910年,在
上海先后创办《中国公报》《民声丛报》,宣传革命。1910年10月,与
于右任、宋教仁创办《民立报》,之后又创办《民生业报》以辅之。④
《民立报》在沈缦云、王一亭、李平书、张静江等人的支持下,宣传民主
革命,报道国际局势。1911年7月,陈其美与宋教仁、谭人凤等人在
上海设立同盟会中部总会,作为规划长江党务的中枢。武昌起义爆
发后,11月1日,陈其美、钮永建及上海城自治公所、上海商团最主
要领导人、预备立宪工会董事李平书等集合商量,决定于11月3日
发动上海起义,支援武昌。经过11月3日的激战,上海于11月4日
光复,选举陈其美为沪军都督,并成立沪军都督府。上海成立了一个
由资产阶级革命党人起实际领导作用的地方革命政权。继上海起义
成功后,在陈其美的积极推动下,江浙独立,南京光复,这些胜利为中

① 王云五主编:《新编中国名人年谱集成第八辑民国陈英士先生其美年谱》,台湾商务印书馆,1980年第1版,第24页。
② 同上,第24—25页。
③ 姚辉、朱馥生:《陈英士评传》,团结出版社,1989年版,第41—44页。
④ 王云五主编:《新编中国名人年谱集成第八辑民国陈英士先生其美年谱》,台湾商务印书馆,1980年第1版,第39—45页。

华民国的成立奠定了基石。

农劲荪,名竹,字劲荪,同盟会会员。出身满族官僚家庭,原籍河北,幼年时,其父在湖北做官,他在湖北长大,自幼熟读诗书。他的启蒙老师是太平天国的志士,太平天国革命失败后隐居湖北,后经友人介绍任农劲荪的家庭教师。该教师不仅学识渊博,而且精通技击,因此,在老师的言传身教下,农劲荪具有爱国思想,且精通技击,为其日后参加革命打下了良好的基础。农劲荪长大后赴日留学,结识留日革命志士,倾向革命。后受孙中山之命回国,在京津一带活动,广结仁人志士,积蓄革命力量。农劲荪在其父资助下,于天津淮庆会馆开设淮庆药栈,以经商为名进行革命活动。后来又因工作需要迁居上海闸北,结识陈其美,共同为革命事业筹划。

霍元甲(1868—1910),字俊卿,天津静海人,是一位富有正义感的民间武术高手。霍元甲出生于武术世家,自小嫉恶如仇。其父霍恩弟,继承祖传武艺"迷踪艺",善于技击,以保镖为业,在河北一带颇有名望。霍元甲排行第四,自幼体弱多病,霍恩弟不许他练武,无奈,他只能偷看其父兄练武,到深夜独自一人在枣园里依样练习,从不间断。后经其父与诸兄指点渐入艺境,练就一身高超本领,却深藏不露,无人知晓。《精武本纪》中有如此描写:"至元甲更复益以内功,旁参各派,尽得技击之神髓。体软如棉,骨坚似铁,虽貌不甚伟,而臂力雄迈,性复尔雅温文,无拔剑张弩态。骤观之,若无能者,鲜有知其为兼擅内外家之雄也。"[①]

霍元甲与农劲荪交情深厚。霍元甲青年时曾以卖柴为生,常挑柴到天津去卖,当时天津有一批地痞,以势欺人,尤其对来自乡间的贫困农民极尽敲诈勒索之能事。一天他们路遇霍元甲卖柴,上前挑衅,被霍元甲教训了一顿。霍元甲以一人之力打败几十个地痞流氓的事传遍天津城,从此名声大噪。后来,霍元甲在天津码头作装卸工

① 《精武本纪》,上海档案馆,卷宗号 Q401-10-48,SC0247。

时遇到农劲荪,农劲荪对霍元甲的武功早有耳闻,二人交谈甚是投缘,于是农劲荪聘请霍元甲到其所经营的淮庆药栈工作。在药栈工作期间,二人常在一起切磋技艺,谈论国家大事,"坦胸置腹,赤诚相见,于是成为生死之交"。①

霍元甲接受农劲荪等人的邀请,曾两次来到上海设擂比武。1909年3月,霍元甲首次来沪,因奥皮音托故要去外埠,二人相约于次年春再比高低。此次霍元甲虽然比武不成,但为了答谢上海民众的热忱,举行了为期三天的武术表演。1910年4月,霍元甲携其徒刘振声第二次来到上海,被安顿在北租界火车站界路的"竹深居"茶馆,亲自到奥皮音所居住的寓所内拜访奥皮音本人,商议比武事宜,期间由陈公哲担任翻译。经数度商洽,双方约定于4月14日下午4时开始比武。

擂台比武自古以来就是中国武术界较量技能高低的一种传统方式。据上海精武体育会会员方长生老师说,近代中国擂台比武较技是很常见的事情,中国人与外国人打擂、中国人与中国人打擂,在人们日常生活中是司空见惯的,每次遇有国人与西人擂台比武,都会吸引大批的观众。霍元甲与奥皮音约定比武当日,通往张园的路上车水马龙,观看比武的人成群结队地涌向比武地点。为了便于霍元甲与奥皮音比武,陈其美等人早在张园的草地东侧搭建好高约三尺六寸、宽约一丈八尺的擂台,但约定比赛时间已过,奥皮音却失约未到,当人们得知奥皮音逃遁的消息后,群情激愤。

霍元甲虽未能与奥皮音比武,但与华人武师的较量同样使其名闻沪上。霍元甲与奥皮音的擂台比武以奥皮音的两次失约而告终,为了平静观众的情绪,主持人在征得霍元甲同意后,改为邀请观众上台表演,表演以不伤害对方为原则,身体跌地分胜负。最先登台要求

---

① 卢丽娟主编:《上海精武体育总会会史(1910年7月—1996年12月)》(未付印),第2—3页。

比武的是一位山东汉子,在协议书上签名"东海赵"三个字。霍元甲先令其徒弟刘振声与之交手。仅数回合,赵武师即败下台来。后上台者为海门张姓武师,是赵姓武师的师父。刘振声再次上台与之比武,二人在台上周旋、打斗约十五分钟左右,不分胜负。第二天下午4时比赛开始,霍元甲登台与海门张较量。霍、张二人环行台中,相机进袭,不久,"张某以右拳向霍击去,霍用右手执张臂,进左足于张之右足后,出左手揽于腰间,轻轻抱起,两足离地,置于地上"。① 台下数千观众彩声雷动,张起身下台,霍再问观众有无愿意上台比赛者,久久无人回应,擂台比赛至此结束。

自经张园比武之后,霍元甲的名声已经"不胫而走,扬名沪渎"。很多人给霍元甲写信,表示希望能跟随其习武,"沪人如黎惠生、农竹、姚蟾伯、蔡少香等时往探视,公哲亦为座上客,时有馈赠,以应旅费,常谈武事"。② 霍元甲乃产生了在上海兴办学堂的想法。1910年4月19—21日《时报》以中国大力士霍元甲名义连登三天广告,内容为:"诸君有愿比试者,即以入场券款作彩,除园主二成扣外,余均归胜者。如愿比拳脚,更佳,惟须早日挂号,以便在华界禀请租地也。再,来函欲学诸君鉴:来函甚多,不胜遍复,怅甚。等比较后,拟立一学堂,以副诸君雅意,并提倡尚武精神,亦快事也。"③

霍元甲设立学堂的想法与陈其美等爱国人士创建军事学校的设想不谋而合。1909年,陈其美在上海联络革命力量、筹备反清革命之时,就一直希望成立一个军事学校,作为培训革命干部的训练机关。陈其美在日本留学期间学的是军事,在上海经营的过程中,认为有准备军事人才的必要。而且,这一时期军国民思潮蔓延,社会和学界充斥着浓厚"尚武"之风。霍元甲的到来,恰恰适应了陈其美鼓吹

---

① 陈公哲:《精武会五十年》,春风文艺出版社,2001年版,第4页。
② 同上。
③ 《时报》,1910年3月10日。

军国民思想、创办军事学校的愿望，"乃运动上海各界人士之好尚技术者谋画创办学校"，"预备挑选同志中志向坚定，体格强健者 50 人，由霍君教授拳术，并及军事学，以 6 个月毕业；再由毕业的 50 人到各处组织同性质的学校，每人再担任教授 50 人。照这样办下去，不到 10 年，可以练成数十万或百余万体力强健并有军事学识的青年，则对于革命运动或军事改良上必有极大的影响"。①

　　陈其美、农劲荪、霍元甲等人经过商议，决定创办精武体操会，此举一方面作安顿霍刘二人之计，另一方面使其成为训练革命青年的场所。1910 年 6 月 14 日（农历五月初八），《时报》上连续数日刊登"中国精武体操会宗旨广告"，内容有："本会宗旨以提倡尚武精神为目的。年龄 12 岁以上 35 岁以下合格。会费鹰洋二元。本会现蒙巡警局批准立案。择于本月 20 日下午三点钟借张园开会，深望绅、商、学、报诸君届时驾临赐教为幸。"落款是"霍元甲谨启"。② 1910 年 7 月 7 日（农历六月初一），中国精武体操会正式宣布成立，农劲荪任首任会长，霍元甲主持武术技击训练并习军事。当时众人筹集到的创办精武体操会的第一笔资金共 100 余元，陈其美、霍元甲、农劲荪、陈铁生等人在上海华界闸北旱桥西一里许的王家宅，寻觅到一所旧式两厢一厅的平房，以月租 14 元租下，作为精武体操会会址。③ 除霍元甲亲自授拳外，还有其徒刘振声及后来的赵汉杰任教练。

　　中国精武体操会从建立之初，便接受了一批走在时代前沿的知识分子为会员，为其日后的发展奠定了基础。1910 年 6 月至 8 月，第一批入会会员共 73 人，陈其美、农劲荪、王一亭、杨谱笙、徐一冰等同盟会会员都是精武体育会的首批会员。这些人在当时的上海滩拥有很大的号召力，而且杨谱笙主持旅沪公学，徐一冰领导中国体操学

---

①　王云五主编：《新编中国名人年谱集成第八辑民国陈英士先生其美年谱》，台湾商务印书馆发行，1980 年第 1 版，第 45 页。

②　《时报》，1910 年 5 月 8 日。

③　陈公哲：《精武会五十年》，春风文艺出版社，2001 年版，第 6 页。

校,很有办学经验,他们所提倡的全面教育思想对日后精武体育会体育思想的形成有很大影响。① 除上述同盟会会员外,第一批学员还有陈公哲、邱亮、李迪初、姚蟾伯、王纬藩、卢炜昌等人。

中国精武体操会成立后不久,霍元甲即遭日本人毒害而死。日本对霍元甲的不满起因于霍元甲与日本武士的比武。上海蓬路(今塘沽路)是日本人聚居的地方,日本人在该地的三元里(今鲁关路附近)设有一家日本技击馆。当日本武士了解到霍元甲仅以其名声就将欧洲大力士奥皮音吓跑,并在张园连胜赛擂对手,加之霍元甲随后又在上海成立中国精武体操会,亲自担任武术教练,十分不服气,于是由日本技击馆出面向霍元甲提出邀约,欲与霍元甲比武较量。为了不给华人丢面子,霍元甲偕同其徒弟刘振声如期前往技击馆赴约。霍元甲师徒赴约的本意,是想与日本武士们切磋武艺,交流经验,并没有比武论高低的意思。但是,与日本武士见面后,日方一再要求较量高低,为不伤和气,双方约定比赛以不损伤任何一方为原则。比赛开始后,霍元甲让刘振声先行与日人比试,双方不分胜负。之后,日本方另换一名柔道会教师出手与霍元甲较量,霍元甲与之交手后,二人进入胶着状态,两手互执,成摔跤形势。日人企图通过袭击霍元甲的方式令其跌翻在地,在遭到霍元甲的反击后,日本武师右足未能站稳,被霍元甲转被动为主动,乘势推倒,不幸跌落在台阶上,摔断了右手。这虽然是无意的伤害,但落败后的日本武士却一直耿耿于怀,与霍元甲结下仇怨。

日本自甲午战争以后,侵略中国领土的野心越来越大,上海的爱国报纸《民吁日报》《中国公报》《民声丛报》《民立报》等纷纷宣传革命,尤其是《民吁日报》,从 1909 年 10 月 21 日到 11 月 19 日,持续近一个月,掀起揭露日本帝国主义侵略真相的热潮。日本驻沪总领事松岗曾亲自向清政府和上海道施加压力,于 11 月 19 日查封了《民吁

---

① 韩锡曾:《精武体育会创始人考辨》,《浙江体育科学》,1995 年第 2 期,第 50 页。

日报》。但人民反日爱国行动仍在继续。此时,陈其美、宋教仁等爱国人士为"间岛问题"所作"排日之举动",更是遭到日本人的痛恨;而1910年由陈其美等人倡办的中国精武体操会也相应引起日本人的注意。日本为警告革命党人,经过密议,决定采取杀鸡儆猴的策略,首先向中国精武体操会的精神领袖霍元甲下毒手。①

霍元甲少年时曾练气功,"吞气横膈,遂伤肺部",故有唠血病,"因曾唠血,面色蜡黄,故有黄面虎之称"。② 当时有人向霍元甲推荐了一名叫秋野的日本医生为其诊治。霍元甲购买了秋野的丹药,服药后病情加剧,众人遂将霍元甲送入新闸路中国红十字会医院诊治,医治两星期不仅未见好转,反而病情日益加重,最后医治无效而逝世。③ 关于霍元甲为日本人害死一事,《精武本纪》记载:1910年9月15日,"力士殁之翌晨,秋医(日医秋野)已鼠窜归窟。力士门弟子大疑,检力士日服之余药,付公立医院察之,院医曰:此慢性烂肺药也"。④ 霍元甲死后,"众人为之办殓,移厝于河北会馆"。⑤ 霍元甲应邀来沪至被日本人所害,时仅6个月。陈其美对霍元甲之死深为悲痛,认为这是因他聘请霍元甲来上海才引起的祸事,对霍元甲怀有深深的内疚,因此,他亲自主持,并以中国精武体操会的名义厚葬了霍元甲。"越一年,运枢北返,精武同人赠以'成仁取义'挽幅"。⑥

霍元甲去世后,接受新式教育的知识化商人成为体操会的领军人物,并最终完成了"体操"向"体育"的转变。霍元甲的突然病逝,使

---

① 详细参见姚辉、朱馥生:《陈英士评传》,团结出版社,1989年版,第46页;莫永明:《陈其美传》,上海社会科学院出版社,1985年版,第29页。

② 陈公哲:《精武会五十年》,春风文艺出版社,2001年版,第8页。

③ 卢丽娟主编:《上海精武体育总会会史(1910年7月—1996年12月)》(未付印),第7页;《精武本纪》,上海档案馆,卷宗号Q401-10-48,SC0033;李润波:《上海精武体育会》(北京市平谷区档案局馆专稿),《北京档案》2007年第10期,第36页。

④ 《精武本纪》,上海档案馆,卷宗号Q401-10-48,SC0033。

⑤ 同上。

⑥ 李润波:《上海精武体育会》(北京市平谷区档案局馆专稿),《北京档案》2007年第10期,第36页。

精武体操会失去了支柱。霍元甲追悼会后不久,首任会长农劲荪因接受新的任务离开上海,陈其美也因忙于革命事业无暇顾及,体操会的会务陷入停顿,革命党人训练武装骨干的计划也因此搁浅。① 此时的精武体操"校中学员日来三五,有些学拳者已不来上课,而上课又无一定时间","学生不来,空悬一块招牌,出入其中者为寄宿之学员,无形中为一间免费公寓","入其门,萧条之象殆如破落之古刹"。② 刘振声对此种情形,不免长吁短叹,谓"长此下去,恐将流落沪间"。③ 不过即使在此窘境下,卢炜昌、陈公哲、黎惠生、刘宸臣、姚蟾伯、邱亮、宁竹亭等仍坚持留在精武体育会内,为精武事业奔波。④

为了改善窘局,体操会内的一部分骨干分子决定搬迁会址,重整会务。鉴于体操会会所破败,又"孤立于田圃中,只有一所房屋,去市区颇遥",为继承霍元甲遗愿,使精武事业重振旗鼓,一批中坚学员陈公哲、卢炜昌等共同商议,决定另选新的会址。⑤ 此时精武体操会学员王维藩为上海万国义勇队中国队员,他了解到万国商团中国义勇队原先在火车站铁路旱桥附近的会址已经废弃不用,该处有一连八间正房,正房前有走廊,房屋附有厨房间和厕所,且有两片草场可供使用,于是由其出面以每年租金 200 元的价格租下以作中国精武体操会新的会所。1911 年 3 月 3 日,中国精武体操会由王家宅迁至铁路旱桥邻近的万国商团中国义勇队旧址,称为第二会所(现民德路南端跨越铁路至北浙江路处,1939 年被日军拆毁)。租金由陈公哲、姚蟾伯等人负担。迁至第二会所后,将房屋略加改装,房屋分别用作练习室、图书室和教师宿舍,又在两片草场的右侧加盖了专供摄影用的

① 姚辉、朱馥生:《陈英士评传》,团结出版社,1989 年版,第 46 页。
② 《精武本纪》,上海档案馆,卷宗号 Q401-10-48,SC0033。
③ 陈公哲:《精武会五十年》,春风文艺出版社,2001 年版,第 18 页。
④ 《精武本纪》,上海档案馆,卷宗号 Q401-10-48,SC0033。
⑤ 卢丽娟主编:《上海精武体育总会会史(1910 年 7 月—1996 年 12 月)》(未付印),第 8 页。

摄影室。

第二会所落成后,为了扭转处于颓势的会务,中国精武体操会大力改革会务,并聘请武术教练来沪任教。首先,体操会邀请商界名人袁恒之担任中国精武体操会会长,通过商界力量加大对体操会的资金赞助。"是时会务既渐扩充,经费日见增益,执事中有典衣资物以相支持者",商界人物开始成为中国精武体操会的核心力量。① 同时,为了筹备经费,体操会"以会款支绌,特假新舞台开运动会筹款",此后精武会每年开秋季运动会一次,"实滥觞于此"。② 其次,霍元甲去世后,其弟霍元卿来到上海,继承霍元甲的遗志,加强对会员的训练。另外,为了扩大教学规模,精武体操会还"遣人赴燕敦请擅斯道者数人"来沪,一时到会者,"如赵连和、赵汉杰、赵观永、李健民、张富猷、李占风、李莲村、霍先生之子东阁等皆擅绝技而富经验者"。③ 其中,赵汉杰本是霍元甲的徒弟,功夫与刘振声相当,擅长双刀。这些人的到来壮大了体操会的实力。

为了进一步发展体操会,以陈公哲、卢炜昌、姚蟾伯为首的受过西方新式教育的骨干成员,决定为体操会重新选择会址并建立自己的会所。中国精武体操会的三个主要成员陈公哲、姚蟾伯、卢炜昌起初并未有创立体育组织的明确意图,霍元甲的去世促使他们开始考虑体操会的前途问题。此三人皆受过新式高等教育,既是精武体操会创建的筹备人,又是霍元甲的第一批学生,三人入会学拳,追随霍元甲左右,深受霍元甲爱国精神教育。在精武体操会学习技击的过程中,陈公哲、卢炜昌、姚蟾伯等人一直在思考武术与改良社会的关系,武术及体育如何顺应时代潮流、强国强民的道理。

1915 年 7 月,上海遭台风袭击,精武体操会门前供学员练武用

① 《精武本纪》,上海档案馆,卷宗号 Q401-10-48,SC0033。
② 同上,SC0248。
③ 同上。

的竹棚被台风卷走,给精武体操会的正常教学带来困难。借此机会,陈公哲、姚蟾伯、卢炜昌三人私下商议,认为目前第二会所会址,也非长久之计,另谋会址,建立新会所,才是体操会长远发展的道路。经过商议,陈公哲当即慷慨献出杨树浦提篮桥倍开尔路 73 号(今惠民路荆州路口)属于他私人所有的宅地 2 亩作为建造新会所之用。于是,由姚蟾伯、陈凤元等人出资,姚蟾伯、卢炜昌二人担任建筑,开始动工建造新会所。[①] 1916 年春,新会所建成,并布置完备,4 月 6 日(农历 3 月 4 日)搬迁到新会所。根据《精武本纪》记载:"五年(1916)春,新会所卒告成功,则陈君公哲、卢君炜昌、姚君蟾伯等为力独多也。未几部署既定,择日迁居,会员茫然未知,群相诧异,几疑此次建筑实成于鬼斧神工,不知由冬徂春三君筹划进行办理,交涉固已疲于奔命、神形交悴矣。窃思之,自国中有技击以来,从未见有如是堂皇,刀、枪、剑、戟,竟得自由映耀于租界日光中者。"[②]

中国精武体操会迁入第三会所后,易名为上海精武体育会。精武体操会几位领军人物筹建新会所期间,正是中国近代史上新文化运动兴起的初期,西方实用主义、自然主义思想已经蔡元培、西方传教士麦克乐(C. H. McCloy,1886—1959)等人传入中国,上海成为研究和传播新思想、新学说的中心。当时,学界掀起一股批判军国民、提倡"正当体育"的呼声,徐一冰就认为军国民体育最大的危害在于误以军事当体育,"学校体操一科,竟以尚武为唯一之目的,以兵士(体操)为必要之教材",认为这是"舍本求末"。为了改变当时国内体育现状,1914 年春,徐一冰将其所办中国体操学校的办学宗旨由"提倡尚武精神"改为"提倡正当体育"。[③] 受新思潮的影响,中国精武体

---

① 卢丽娟主编:《上海精武体育总会会史(1910 年 7 月—1996 年 12 月)》(未付印),第 11 页。

② 《精武本纪》,上海档案馆,卷宗号 Q401-10-48,SC0248。

③ 汤俊霞:《徐一冰体育思想研究》,《山西师大体育学院学报研究生论文专刊》第 24 卷,2009 年 12 月,第 14 页。

操会中接受西方新式教育的知识分子,迅速接受了西方新的学说,考虑到"体操"两字未能完全表达体育的内在含义,1916 年春迁入新会所后,陈公哲等人遂决定将"中国精武体操会"易名为"上海精武体育会","凡一切有关体育者罔不具备"。① 精武体操会的"体操"二字本为军国民教育思潮的产物,易名"体育"体现了这一思潮让位于实用主义体育思想的趋势,符合体育方可强国的时代精神。

　　精武体操会易名,在当时的政治历史条件下,还有着更深层的原因。按照精武体育会一直以来传授的内容看,由"体操"改为"体育"并"不甚适当",按照精武会的教学内容和性质,应改为"拳术、技击或武术会"更贴切,但考虑到精武体育会"地邻租界,恐当局有所误会,以为拳匪余孽",租界当局是否同意立会都将是一个问题;②同时,经过众人商议,认为把武术纳入"国民体育"之列,"一则寓拳术于体育,一则移搏击术于养生",这样又可以拓展武术的发展前途;另外,当时很多人认为,凡是设立社团,多少总会带有"革命"的性质,或者是属于"政治组织",恐怕要招官厅的审查,利用"体育"这一名词,正好可以免去社团自身的政治色彩。③ 经过综合考虑,最终决定将"体操"二字改为"体育"。其实,上海精武体育会新会所所在的倍开尔路地处租界,开办会所须征得工部局的允许,并进行注册。最初以"中国精武体操会"这一名称向工部局申请注册时,"各西人疑虑不允"。经过改造和易名后的上海精武体育会,以现代化的体育组织的面目出现,工部局对其态度大变,"嗣由局长亲行察视,大表欢迎,不特允免照会,且捐款助之",并"任令会员购置器械在会练习"。④

　　精武体育会自迁入新会所,毕业于新式学校同时又受到新文化影响的三位血气方刚的青年陈公哲、卢炜昌、姚蟾伯成为体育会的实

---

①　《精武本纪》,上海档案馆,卷宗号 Q401-10-48,SC0248。
②　陈公哲:《精武会五十年》,春风文艺出版社,2001 年版,第 19—20 页。
③　同上,第 20 页。
④　《精武本纪》,上海档案馆,卷宗号 Q401-10-48,SC0255。

际主事者,"余(陈公哲)与姚、卢,三人因策动会务,进为莫逆交",①三人同策同力,为精武体育会厘定宗旨、定立章程,扩充学科,改良形式,并增设书报室、兵操、文事、游艺等种种科目。精武事业迅速发展起来。

第三节 精 武 主 义

精武体育会在成立初期,并没有一个完整的思想理念。在精武会搬往第二会所期间,主事者高瞻远瞩,对精武会所应遵循的宗旨和精神、德智体三育连锁的全面教育思想等进行了充分思考,并对建设符合时代潮流的新型社团作了认真探索。② 之后,随着精武事业的发展,体育会逐渐形成了具有自身特色的文化理念,即精武主义。

精武主义是一个涵盖内容十分广泛并随着时间推移不断发展的概念,它既包含精武体育会对自身文化内涵的阐释,又包含其所宣扬的各种道德规范、行为理念、教育思想等内容,同时也隐含着对西方体育思想文化的吸纳和融合。它被认为是精武体育会之所以能够存在和发展的精神支柱,是精武人的理想追求。精武体育会将精武主义化为一种具有个性特征的文化精神,体现在精武体育会所遵守的宗旨、性质及其办理方法,渗透进精武会的一举一动之中,融入到整个精武事业内。李我生曾对精武主义内涵予以释义和总结,认为精武主义"至少有四":"一曰尚武、二曰合群、三曰牺牲、四曰诚信。"③具体来讲,我们可从以下几个方面进行解读。

第一、三育并重的教育思想。

体育、智育、德育三育并重的教育思想最初来源于西方。最先论

---

① 卢丽娟主编:《上海精武体育总会会史(1910 年 7 月—1996 年 12 月)》(未付印),第 81 页。
② 同上,第 9 页。
③ 《上海精武体育会内传与章程》,上海档案馆,卷宗号 Q401-10-2,SC0064。

述三育的是亚里士多德(Aristotle,384BC—322BC),他认为教育应该首先关心身体,而后关心性格教育,这样才可以使教育服务于智力教育,体力教育也才能为精神教育服务。英国教育思想家约翰·洛克(John Locke,1632—1704)认为,健康之精神寓于健康之身体,健康的精神是最主要的,但健康的身体却是其前提。洛克把学校教育的任务分为体育、德育和智育,其中体育是教育的基本要素,并把它放在全部教育的第一位。[①] 教育家赫伯特·斯宾塞(Herbert Spencer,1820—1903)则第一次明确提出了智育、德育和体育的理论概念,把智、德、体三育作为一个完整的教育体系看待,并认为身体是心智的基础。[②]

随着西方教育思想的传播,国人也开始接受全面教育学说,并结合中国实际,从救国救民的角度阐述自己的教育思想。在我国,由于受儒家文化的影响,一直奉行"劳心者治人,劳力者治于人"的封建理论,重文轻武,长期忽视体育教育。中国近代启蒙思想家严复从"物竞天择、适者生存"的观点出发,呼吁鼓民力、开民智、新民德,提出了体育"强民"的主张。康有为在万木草堂讲学期间,改变中国轻视体育的传统,强调全面教育思想,在教学实践中采取"德育居十之七,智育居十之三,而体育亦特重焉"。[③] 梁启超则明确提出,"德育、智育、体育三者,为教育上缺一不可之物",呼吁通过教育培养全面发展的"新民"。[④] 著名教育家蔡元培更是将其发展为"德、智、体、美"四育并重的"完全人格"教育思想。之后,全面教育思想逐渐为国人所接受。

如前所述,中国精武体操会从建立之初,便接受了一批走在时代前沿的知识分子作会员,如陈其美、农劲荪、王一亭、杨谱笙、徐一冰等,都是精武体育会首批会员。其中,杨谱笙主旅沪公学,徐一冰主

---

① (英)约翰·洛克著,傅任敢译:《教育漫话》,人民教育出版社,1985年版,第24页。
② 孙士杰、冯喜英、仝瑞:《外国教育思想精粹》,中国档案出版社,2000年版,第166页。
③ 李华兴:《民国教育史》,上海教育出版社,1997年版,第68页。
④ 同上。

中国体操学校,很有办学经验,他们谈教育,"辄以德、智、体并重之说为根本之研究",坚持以"德、智、体备染青年子弟"。① 尤其是作为精武体育会第一批会员之一的徐一冰,在创办和经营中国体操学校的过程中,从教育救国、体育救国的认识出发,对我国向来偏重德育、智育而轻视体育的传统偏见进行批判,指出学校体育的目的是要培养学生的坚强体魄和健康精神,使学生成为健全有用的人才。② 受国内外全面教育学说的影响,上海精武体育会在制定教育思想时,把体、智、德三育并重作为精武体育会的会训加以提倡。体、智、德三育结合成为精武体育会用人及培养人的基本标准。

在体、智、德三育的关系上,精武体育会认为,健康的体魄是"载智""载德"的工具。③ 精武会认为,如果一个人没有强健有力的体魄做支撑,就无法顺利进行智育方面的教育,而智育不健全,也就无法谈论德育的培养。陈公哲在强调"体育"是进行"智育"和"德育"的基础时指出:"所谓体育者,野蛮其体魄;智育者,文明其精神;德育者,公正其行为。"之后他又详细地阐述三者之间的关系,认为人具有"野蛮"的身体是抵御疾病、学习科学文化知识、维护社会伦理道德的前提;不断学习和吸取世界文明成果是开阔视野、扩充见闻、丰富知识、维系道德的基础;拥有"公正"的道德水准,则是维护正义、集合群众、提高修养的根本。④ 陈公哲将体、智、德三育看做一个整体,认为体育就如同一艘船的船身,智育就是驱动轮船行驶的机器,德育是为轮船行驶指定方向的指南针,"无船身不足以载机器,无机器不足以动船身,无南针不足以达彼岸",强调"三育连锁,不能一时离也"。⑤

---

① 韩锡曾:《精武体育会创始人考辨》,《浙江体育科学》,1995 年第 2 期,第 50 页。

② 徐一冰:《二十年来体操谈》,《体育周报(特刊)》1920 年第 2 期,第 1 页。

③ 卢丽娟主编:《上海精武体育总会会史(1910 年 7 月—1996 年 12 月)》(未付印),第 11 页。

④ 陈公哲:《精武会五十年》,春风文艺出版社,2001 年版,第 36—37 页。

⑤ 同上,第 37 页。

在精武体育会的"三育"中，以体育居先。上海精武体育会作为一个以传授武术为主的民间体育组织，体育教学是这个既具有"俱乐部性质"，同时又具有"学校性质"的体育社团的主要活动内容。① 为了发展体育，精武会以体育教育为依托，开展教育活动，并强调"体育复以武术为主，参与时代各种运动，因会员之需要，随时设备"。② 为了训练和普及体育，精武会设有自己的会所及分会所。在武术教学方面，精武体育会聘请全国各派名师到各处分会所担任武术教练工作，汇集在精武体育会内的著名拳师就有黄河流域的赵连和、张富猷、霍元庆（霍元甲之弟），长江流域拳师陈维贤、孙赞轩等，当时的武术名家孙玉峰、霍东阁、罗刚玉等，也先后被精武体育会聘为武术教师，他们俱有一副好身手，各有其专长。除开展武术教学活动外，精武会也不断引进和开设其他体育运动，如足球、篮球、台球、网球、乒乓、单杠、双杠、木马、平台、秋千、举重、拉弓、射箭、袖镖、飞锤、飞镖、跳高、跳远、哑铃、捻石、骑马、溜冰、狩猎，以及当时所能涉到的各种田径赛，应有尽有，再根据实际需要进行教学活动。

在智育方面，精武体育会更多强调的是会员多种文化知识的培养。上海精武体育会会员，多半都是受过一定教育并有固定收入的社会中上阶层市民。针对会员"多为成年人，曾受相当教育"的实际状况，精武会开设多种学科的教学活动，借以丰富和提高会员的"智识水平"。当时精武会开设的"学校以外之学术"有弦乐、铜乐、京剧、粤乐、书法、绘画、国医、伤科、急救、照相、狩猎、兵操、演讲等，这些科目的教员大多是会内职员或直接由会员义务担任教授，也有以付给薪水的形式聘任而来的教员。各科教师都是在各自领域内较有名望的人士，如弦乐有司徒梦岩，书法有陈铁生，国医有罗伯夔，急救有林

---

① 《精武本纪》，上海档案馆，卷宗号 Q401-10-48，SC0031。

② 陈公哲：《精武会五十年》，春风文艺出版社，2001年版，第33页。

锦华,照相有程子培,狩猎有陈公哲,兵操有郑灼辰,演讲有罗泮辉,京剧有武秀魁,粤乐有陈铁生等。①

　　上海精武体育会在知识培养方面取得了一系列成就。精武会会员卓仁机对京剧很有兴趣,曾加入精武京剧班学习京剧,毕业后又多次请名师指导,遂成全国京剧著名票友,能完整演唱多部戏曲,尤其擅长演唱《文昭关》《四郎探母》等剧目。很多剧团对他青睐有加,并邀请他加入剧团做专业京剧演员,皆被他委婉拒绝。精武会员徐振民擅长猎枪射击技术,能百发百中,曾多次参加在上海举办的猎枪比赛,在众多中西方参赛者中脱颖而出,获得"上海国际赛选手(Champion of Shanghai)"荣誉称号;陈公哲的枪法虽然稍微逊于徐俊民,但百枪中也能中 88 枪,被授予"南京猎枪射击术选手"的称号。另外,陈公哲擅长摄影,其作品曾入英国"沙龙",1920 年精武体育会在新加坡为全国赈灾会筹款时,他拍摄的西湖"三潭夕照"曾以 5500 马币出售。郑灼辰原为上海万国商团义勇队队员,义务担任精武兵操教练,两年内在其手下毕业的队员有四十余人,成为精武体育会特有的一支保安队伍,因这支队伍配备齐整,故凡精武召开大型运动会,即由此队伍维持秩序。可以说精武会无异于一所大学,培养出大批人才,国内外各精武分会亦多仿照上海精武总会设置各文体科目。

　　在德育方面,"诚信""守时""重实践"是精武体育会所强调的最基本的道德规范。陈公哲认为:"精武道德风尚,在理论上本极平常,但求言之能行,胜于言高而不践。"②为此他亲自起草制订了精武体育会行动规范"精武式":

精武式

　　(一)精武式之人物:三育训练,获有全能。

---

①　陈公哲:《精武会五十年》,春风文艺出版社,2001 年版,第 34 页。
②　同上,第 36 页。

（二）精武式之人格：公正廉明，尊人重己。

（三）精武式之风度：诚实坦白，博爱平等。

（四）精武式之言行：坐言起行，证以事实。

（五）精武式之信守：一言一诺，重于订约。

（六）精武式之守时：约会守时，不求原谅。

（七）精武式之正义：尊重正义，不讲私情。

（八）精武式之服务：非以役人，乃役于人。

（九）精武式之福利：乃予于人，非取诸人。

（十）精武式之友道：爱己及人，视同兄弟。

精武会要求会员行动以"精武式"为"轨范"，并把"诚信""守时"作为这一行动"轨范"的核心。陈铁生在《精武本纪》中提到："吾会有隐语曰'精武式'。精武式云者，'诚'之代名词也。"[1]他用实际例子指出，所谓"诚"，就如同会友之间的约会，如果事先约定好在某处共进晚餐，会友服饰上缀有"精武式"三字，就表示该会友届时一定会准时到达，绝不会出现迟到或爽约的情况，视其"几如宪法中之所谓神圣不可侵矣"。[2] 精武体育会一再强调，会员遵守时间和信誉的行为虽说是"小节"，但习惯成自然，久而久之，人们自然就会将它作为自己言行的标准。精武会把这种诚信和守时的表现看作精武体育会所倡导的"诚"之最基本的要求。当时社会上盛行一种认识，认为不守时并非"不道德"，甚至在有些人看来不守时是一种"大人物"才有的行为，社会上纷纷效仿，陈公哲对此种弊端进行抨击，强调国人应该学习欧美强国，"视守时为当然之事"，将其看作"一极平常之事"，要"奉守如一"。[3] 所谓"不诚无物""无信不立"，是中国武术界信守的

① 《精武本纪》，上海档案馆，卷宗号 Q401-10-48，SC0032。

② 同上。

③ 陈公哲：《精武会五十年》，春风文艺出版社，2001 年版，第 36 页。

品格,精武会继承了这种传统,认为"诚"与"信"是"人所必需"的重要品质,[①]亦是精武体育会"历尽艰难困苦"而"维持于不敝"的精神支柱。[②]

"重实践"也是精武体育会所推崇的基本道德要求之一。"精武中人,注重于道德之实践,而非徒托空言者",[③]精武体育会认为,这种重实践要体现在会员日常的言语行动中。上海精武总会组织有晨操团,参加晨操团的会员相约每天早晨集合于百老汇铁桥,六点半准时由百老汇铁桥出发,步行至提篮桥倍开尔路会所。从百老汇铁桥到会所相距约三英里,步行半小时才能到达。晨操团从组织起来的当天开始,团员"风雨寒暑无间",不得有"失时脱班者"。精武体育会认为这些行为是训练会员忍耐力与恒心的方式之一,也是体现"精武式"重实践的很好例子。[④] 可以说"诚信""守时""重实践"都是精武体育会每一位会员所应具备的基本道德要求和行为规范,是精武体育会道德教育的重要内容。

上海精武体育会所奉行的体、智、德全面教育思想,是精武体育会作为新型社会团体的重要特征。1922 年,北京《舆论报》曾向民众介绍,精武体育会的宗旨是"专为提倡'体''德''智'三育,外人群号之为中国青年会"。[⑤] 上海精武体育会将全面教育思想与中国传统文化相结合,并根据自身发展的需求和特点,形成独有的"三育连锁"思想,在实践层面,使"体""智""德"三育教育相互联系,相互渗透,成为不可分割的整体。

第二、尚武精神。

中国自古就有"尚武"精神。先秦时期,人们就对勇武之士多崇

---

① 《上海精武体育会内传与章程》,上海档案馆,卷宗号 Q401-10-2,SC0065。
② 《精武本纪》,上海档案馆,卷宗号 Q401-10-48,SC0032。
③ 陈公哲:《精武会五十年》,春风文艺出版社,2001 年版,第 36 页。
④ 同上。
⑤ 《上海精武体育会内传与章程》,上海档案馆,卷宗号 Q401-10-2,SC0094。

拜和赞美之词。《诗经》里那些作战勇敢的诸侯、卿大夫、武士、猎人经常成为赞美的对象。先秦时期这一"尚武"文化特质一直影响着秦、汉、唐各朝代的文化风貌。但在中国传统文化的演进过程中，"尚武"逐渐被"崇文"所取代，形成以仁义化育天下、以道德治理国家的传统文化特征，人们崇尚儒家的贵和中庸，道家的清净无为，佛教的慈悲为怀，从而形成中华民族和平主义的主导心态，并因此衍生出贱武右文、摒弃征战的思想。清人主中原后，很长一段时间对武备甚是重视，但随着汉族文化影响的加深，从清朝中后期开始，崇文之风弥漫，武道为文人所不齿，久而久之演变成萎靡之民风。

清末民初，"尚武"思想随着西方列强的入侵而兴起。如前所述，19世纪中期，随着外国列强的入侵，为了挽救民族危亡，实现强种、强国，以曾国藩、李鸿章、张之洞等为首的地主阶级改革派学习西方的军事技术和练兵之法，在军队和军事学堂中进行兵式体操训练，以达到再塑军人精神及培养国民尚武精神的目的。继洋务派之后，以康、梁为首的维新派站在维护国家与民族利益的高度，呼吁变法图强，要求教育改革，把西洋体操引进学校教育中。尤其是梁启超，在流亡日本期间，更是主张"尚武"强种救国，并发表一系列鼓吹"尚武"的文章。之后登上历史舞台的资产阶级革命派也是以鼓吹"尚武"为己任，希望通过培养"尚武"的国民进行革命，最终实现推翻旧王朝、驱除入侵者的目的。鼓吹"尚武"成为清末民初军国民思潮的核心。民国政府成立后，一方面是国内军阀混战，一方面则是日本侵华的步步紧逼，"尚武"更是成为近代国人挽救民族危亡的一种手段和武器。

由先进知识分子所领导的上海精武体育会，同样推崇"尚武"精神。中国近代的"尚武"着眼于改变中国传统"重文轻武"的习俗，加强军事训练，保家卫国；同时也重视体质、提倡武术，提高自卫御侮能力。上海精武体育会所提倡的"尚武"精神同样具备上述内涵，同时又有自身对"尚武"的理解和发挥。在精武体育会看来，"政治为一时之现象,而技击为万世之根本"。① 中国积弱的原因,是由于国民没有强壮的身体,若要使之强大,除了"尚武"没有其他的途径,②因此,精武体育会"以唤起国人尚武精神,改铸国人体魄为宗旨",③其目的就是"造成学养功深武德纯粹之平民"。④ 精武体育会的章程中明确规定:"同人组织此会,为强种、保国起见,凡属会员均宜奋勉练习,以养成刚健强毅之风,而划除萎靡颓惰之习。"⑤具体来讲,精武体育会所提倡的"尚武",有以下几个层面的意思:

首先,"武德"是"尚武"的内在要求。

精武体育会继承了中国传统武术文化"崇武尚德"的精神内涵。受二千多年封建文化的熏陶,中国武术文化被居于正统地位的儒家思想所浸透,带有浓厚的儒家伦理观念,直到今天,儒家的伦理观念中的孝、悌、恭、宽、信、敏、惠等道德条目仍然影响着武人的行为规范和道德评判标准。同时儒家所主张的见义勇为,刚强、勇敢、有毅力、质朴等德行,与古代武人所推崇的侠义行径、练拳宗旨不谋而合。儒家的"仁""义"道德主张,成为中国传统武术文化中武德的核心内容。"学拳宜以德行为先,凡事恭敬谦逊"就体现了这种观念。⑥ 精武体育会同样吸收中国传统文化精华,明文规定:"本会宗旨以技击为根本,以武德为皈依。"⑦

上海精武体育会认为"尚武"是讲求"武德"的基础。精武体育会认为"武德"属于"一大问题",它"一方面为讲武之体育场,一方面并为德育之实践地"。⑧ "尚武"不仅要强身健体,还要提高习武者的道

---

① 《精武本纪》,上海档案馆,卷宗号 Q401-10-48,SC0034。
② 《上海精武体育会内传与章程》,上海档案馆,卷宗号 Q401-10-2,SC0064。
③ 《精武本纪》,上海档案馆,卷宗号 Q401-10-48,SC0059。
④ 同上,SC0031。
⑤ 同上,SC0300。
⑥ 赵静:《论中华传统武文化中尚武崇德的内涵》,《作家杂志》2008 年第 2 期,第 202 页。
⑦ 《精武本纪》,上海档案馆,卷宗号 Q401-10-48,SC0031。
⑧ 同上,SC0032。

德、智识水平。因此,精武体育会把加强武术锻炼、增强身体素质当作提高个人道德修养的基础,同时主张把武术练习、体育锻炼当作进行智识、道德教育的训练场所,使"德育""智育"在锻炼过程中融为个人的内在修养。在"武"与"德"的关系上,精武体育会认为身体的强健是支撑道德的前提,而道德修养的提高则是强身健体的目的所在,二者要完美地结合在习武活动中。

"武""德"双修是精武体育会所追求的"尚武"教育目标。罗伯夔认为"武力非难,武德为难",若要"武"与"德"并修,绝非一件容易的事。① 时人吴荣煦在《广东七十二行商报》的"至理名言"中曾道:"中国传统武术,自古即有人习之,其中绿林居多;习武者每每好勇斗狠,往往因为一点小事,即擅施其技。"另外,中国传统武术门派分歧,相互之间因妒相斗,给社会带来祸害。他认为,上海精武会一改上述中国旧有的风习,"重精神不重暴力,恪守秩序,贵锻炼不贵尝试",达到了"化刚戾为温和,浚聪明使应变"的境地,完美的将"武""德"结合在了一起。② 罗伯夔在分析精武体育会所主张的"武"时认为,所谓"武",就是要遵守道义,用今天的话说即是得饶人处且饶人,不能得理不饶人。③ 以武力辅武德行事,才是精武体育会"尚武"的最佳选择。

其次,精武体育会的"尚武"主张自卫与御侮,反对恃强凌弱。

"胜之不武,止戈为武"是精武体育会对"尚武"的诠释。精武体育会一再强调:"吾人之习拳术,非欲以此凌人,故曰'胜之不武';吾人之习拳术,欲借此以御侮,故曰'止戈为武'。"④在中国传统武术文化中,向来讲求学拳"宜作正人事情","宜以涵养为本",拳动间要心平气和,善气迎人。孔子所谓"勇而无礼则乱",如果仗着一身好武

---

① 《精武杂志》,上海档案馆,卷宗号 Q401-10-29,081。
② 《精武本纪》,上海档案馆,卷宗号 Q401-10-48,SC0036。
③ 《精武杂志》,上海档案馆,卷宗号 Q401-10-29,081。
④ 《上海精武体育会内传与章程》,上海档案馆,卷宗号 Q401-10-2,SC0059。

艺、好勇力而为非作歹，以强凌弱，则被视为"损行败德"之事，有可能导致"辱身丧命"，为世人所不齿。① 精武体育会将中国传统文化中的"尚武"理论引申到个人及国家的范围领域，认为这一道理无论对于个人或是对于国际关系"莫不然"。②

精武体育会认为"健康"是自卫与御侮的根本。精武体育会重要领导人之一的卢炜昌借助现代西方生理学原理，对健康对于人的自卫能力的提高给予充分肯定。他在谈论精武要义时，认为"健康是自卫的能力"。把当时社会混乱、军阀专横、盗匪四起、民不聊生等现象，归结为国民丧失自卫能力导致一切的恶人皆能支配我国民之故。他向社会民众们呼吁，若想保一家的安宁，必须要自己有一个健康的身体；若想保一个社会的安宁，必须要社会中的每一个家庭健康，一国也是这样，世界也如此。然而要健康，就要除掉自己不健康的"病根"，方法就是进行"体育"，"体育两个字是包括一切有益身体、脑筋的事"。③ 卢炜昌进而谈到，"精武"的真义其实是要和平和谦温，而不是竞争和野蛮；是要训练人类的身体、脑筋，而不是提倡野蛮。如果通过精武体育会的努力，能使四万万同胞皆有用处和自卫的能力，则达到了精武会讲求"体育"的目的。

精武体育会强调"爱国、修身、正义、助人"，反对"恃强凌弱"和"以力凌人"，并将其树为精武会的一面旗帜。④ 借助带有浓厚军国主义色彩的德国和日本作为比较对象，精武体育会强调它所倡导的"尚武"，既与德国的军国民"流弊于好大喜功"不同，又有别于日本的武士道"流弊于恃强凌弱"。精武会认为德、日都不是真正的"尚武"

---

① 赵静：《论中华传统武文化中尚武崇德的内涵》，《作家杂志》2008年第2期，第202页。

② 《上海精武体育会内传与章程》，上海档案馆，卷宗号Q401-10-2，SC0059。

③ 同上，SC0154。

④ 卢丽娟主编：《上海精武体育总会会史（1910年7月—1996年12月）》（未付印），第11页。

之道。真正的"尚武"应该是通过直接强健个人之躯体,达到间接强健其国家,目的是"至乎强而止"。这种"强"是为了自强、自卫,而非好大喜功的恃强凌弱。精武体育会成立伊始,就有人担心精武体育会迟早会成为一个变相的义和团组织。当时也有人议论,中国处在一个崇尚武力的世界中,面对日趋精良的火器,精武会竟然泥守中国旧有的拳术和最旧式的刀枪剑戟,无疑是一种"蠢汉"的行径。① 针对不解和猜疑,陈铁生辨析,精武体育会所取"武"字,其意义"非以力凌人",而是通过武术锻炼,借以磨练锻造出人们自身所固有的潜在能力,凭借这种能力"匡扶天地间的正气","以期消灭世界之祸乱于无形,为人类造无穷之幸福"。② 而且,"武"并非仅指凭借"机巧凶器"来残杀人类,造成世界祸乱。那不单是精武体育会不能忍受,也是精武会众所最鄙夷不屑的事情。③ 精武会"会员中不乏好身手者",而从不"与他人角斗",这一点也足以证明精武体育会非"恃强凌弱""以力凌人"的组织。④

再次,"尚武"是强身、强种、强国的途径。

通过"尚武"实现"强身""强种""强国",是上海精武体育会的根本目标。1909 年,当西洋大力士口出狂言要与华人角力时,沪上爱国人士鉴于"江苏省埠,文化称盛古今,惟武功不著,沪人更少技击能手",于是"咸欲聘请技击名家登台与赛,以显黄魂"。⑤ 在此种情况下霍元甲作为被邀请而来的武林豪杰来与西洋力士比武。霍元甲来沪比武之时,陈其美"重其技术,就相结识,谈论间颇觉霍君亦富于爱国思想",他们共同创办的精武体操会,以武术为主,进行军事训练,希望达到数年内训练出数十万乃至数百万"体力强健并有军事学识

---

① 罗啸敖:《精武内传》,上海社会科学院,2008 年版,第 2 页。
② 《上海精武体育会内传与章程》,上海档案馆,卷宗号 Q401-10-2,SC0017。
③ 罗啸敖:《精武内传》,上海社会科学院,2008 年版,第 2 页。
④ 《上海精武体育会内传与章程》,上海档案馆,卷宗号 Q401-10-2,SC0064。
⑤ 陈公哲:《精武会五十年》,春风文艺出版社,2001 年版,第 1 页。

的青年"的目的。①

随着精武体育会的发展,尚武强身、尚武强种、尚武强国的精神内涵进一步得到阐述和发挥。曾相继担任精武体育会会长、副会长之职的聂云台谓:"本会取名精武,其意义,'精'为精神上之结合,'武'以止戈为武。"他认为,当时的中国军阀为害于世,"吾人欲打破之,非卧薪尝胆具此精神不可"。②"武"的字义,《左传·宣公十二年》说"止戈为武",意思是以武力制止干戈。人们欲求和平,非通过战争制止战争的手段不能解决,从这个意义上说,尚武是为了自强,是为了保卫和平。而《说文解字》十二下戈部:"武,楚庄王曰:夫武,定功戢兵。故止戈为武。"于省吾说:"武,从戈、从止,本义为征伐示威。征伐者必有行。'止'即示行也。征伐者必有武器,'戈'即武器也。"③所以"武"的本义就是人扛着武器在行走,表示有战事而用武力。聂云台借用"武"文字的本身含义,解释了精武体育会主张"尚武"的本意在于通过锻炼达到强身健体,以强健身体做支撑,用武力打破"军阀为害于世"的现状,实现一个种强国亦强的目的。

通过武术锻炼实现强身、强种、强国是精武体育会"尚武"精神的主要内容。1919 年在精武游艺会上陈公哲曾发表演说,谓"凡人能在体育上做工夫,不特资以锻炼身体,且可有益身心……今日正值国家多事之秋,欲起而为救国事业,尤非具有强健身体、沉毅精神者,不克有所作为……俾吾国人民大半为身体强健,精神沉毅,有作有为的国民,则吾国庶几有豸"。④阐释了通过体育锻炼实现强身健体,达到强种、强国的道理。1919 年,上海精武体育会十周年之际,特邀请孙中山为精武会所创办的《精武本纪》作序,在序言中,孙中山将精武

① 王云五主编:《新编中国名人年谱集成第八辑民国陈英士先生其美年谱》,台湾商务印书馆发行,1980 年第 1 版,第 45 页。

② 《精武本纪》,上海档案馆,卷宗号 Q401-10-48,SC0292。

③ 于省吾:《甲骨文字诂林·第一册》,中华书局,1996 年版,第 867 页。

④ 《精武本纪》,上海档案馆,卷宗号 Q401-10-48,SC0293。

体育会视为"体魄修养术专门研究之学会",并亲笔书写"尚武精神"四个大字,将"尚武"精神归纳为"盖以振起从来体育之技击术为务,于强种保国有莫大之关系"。① 他借助精武体育会所提倡的体育、技击,与强种、强国、富民有机结合起来。这是孙中山对上海精武体育会"尚武"精神的高度概括,也是其在从事革命生涯中对"尚武"所具有的重要意义的概括。

中国传统武术是"尚武"的重要工具。1922 年 10 月,京津《泰晤士报》中文记者李我生通过对比国人对待"文""武"二者的态度,对精武体育会的"尚武"精神进行进一步解释,认为国人"欲强国必先强种……欲强种必须振兴其固有之拳术"。② 在《欢迎精武会旅行团》一文中,李我生"略述该会之志愿",认为精武体育会的志愿,"在以科学之新方法,发扬中国固有之旧国魂"。③ 他认为,中国人向来鄙武崇文,对于学术绝不"浅尝辄止",而是喜欢深入研究,就这种"文事"来说,精武体育会专门设置"文事科",对中国文化孜孜追求,可谓为"精"。就武备方面说,受鄙武思想的影响,中国人生性爱好和平,向来以黩武穷兵为戒。但是,一旦遇有侮我者,则"执干戈,卫社稷,虽蹈汤赴火而不辞",其义为"武"。④ 李我生还通过西洋体操与中国传统武术的对比,说明只有运用中国固有的技击术,才能在遇有外侮时,实现"执干戈,卫社稷"这一目的,中国传统武术是国人实现强身、强种、强国的重要工具和途径。⑤

近代的中国,可谓"烽烟遍地,风雨满城","无一日不战争",在这种状况下,练武强身不仅是一个民族生存的问题,对每一个个体来

① 《精武本纪》,上海档案馆,卷宗号 Q401-10-48,SC0028。

② 《上海精武体育会内传与章程》,上海档案馆,卷宗号 Q401-10-2,SC0058、SC0059。

③ 同上,SC0058。

④ 同上。

⑤ 《上海精武体育会内传与章程》,上海档案馆,卷宗号 Q401-10-2,SC0058、SC0059。

说，习武保家也就成为一种容易理解的事情。① 精武体育会以尚武"强身、强种、强国""锻造强毅之国民""武德并修"等主张为号召，吸引各阶层，尤其是青年学生参加到体育会中来，进行体育锻炼，推动了中国传统武术的传播及近代体育的发展。

第三、合群。

所谓"合群"是指合众人之力、合群体之力的意思。据学者研究，"群"这一在近代有特殊意义的概念的出现，源自严复对西方"society"（社会）一词的翻译。② 中日甲午战争爆发后"合群"概念出现，此后"合群"之说开始频频出现在私家论著和报刊文章中，成为近代爱国志士借以抵御外侮、谋求自立自强的愿望和手段。甲午战争之后，受战败及列强瓜分中国的刺激，中国有识之士有感于中国积贫积弱的现状，意识到中国若想在弱肉强食的竞争环境下求生存，就必须集合群体的力量以抵抗。戊戌时期兴起的各学会首先以"合群"相号召，呼吁自强救国。1895年，康有为在《上海强学会后序》中说："今者思自保，在学之群之。"次年，梁启超发表《论学会》一文，大讲"合群"的意义："道莫善于群，莫不善于独。独故塞，塞故愚，愚故弱；群故通，通故智，智故强。"郴州学会的章程中亦道："合天下为一群，合一群以振中国。"③尽管戊戌变法很快失败，但其"合群"思想却为后继者所继承和发展。

随着民族危亡的加剧，"合群"观念逐渐成为近代各派力量用以实现自强救国的共同理想。1902年8月2日，《汇报》就刊载了一篇讨论中国商业发展的文章，认为中国商业与外商竞争屡屡受挫，其原因就在于中国商贩皆自恃独力、不能合群之故。同年9月16日，梁启超在《新民丛报》上发表《论合群》一文，认为合群不仅要在口头上、

① 《精武特刊》，上海档案馆，卷宗号 Q401-10-29，044。
② 李培林、李强、马戎主编：《社会学与中国社会》，社会科学文献出版社，2008年版，第28页。
③ 中国史学会主编：《戊戌变法》，上海人民出版社，2000年版，第467页。

表象上进行,还要有"合群之实举",方能达到国家的独立富强。[①] 也有学者呼吁"凡为官者,各化其私,先合群以御外侮;凡为民者,并化其私,亦合群以御外侮",认为只有官民一体,方能众志成城抵御外侮。[②] 不少革命爱国人士以"合群"为号召,鼓吹自由民权,借助"合群救国"主张组建革命团体,进行革命。"合群"成为近代各派势力聚合民众力量、实现自己理想的重要手段。

上海精武体育会接受近代思想文化的熏陶,也借助"合群"观念,作为推广体育、发展精武事业,最终达到体育救国理想的手段和途径。精武体育会将精武事业视为一种"救国"和"救群"的事业,认为"救国莫急于救中国,救群莫先于救中国之群",而欲救中国及中国之群,"必先实行自救"。[③] 对于如何自救,精武体育会认为,实现自救单靠个人力量是不能完成的,这就不仅要求每人有一个强健的体魄,还需要全体民众都有了强健的体魄,才能合众人之力即通过"合群"来实现。对于"合群",精武体育会有以下几个方面的理解:

首先,精武体育会认为"合群"就是要最大限度地普及和推广精武事业,这也是精武会所希望达到的境界。精武体育会有"大精武主义"一说,顾名思义即使精武变"大"之意。这种"大"不仅在于其组织规模的扩大,还在于其普及范围的不断扩大,是一种使精武事业日趋强大的动态发展过程。陈铁生在《精武本纪》中有《大精武主义》一文,认为"大精武主义"并非"彼大斯拉夫、大亚细亚之专制口吻","大精武主义"是取"国际联盟"引用"美国曾经实验有效之联邦制度,推广于世界"之意。[④] 可见精武体育会所推崇的大精武主义并非以"精武"作为主宰者,而是意在推广和普及精武事业。陈铁生认为,健全

---

① 梁启超:《论合群》,《饮冰室合集》(专集之六),中华书局,1996年版,第76页。

② 《论不合群是受害之根》,《汇报》1907年第83号。

③ 《上海精武体育会内传与章程》,上海档案馆,卷宗号 Q401-10-2,SC00142、SC00143。

④ 《精武本纪》,上海档案馆,卷宗号 Q401-10-48,SC0030。

的精神依赖于健全的躯体,世界上每增加一位练习技击的人,就等于增加了一位精神健全、体力充实的完人;而每增加一个与精武会相同的团体,就等于增加了一个富有互助精神、富有团结能力的"平民保障",照此发展下去,未来的世界将是消弭了弱肉强食的大同世界。①由此,"大精武"之"大"就具有了合世界上最大体育健儿之"群"的意念在内。

20 世纪 20 年代初,罗伯夔在《精武杂志》的论坛上发表"大精武释义",对"大精武"进一步进行解读。他认为"大精武"三字始见于为纪念精武体育会十周年而出版的《精武本纪》开卷第一章的概论里,此后无论是精武会的职员和会员,或者是社会民众,只要提起对精武体育会的期望,皆"曰大精武","大精武"于是成为一种口头禅被使用。② 罗伯夔又将"大精武"称作"大体育",所谓"大体育"即"环球所同,惟拳技、体育则为精武会所独创……教育普及……使五洲同化,进于大同",而且在达到上述境地后,会众仍然要"乘时奋进",不能"夜郎自大","固步自封";从这个角度看,"大精武"之"大"实为精武体育会在普及体育上所需达到的一种"止境",这种"止境"是希望每一位会员通过自己的努力使"三星会旗"(这里指精武事业)飘扬于大地,并传播无穷。③

其次,在普及和推广精武事业过程中,"克己、平等、博爱"是其所坚持的内在精神动力。陈公哲在《精武之真精神》一文中,认为儒家的宗旨为"克己",佛教的宗旨为"平等",西方宗教的宗旨为"博爱",这些宗旨是其各自信仰的"精神",即"克己也、平等也、博爱也,儒佛耶之真精神也",精武会员对上述三种精神都能融会贯通,毫无偏废。④ 陈公哲认为,精武会在"合群"过程中所表现出的

---

① 《精武本纪》,上海档案馆,卷宗号 Q401-10-48,SC0030、SC0031。
② 《精武杂志》,上海档案馆,卷宗号 Q401-10-29,080。
③ 同上,081。
④ 《精武本纪》,上海档案馆,卷宗号 Q401-10-48,SC0035。

牺牲精神和行为，"深合儒家克己之旨，而不流于虚"；精武会员不分阶级、贵贱，皆能一视同仁，只要这人"可与为善"，皆将其视为兄弟，具有这种精神和品性，"深合佛氏平等之旨，而不流于诞"；另一方面，精武会员"善与人同"，一旦自己掌握了一门技术，则惟恐天下人不能尽掌握，于是极力推广传播之，这种品质和度量，又"深合耶教博爱之旨，而不流于滥"。①卢炜昌曾多次主张，为人要奉行"得意时处以淡，失意时处以忍"的品质。陈铁生也多次要求会员"勿放弃责任"。② 精武体育会吸收了儒家、佛教、基督教三派的文化精髓，将其作为一种精神动力，运用到普及和发展精武事业的这个大"合群"事业之中。

再次，无种族、国界、宗教、性别之分，是精武体育会所推崇"合群"的界限。20 世纪初曾有报刊杂志刊登一系列文章，讨论中国不能"合群"的原因，认为中国所具有的官民、地域、学界、政界和种族上的森严界限，是导致中国不能自强、合群的最大障碍。也许是受当时社会舆论影响，上海精武体育会的各位领导人纷纷发表文章或言论，对精武体育会所合之"群"的界限作出一系列说明。陈铁生在《大精武主义》一文中对精武会所普及的人群年龄给出解释。他指出精武体育会以实际的经验打破了当时学校对年龄的限制，并认为其原因在于国民荏弱，国民中的多数是处于"生育犹繁"阶段的中年男女，他们因年龄问题被排除在大多数的校门之外；如果精武体育会也将其排除在外，那么他们就会"永沦荏弱"，有此"荏弱之父母"，必会"产生荏弱之子息"，为了杜绝此类情况的发生，故"中年男女尤当使之转弱为强"，鉴于此，精武会虽具有学校性质，而不作年龄的限制。③李我生在 20 年代又对精武体育会所针对的年龄群体进行进一步的解释，

---

① 《精武本纪》，上海档案馆，卷宗号 Q401-10-48，SC0035。
② 《上海精武体育会内传与章程》，上海档案馆，卷宗号 Q401-10-2，SC0141、SC0142。
③ 《精武本纪》，上海档案馆，卷宗号 Q401-10-48，SC0031。

他认为,研究艺术、修养身心的场所,学校可以说是最适合的"良善之机关",但是学校却有教学时间及对入学学生年龄的限制,且学校教育的周期较长。与之相比,精武会员练习拳术的时间则没有严格的规定,每日只需十余分钟,坚持达两年,"即可得极大之效果";再者,学生入校的年龄具有一定限制,超过一定年龄则不再有入学资格,精武会则不同,"少、壮、老三者皆可入会练习","无年龄之限制","无向隅之恨"。① 所以精武会入会资格无年龄、性别要求。

李我生论述"精武会之主义"时,认为"合群"之"群"应无国界、种族的限制,也无宗教、职业的区分。而社会上能够"合群"的社会团体,往往是不能实现这种要求的。精武体育会认为,凡是属于世界人类,不分种族、国界、宗教、性别,皆可为精武会会员,从这个意义上说,世界上能够真正"合群"的机关,大概没有比精武会所合之"群"更大的了,此即为精武会之"合群主义";而且在这样的群体里,要做到"只知精武会为全体会员所合成,而渐忘其会员各个之差别;只知求合于最大之群,而渐忘其群中之有我",如果会员都能达到这种思想境界,则定能为"极大之牺牲"。② 李我生在《精武会之特点》中认为,与当时社会中大多数社团相比,"精武会之性质,既与宗教无涉,其会员又一律平等,无阶级之区分","举凡朝野人士,无论其有无党派,但欲研究艺术修养身心者,当皆乐于赞成",故"其范围极广,根基极固"。③

可以看出,无阶级、宗教、党派、年龄之区分,是精武体育会普及体育过程中始终坚持的原则,旨在"造成学养功深、武德纯粹之平民"。这是精武体育会普及体育、推广精武事业、实现国人强身健体"大同"资格的一种"合群"概念下的集体主义理想。

---

① 《上海精武体育会内传与章程》,上海档案馆,卷宗号 Q401-10-2,SC0061。
② 同上,SC0064、SC0065。
③ 同上,SC0060、SC0061。

第四、牺牲主义。

牺牲主义是精武体育会所宣扬的另一种精神。精武会的"牺牲主义"是一种群体利益观念的体现,这种思想要求会员群策群力,无私奉献,为精武事业的发展不遗余力作出贡献。中华民族向来推崇群体利益高于个人利益的价值取向。孔子将"博施于民而能济众"作为判断"圣人"的标准之一,倡导"己欲立而立人,己欲达而达人"的群体观念;荀子也标榜"人生不能无群"的群体思想。"修身、齐家、治国、平天下"的思想,"贫贱不能移,富贵不能淫,威武不能屈"的独立人格,"杀身成仁、舍生取义"的道德规范,以及"天下为公"的思想,都体现了中华民族以天下为己任的社会伦理观。① 在中国人的眼里,人生的最大价值就是献身社会群体,舍己为公。贪图享乐、自私自利者为人所不齿。从社会群体利益出发,舍己为公、抑情节欲,成为中华民族群体人格的重要特征。受中国传统思想的影响,精武体育会要求上自会长、董事、干事,下至部长、主任、普通会员,皆应秉持"牺牲主义",尤其是精武体育会的领导层,更应具有牺牲精神,以发展精武体育事业的大局为重,不计较个人得失。

精武体育会将中国传统文化中的群体观应用到精武精神的构建中,提倡牺牲个人利益为集体服务的思想。精武体育会认为牺牲主义离不开全体会员们的责任和义务,即"合群之效"。世人所斤斤计较的不过是财富与名声,精武会会员却"人人知有义务,不知有权利",有时甚至牺牲一己之权利,将服务社会作为自己的义务,而不从中谋取名利。② 这种牺牲精神在精武体育会的发展实践中无处不在。精武体育会设有技击、兵操、文事、游艺各部,各部"科目繁琐",如按照正常经营,用费巨大,但精武会本着"节约"的宗旨办理,经费

---

① 金燕:《从传统文化透视中华民族的群体观念》,《贵州民族学院学报(哲学社会科学版)》2006 年第 4 期,第 56 页。

② 《精武本纪》,上海档案馆,卷宗号 Q401-10-48,SC0035。

一项很多人都认为需要巨额的薪金支出,实际上除技击教员外,各教授纯属义务工作,并不收取薪酬;而且会员中有胜任某项者即被会员推举充当某项工作的人选,被举者很少有因薪酬问题而自动放弃的。另外,精武体育会开设有音乐科,"向分京乐、粤乐两组",且"有相当成绩",历次出场表演,均受各界欢迎。长期以来,精武体育会的音乐科都由众多的音乐人士担任义务教员,即使在"一·二八"之后会员散落的情况下,仍有一些热心人士积极参加教学工作,如何国鎏、刘润祥等担任义务助教,在二人的指导下,出现了"初学者日见进步"的现象;1936 年精武粤乐班又聘请陈俊英、梁泽基二人,经过他们的悉心教授,星散的粤乐班"学员日有增加,且进步极速"。①

在精武体育会牺牲精神的倡导下,精武体育会的很多职员,历年来不仅俸给不受分文,而且有的人还罄私财,资助精武会。精武体育会建会之初的十年中,消耗金钱达数十万,其经费大都来自各会员的捐赠。1919 年以后,鉴于精武事业的发展,经费支出日益庞大,精武体育会才开始向群众募集捐款。② 陈公哲曾回忆:以当时社会上办小学一年的经费,可办精武事业两年,以办中学一年的经费,可办精武事业四年。③ 正如翁耀衡在精武体育会举办的第十七届征求会开幕典礼上所说,精武体育会是"为人群谋幸福,非为一己谋利益"的"公共事业",此种公共事业,"非少数人所能办",需"集中力量"才能有所作为。④ 精武体育会认为这种无私奉献、以群体利益为重的思想,即精武会员们所应具备的一种牺牲主义精神。

综上所述,精武体育会所推崇的精武主义提倡"体、智、德"全面发展,崇尚"诚信""尚武""合群""牺牲"精神,在此精神的指导下,希望通过以"技击"为主导的体育运动实现"强民、强种、强国"的目的;

---

① 《精武丛报》,上海档案馆,卷宗号 Q401-10-41,008。
② 《上海精武体育会内传与章程》,上海档案馆,卷宗号 Q401-10-2,SC0035。
③ 《精武本纪》,上海档案馆,卷宗号 Q401-10-48,SC0032。
④ 《精武丛报》,上海档案馆,卷宗号 Q401-10-41,009。

通过普及和推广精武事业,构建一个平等、和谐、民主的,既无阶级区分,又无宗教分途,既无年龄、性别限制,也无党派之囿的大同社会。可以说,精武主义融汇了中国传统的儒家思想、佛教教义及西方基督教精神内涵,并使其贯穿到精武体育会的教育、训练和日常生活中,成为指导精武体育会会务发展的精神指南。

第二章 改革中国传统体育

上海精武体育会怀抱体育救国的理想，将中国传统武术作为中国式体育的代表，吸纳西方体育的某些元素，对其进行重新缔造和组合，以变革中国传统技击术，使其成为国人强身健体的有效工具，并成为世界体育的一分子。

第一节 确立技击术课堂教学制度

上海精武体育会从成立之初，即站在时代高度，不断开拓精武事业，对中国传统技击术进行了大胆改革。作为"以技击为根本"的体育社团，精武体育会打破了中国传统武术"谱系传承"的传播模式，在师承流派、传播方式、教学方法、教学内容的制定等方面进行改革，破除了传统武术中的"门户"之见，熔各派于一炉，初步确立了单个传授与集体授课相结合的课堂教学制度。具体来看主要表现在以下几个方面：

首先，破除门户之见，摒弃中国传统技击术中的门派之争。

"技击术"现在统称之为"武术"，它起源于我国古代的狩猎和战争，是一种集传统文化与搏斗、技击技术于一身的体育运动项目。在我国历史上，"武术"有"拳勇""技击""武艺"等不同的称呼。随着西方入侵，国外各种体育运动项目纷纷进入国人视线，国人开始思考中国的一些固有活动方式。对于民间及军队中开展的传统"技击""武艺"等活动，人们把它看做是中国固有的"体育"，加以运用，并统称之为"武术"或"国术"。民国时期官方将以武术为主体的传统技击项目称为"国术",尤其是 1928 年 3 月中国国术馆成立后,"国术"一词逐步流行。但武术的称谓并未因此而统一,"武术""国术""技击术""武艺"等称呼并用,精武体育会对中国传统武术多用"技击术""国术"等称谓。新中国成立后,"武术"这一称谓基本上被固定下来并沿用至今。①

"技击"是武术的本质功能。所谓"技",指本领和方法,"击"指攻防和搏斗。长期以来,武术一直以其所具有的攻防格斗功能立足于世,像春秋战国时以技击为生的游侠剑客,近代以保镖护院维持生计的镖师教头,以教拳为生的拳师乃至流浪江湖卖艺的艺人等,都是以技击本领来体现其社会价值的。而且作为武术主要内容的技击技法,经过历代习武者的实践和发展,逐步形成了一个丰富多彩、气象万千的庞大的技术体系,如踢法、打法、摔法、拿法、击法、刺法等,每一法中又有诸多技法。②

就武术的内容来看,宋代以前,武术与军事紧密相连,主要以技击、实战、对抗、格斗为主,宋代以后,在原来以军事训练为主的武术技巧方法基础上,逐渐形成了武术流派或门派,也出现了武术内功、武术套路及武术内家拳系统等。③ 近代以前我国武术流派较为常见的有以下三种分类方式:一是以拳种划分,如少林拳、太极拳、形意

---

① 杨祥全:《武术概念之源流变迁考证》,北京体育大学学报,2007 年第 2 期,第 249—250 页。

② 周保分:《传统武术与现代武术关系的研究》,《体育世界(学术版)》,2008 年第 1 期,第 24 页。

③ 新中国成立后,党和政府对武术运动非常重视,并在 20 世纪 50 年代成立专门的武术管理机构,恢复武术比赛制度,先后创编和推出一大批国家规定武术套路、传统武术套路、太极拳、太极推手、散手、短兵等武术项目。因武术项目繁多,内容庞杂,有学者将现代"武术"称之为"武术运动体系",并将其所包括的不同形式、不同内容、不同目的的武术项目概括为如下几类:(1)竞技武术,指国际国内用以竞技比赛的武术项目;(2)传统武术,指民间流传下来的传统武术套路和技击方法;(3)对抗武术,指用于对抗实战的武术内容;(4)健身武术,指达到养生、锻炼身体为目的的武术内容;(5)艺术武术,指武术表演及影视艺术体现的武术内容。吴俊清:《中国"武术"概念在不同时代内容理解之博弈》,《辽宁公安司法管理干部学院学报》,2007 年第 2 期,第 102—103 页。

拳、南拳等,一个拳种就是一个流派;二是按山川地域区分,如武当派、少林派、峨眉派、长江流域派、黄河流域派、珠江流域派等;三是按照技术特点来划分,如内家、外家之说,或长拳、短打,南拳北腿等。① 清末我国武术习练群体多数散落在民间,当时,"源流有序、拳理明晰、风格独特、自成体系"的拳种逾百个。②

传统武术分门别派,守派意识突出。民间习武是以民间拳师为核心,模拟血缘关系形成的类似家庭"父子关系"的"师徒关系"为机制的谱系传承。③ 在"谱系传承"机制下,师徒之间单线传授,容易形成狭隘的思想意识和保守的处事观念;随着学徒的增多,又出现门派之见;况且同门、同派弟子之间又有内外之别,如"直系传人""关门弟子""得意门生"等。各门各派之间虽然能相互尊重,但彼此之间却难以进行技术交流。同时,中国传统武术思想观念中讲究含蓄务实,反对张扬炫耀,遇事中庸,不予争先,又导致武术传承过程中慎之又慎,对徒弟的筛选和传授十分严格和谨慎。④ 因此,传统武术的传播具有浓厚地域性和封闭性,其接纳的范围属于家族式,带有民间武术社团的性质。

武术因与战争、军事紧密相连,在中国历史上曾占据重要位置,但到晚清武术已处于低潮。究其原因,一是军队逐步使用洋枪洋炮,代替了传统作战中使用的大刀长矛,武术技击在军事训练中逐步退居次要地位。清政府在1898年曾命令"武场考试枪炮",武举考试不再考技击功夫。1903年,我国延续一千余年的武举制度被废除,使武师通过武举考试跻身仕途的路径被断绝。二是义和团运动失败

---

① 邱丕相:《中国武术史》,高等教育出版社,2008年版,第132页。
② 国家体委武术研究院:《中国武术史》,人民体育出版社,1998版,第8页。
③ 李印东:《武术本质及其功能价值体系的阐释》,北京体育大学2006年博士论文,第48页。
④ 栗胜夫:《论我国传统武术的传承与发展》,《武汉体育学院学报》,2007年第4期,第42页。

后,清政府禁止民间习武。武术在政治上完全失势,社会上凡欲以武取功名的人,遂多改事他业。一些具有高超技艺的武术大师被迫转入军队中做武术教官,或流落民间以授徒传艺谋生。1918 年,孙氏太极拳创始人孙禄堂就曾被徐世昌聘入总统府任武宣官,具有"虎头少保,天下第一手"的美誉。[①] 孙禄堂的孙子孙务滋,在太仓中学任武术教员,应前清江苏巡抚陈夔龙的聘请,业余时间作陈家的私人内家拳教师,1919—1920 年间,孙禄堂的二孙子孙存周应 25 军 2 师 8 团团长施承志之请去杭州教内家拳。[②]

随着清末民初军国民思潮的兴起,武术再次复兴。政府和民间要求保存"国粹"的呼声日益高涨,与军国民思潮相结合,使传统武术受到社会各界的欢迎,无论是学校、社团、工厂还是基层群众,练武之风兴盛,掀起一股习武强身热潮。在此形势下,精武体育会及其他体育社团的出现,为仕途已经断绝的武师们提供了一个新的较好的发展机会和平台。20 世纪 20 年代,北京、天津、上海、济南、成都等许多城市中武术组织蜂起,其为首者大多是一些武术世家传人。如民国时期的武术大师李存义(1847—1921),年轻时曾师从刘奇兰、郭云深学形意拳,向董海川学八卦掌。八国联军侵华时,李存义参加义和团,痛杀入侵者,1912 年,他在天津创办了当时北方最大的民间武术团体——中华武士会;[③]形意拳和八势拳名家姜容樵(1891—1974)幼年丧父,随叔父、前清武进士姜德泰生活,学习祖传武功,20 年代在上海组织了"尚武进德会";满族武术家佟忠义(1879—1963)祖居沧州,世代习武,20 世纪初在奉天以保镖为业,后任军中武术、摔角

---

① 李仲轩口述、徐皓峰整理:《逝去的武林——一代形意拳大师口述历史》,南海出版公司,2009 年版,第 18 页注 8。

② 谭华:《近代中国社会的变革与武术的进步》,《华南师范大学学报(社会科学版)》2003 年第 1 期,第 123 页。

③ 李仲轩口述、徐皓峰整理:《逝去的武林——一代形意拳大师口述历史》,南海出版公司,2009 年版,第 16 页注 1。

教官,1922 年在上海创办"忠义国术社",兼理伤科,旋任保定陆军学校武术摔角总教官,30 年代任教于上海国术馆等处。①

为了发展中国传统武术,上海精武体育会打破了传统的派系门户之见,"不争门户短长",将各流派、各门户的武术都汇于精武。1910 年精武体操会成立之初,霍元甲、刘振声成为会中最初的武术教师。霍元甲遇害后,其弟霍元卿莅沪,另一位高徒赵汉杰也来到上海,弥补体操会教员之不足。②

迁至第二会所之后,精武事业从霍元甲遇害后的低谷中走出,在会长袁恒之的支持下,精武体育会从各地聘请一批武术界高手来到会中做教员。此后短短十数年间,精武体育会就荟萃各派武术名家,如赵连和、张富猷、霍元卿、陈维贤、孙赞轩、罗刚玉、霍东阁、陈子正、吴鉴泉等,他们相继来沪,一时名师云集。这批来自全国各地的拳师各有所长。赵连和"善功力拳、节拳、单刀、夜战枪,能跳跃、身段灵活";张富猷"臂肌特大,步行如虎,善大战";陈维贤属江阴派、擅长醉拳,宁竹亭得其真传;罗刚玉"善螳螂拳";陈子正"原练关外有名番子门,又名鹰爪门拳,拳法稳健";吴鉴泉是杨家太极快拳的嫡传;其他受聘于精武会的教员还有擅长五虎枪的李健民、善双枪的孙玉峰等。③

为了打破"因袭宗法,师徒秘传"的武术传承模式,精武体育会采取自由择师、公开传授的方式,成为当时武术界传播模式上的一个突破。在体操会成立初期,"专事技击一科",虽然采用的仍是"以师带徒"的传统教授方式,但已非师徒之间的单线"秘传",学员可以依据自己的爱好选择不同的教师进行学习。如霍元卿、赵汉杰相继来到

---

① 谭华:《近代中国社会的变革与武术的进步》,《华南师范大学学报(社会科学版)》2003 年第 1 期,第 123 页。

② 《精武本纪》,上海档案馆,卷宗号 Q401-10-48,SC0248。

③ 卢丽娟主编:《上海精武体育总会会史(1910 年 7 月—1996 年 12 月)》(未付印),第 14 页;陈公哲:《精武会五十年》,春风文艺出版社,2001 年版,第 15、33 页。

上海精武会后,霍元卿对学员"严加训练","学者技击始有大进,社会信仰日深",①赵汉杰"功夫与刘振声埒",尤擅长双刀,于是,精武体育会的主要发起人之一陈公哲根据自己意愿,"学节拳于刘振声,学双刀于赵汉杰"。②

公开举办武术学习班,并公开传授,也是精武体育会武术传播模式的一个重大改革。1916年4月之后,上海精武体育会"扩充学科,改良形式",③将进步的教育思想、科学的教育方法移植于武术教育之中,在武术传播上进一步大胆改革。针对来自全国各地的名拳师们,精武体育会摒弃传统一门一派师徒秘传造成的宗派门户争论,采取公开办班、公开传授、使各派技击术"公之于世"的模式,"萃群众于一堂,互相观摩,互相砥砺,优者以勉,劣者以奋"。④

除此之外,上海精武体育会还借助运动会及武术观摩会,将各派武术公诸于众。精武体育会认为如欲打破门户之争,消除人们对武术的误解,最好的方法是让更多的人参与和学习各派武术。为此,精武会利用每年举行运动会之机,鼓励会员习武及观摩各家各派武术精华。早在1916年4月精武易名之前,精武体操会就曾召开过三届毕业典礼及运动会,借助毕业运动会,为会员及观众提供了了解和学习各派武术的机会。如1915年中国精武体操会举行的第3届毕业典礼上,颁发毕业文凭之后,不仅精武体育会内的各派武术名师、优秀会员上台表演各种武术,而且还邀请各省及各学校的来宾登台表演。除此之外,精武体育会每隔一周或二周定期延请武术名流,到会表演,以"使学员收观摩之益",有效消除武术门派秘传的神秘性和狭隘性,⑤并"借一洗从前囿于一家之积习,而有以发挥各派造诣之精华"。⑥

① 《精武本纪》,上海档案馆,卷宗号 Q401-10-48,SC0248。

② 陈公哲:《精武会五十年》,春风文艺出版社,2001 年版,第 18 页。

③ 《精武本纪》,上海档案馆,卷宗号 Q401-10-48,SC0033。

④ 卢丽娟主编:《上海精武体育总会会史(1910 年 7 月—1996 年 12 月)》(未付印),第 14 页。

⑤ 《精武丛报》,上海档案馆,卷宗号 Q401-10-41,046。

⑥ 《精武本纪》,上海档案馆,卷宗号 Q401-10-48,SC0053。

其次,在教学组织方法上,精武体育会采取新式课堂教学模式,打破传统民间练武组织所具有的宗法或宗教色彩。

上海精武体育会改革传统武术传播模式,采用单人教授与班级教学相结合的教学形式。单人教授是武术教师与学生之间进行的一对一教学,教授时不配口令。这是带有一定的师徒"秘传"性质的教学形式,根据方长生老师的介绍,这种形式解放后仍被大多武术名师沿用,直到今天也依然流行。精武体育会仿效新式课堂教学形式,还采取开办初级班、中级班、高级班等"班级教学"的训练方法。① 根据方长生老师的记述,进行班级教学时,一般是教师根据套路中的动作先后顺序,一天教授其中的四五个动作,每个动作配合口令进行练习,整个套路的动作学完后,由学员自己进行练习、组合。② 教学过程中,教练要求十分严格,有些老师甚至拿着木刀片进行督练。当然,这种教学训练方法也适合精武体育会的"体操"教学:既有单操团体教练,也有对操团体教练。这种集体教学从简单易学的基本动作入门,采取先单式教练,后连贯成套练习,先易后难、循序渐进的教学方法,成为我们今天武术教学的一种基本教学法。

精武体育会还根据不同学员的时间安排,制定不同的教学时间表,严格学习纪律。精武体育会不仅具有学校性质,同时又是一个兼具俱乐部性质的民间社团,参加体育会的会员不仅有工商业老板,还有洋行、公司的职员,及上海各类学校的在读学生,这些人群并不能

---

① 《精武本纪》,上海档案馆,卷宗号 Q401-10-48,SC0064。

② 民国时期,武术教学中常常出现以口令形式编排的教学内容。这种以口令标示动作的教学模式,不仅在当时出版的武术书籍中常常看到,也得到精武会会员方长生老师、形意拳大师李仲轩先生的证实。根据李先生的口述,民国时期民族危机,武术界的口号是"强国强种",希望武术能成为保家卫国、上阵杀敌的工具,用武术在最短的时间内训练出最强大的军队。为了实现这种目的,当时许多拳种在教授时进行简化,减去对于各种拳法、拳理的繁琐解释,通过教官对武术动作的亲身示范,配合适当口令,一教数十人、数百人。这种希望从另外的途径达到练武"速成"功效的做法,可以说是近代拳师们忧国忧民、寻求"体育救国"的一种途径。李仲轩口述,徐皓峰整理:《逝去的武林——一代形意拳大师口述历史》,南海出版公司,2009 年版,第 117—127 页。

完全像全日制学校一样进行授课,教学时间往往需要安排在工余或课余。根据会员实际情况,1915 年制定的《中国精武会章程》第十条就规定,精武体育会根据会员不同情况,需进行酌情处理:"每晨 6 时起至晚上 9 时止,由教员分班教授",凡属特别会员,"无论何时均可来学"。① 充分考虑到会员工、商、学不同的成员构成。在学习纪律上,精武会按照各学习班的学员名册,要求每个学习班必须"印备学员上课表一纸,分发各教员,逐日填写,每月呈报一次",根据每月上报的学员上课情况,对不同缺课时数的学员采取相应的奖惩办法。②精武体育会认为这是督促学员坚持学习的手段。

　　精武体育会还在会内开创了武术考试制度。20 世纪 30 年代之前,精武体育会的武术考试制度并不十分完善。学员的级别,根据各班级所修习的时间长短及所学内容情况来认定。精武会规定,各班级学员,只要经拳师传授,修满两年,并修完所在班级的学习内容,就可视为初级毕业,发给初等毕业证书,在所着精武服饰上襟缀黄星一颗;修满四年的学员为中级毕业,发给中等毕业文凭,襟饰黄、蓝两星(蓝星在 1918 年以前用绿色,后改为蓝色);学员按规定学习内容修满六年者则为高级毕业,发给高等毕业证书,襟饰红、蓝、黄三星以上。三个等级证书的发放都必须考核合格并经过技击主任认可。③

　　自 20 年代中后期起,精武体育会的考试制度逐步走向完善。为了检验学员学习成绩,公平评定其毕业程度,精武会组织成立考试委员会,并制定出较为规范的考试规则。根据精武会考试委员会的讨论,决定考试采取给分制,"给分以 100 分为足分,70 分为及格";给分标准由各委员按"精神、气力与姿势动作"三个方面的内容分别打分,最后"将各委员所给绩分合计再平均之";为了保证毕

---

①　《精武本纪》,上海档案馆,卷宗号 Q401-10-48,SC0299。

②　《精武丛报》,上海档案馆,卷宗号 Q401-10-41,046。

③　《精武本纪》,上海档案馆,卷宗号 Q401-10-48,SC0064。

业会员的武术水平,考试纪律采取"严格主义",只有"满足 70 分,方许毕业"。① 在考试内容上,根据不同级别、不同门类有不同的规定,上海精武体育会在 1936 年举行的第 22 届国术毕业考试中,规定会员参加考试的科目有潭腿门和螳螂门,并各分初、中、高级。潭腿门初级:潭腿、功力拳;中级:大战、八卦刀;高级:节拳、五虎枪。螳螂门初级:碰步、摘腰;中级:出洞、梅花拳;高级:梅花枪、燕青刀等等。

再次,精武体育会还根据武术运动的特点制订了一整套新的武术教授内容。

配合教学形式的改革,在教学内容的选取上,精武体育会贯彻"南宗北派并蓄兼收"、熔各派于一炉的策略,一方面吸收当时"新武术"的编练方法,将武术套路中的一些动作抽取出来,或作为独立动作内容,或重新编排,形成新的套路;另一方面则采用传统的武术套路作为教授内容。经过认真研究和讨论,精武体育会将"精武十套"定为精武技击教学的基本教材。"精武十套"即"潭腿、工力拳、节拳、接潭腿、八卦刀、五虎枪、大战拳、套拳、群羊棍、单刀串枪",内含武术套路共二百六十余套。② 精武体育会认为,武术教材的选择,要做到一技有一技之精华,一技有一技之实用,才能使人们通过习练技击术这一传统体育运动项目,得到强身健体的最大效能。经过组织武术专家进行讨论,一致认为"潭腿"是练习武术者"毕生之不可或辍者",究其原因,武术名师们认为潭腿"手法既多,步武稳固",操练时"既能各个运动,即合百十人为团体,亦可以口令指挥,繁简咸宜,长幼可习",如果能坚持一段时日,则"日以半小时为度,则其精神体魄已获无穷利益",且"熟而习之,不特后来练习各技迎刃而解,且使精神气力日见增加",可谓"初学之阶梯,入艺之基础",故而"潭腿"被确定为"精武十套"的基础练习套路。③

① 《精武丛报》,上海档案馆,卷宗号 Q401-10-41,057。
② 《精武本纪》,上海档案馆,卷宗号 Q401-10-48,SC0168。
③ 同上,SC0053、SC0056。

在"精武十套"中,除潭腿外,精武体育会认为工力拳、大战拳"能增力",节拳"能长气",接潭腿"使手足增抵抗力",套拳"则竞争之实施法门矣",五虎枪"为枪中之最多手法而最完善者,熟习之,则臂力、腰力、足力不觉自增",八卦刀"为刀中之最难学而最敏妙者,熟习之,将来再学对手八卦刀,则单刀之妙用思过半矣",群羊棍"变化无穷,且活泼泼地而不犯实,双头棍中之不可多得者",单刀串枪"最难走步,然敏捷之至,殊妙技也,单刀与枪棍易得而最利用,故当先习矣"。① 这些拳种和套路对于强健身心极为有利,又是习武者入门和练习的基础,因此"精武十套"可谓精武会武术教学中的"初级科目",凡精武会员学习武术的"必须熟悉此十种,方及他技"。② 直到今天,经过挖掘和整理,"精武十套"仍然是上海精武体育会武术教学的基本内容。每年一届的世界精武武术比赛(又称精武世界体育文化大会),"精武十套"都是必不可少的比赛规定套路。

除"精武十套"之外,精武会还根据各武师的专业特长进行教授,如陈子正就曾教授鹰爪派拳技,吴鉴泉教授杨氏太极拳等。精武体育会认为,在这种"南派、北派、短拳、长拳罔不具备"的技击术教学中,即使各武术教师不能沟通南北,但学员经过跨拳种学习,却能"南北混成",久而久之,"自成一种融合南北、取精用弘之技术",客观上也就打破了各派之间的门圉阻隔。③

第二节　创编中国式"体操"

中国最早为国人领略的体育概念即为"体操"。就中国本土对于体育的输入来说,在很长时间内是服务于军事政治需求的,因此最早

① 《精武本纪》,上海档案馆,卷宗号 Q401-10-48,SC0170。

② 同上,SC0031。

③ 卢丽娟主编:《上海精武体育总会会史(1910 年 7 月—1996 年 12 月)》(未付印),第 15 页。

引进的是借以强身练兵的西方兵式体操,以至于"体操"一词代替"体育"而存在。早在洋务运动期间,为求自强,清政府编练新军,引进西方兵操训练军队,同时派遣留学生,创办新式学堂,设置体操课程。首先传入我国的是德国式的兵操和器械体操,后来是本土化了的瑞典、日本式体操。自 1862 年第一批京兵被派到天津接受西式操练开始,洋枪、洋炮与洋操成为各省练兵以及各级武备学堂的训练内容。至 19 世纪末,清军大多以练习洋操为主。训练新式军队不仅引用西方兵操中的队列、队形,同时还开展各种徒手体操、持轻器械体操和器械体操等普通体操,甚至一些运动性游戏也被看做是操练身体、强身卫国的途径和手段。随着基督教青年会活动的开展,美国式的体操和丹麦体操也在我国传播。西方兵操成为中国近代早期学校体育教育的主导内容。

在中国早期兴办的新式学堂中,体操是其主要教学内容之一。1896 年创办的三等公学和南洋中学、1897 年兴办的南洋公学等都是中国较早引进西方体操教学的学校。三等公学提倡新法教学,在《三等公学功课章程》中明文规定学生必须参加体育锻炼,"每晚放学应令诸生体操";南洋中学的师生约章中明确指明"诸生体操,不得托故推诿";南洋公学每周安排有二到三次军事操练课。①

在各级政府的支持下,"体操"还以制度的形式正式进入学校教育。清末新政时期,1902 年清政府颁布《钦定学堂章程》,1904 年又颁布《奏定学堂章程》(癸卯学制),规定各级学堂均开设"体操科",并且要求公立"各学堂一律练习兵式体操,以肄兵武"。② 根据要求,初等小学堂每周 30 小时的课程中,体操为 3 小时,占全部课程的十分之一;高等小学堂每周亦设有体操 3 小时。1909 年修订章程后,设

---

① 朱有瓛:《中国近代学制史料》(第一辑下册),华东师范大学出版社,第 588—603 页。
② 成都体育学院体育史研究室:《中国近代体育史简编》,人民体育出版社,1981 年版,第 33 页。

在城镇的小学,体操列为必修科,乡村则为随意科。① 中华民国成立后,1912 年 9 月 3 日,民国政府教育部颁布新的《壬子学制》也明确规定,高等小学校以上的体操课程尤其应注重"兵式体操"。② 随着新学制的贯彻与实施,"体操"体育正式进入国立学校教育之列,这种情况一直维持到 1923 年。

随着体操体育的普及,当时的师范学堂中开始设置体操专修科,同时,各地还开始发起建立专门的体操学校及体操传习所,培养专门的体操人才和体育教师。从初级、优级师范学堂毕业的学生,成为教师队伍的主要力量。1908 年,徐一冰在上海创设的中国体操学堂,是我国近代第一所独立设置、专门培养体育师资的学校。自创办到结束,中国体操学校办学共 16 年,计 36 届,毕业学生达 1531 人,为我国体育界培养了一批优秀人才。与徐一冰一起主办中国体操学校的还有徐傅霖,1905 年他在上海西门创设体操传习所,培养当时急需的体育教师。③

五四运动前后,"体操"体育开始受到人们的质疑,并最终被"体育"概念所代替。五四运动爆发后,在新思想的冲击下,取消兵操的呼声不断出现;此外由于实行"军国民主义"的德国战败,使军国民思想受到打击,具有强烈政治工具性的"体操"在人们的视线里逐步淡化。这两种原因,促使各界对"体育"进行重新认识,作为培养和完善人的"体育"概念在融合中国传统体育文化的基础上,满足了社会的需要并渐渐扎下根。1922 年,北洋政府颁布《新学制课程标准》,把学校的"体操科"改为"体育科","体育"一词得到官方的确认。1923年,学校"体操课"正式改为"体育科",由此突破了兵式体操的范畴,

---

① 吴文忠:《中国体育发展史》,三民书局印行,国立教育资料馆出版,1981 年版,第 68 页。

② 宋旭、曹春宇:《"体操"与"体育"演变因缘新探》,《沈阳体育学院学报》2005 年第 4 期,第 86 页。

③ 郎净:《近代体育在上海》,上海社会科学院出版社,2006 年版,第 107—111 页。

田径、球类、舞蹈、游戏等项目纷纷进入课堂。

在中国体育发展的特有进程中,精武体育会一方面适应社会上对"体操"的需求,另一方面也为了发展中国传统武术,抵制西方兵操,积极寻求改革武术之路,将中国传统技击术与西方兵操及军事技术相糅合,创编出具有自身特色的中国式体操,希望借此实现"强身、强种、强国"的体育救国之途。具体来说,精武体育会创编的体操包括以下几种:

首先,将中国传统的技击术纳入西方兵操内容之中,中西结合,创编成武术兵式体操。

最早将武术与西方体育相联结的是安福系军阀马良。1901年,马良在山西陆军学堂任教习时,将传统武术与当时国内流行的西方兵式体操操练方法融合,创编"中华新武术"。这种"新武术"是从各种武术套路中抽取基本动作归类整理,再按武术套路的基本原理编排联接成新的套路,在教授形式上借用兵式体操的操练特点,分段分解配以口令,既体现了循序渐进的教学原则,又比较适合团体教学与操练,其"教材及教授法,概受瑞典式体操之影响"。①

马良的新武术受到当时社会的欢迎。"新武术"以传统武术为素材,吸收西方兵操的教学操练方法,编制出"拳脚科"和"率角科"等新套路。这种中学为体、西学为用的体操形式一经出现即受到当局和教育界的重视。新武术出现不久,时任陕西巡抚的赵次珊就将马良的"中华新武术"命名为"马式体操"予以推广。由于其比较适合对初学者进行集体教学,所以也非常受教育界的欢迎。经过一段时间的实践和推广,1917年"中华新武术"经过北洋政府教育部审定后,被陆军部咨行训练总督和警察总监定为军警必学之术,1918年,教育部通令将"中华新武术"列为各大、中学堂正式体操的内容,并经1919年国会辩论通过,成为学校的正式体操课程

---

① 王健吾:《华北之体育》,《体育季刊》,1935年,第1卷第2期,第4页。

风行全国。①

上海精武体育会对兵式体操的编练,既从马良的新武术中吸取灵感,又结合美国学校体操的做法,创新出一系列武术操法。精武会将其称为"体操化的武术",即"拿武术来吸入柔软体操之中,或是应用体操的制度,来改变武术的组织"。② 据《精武月刊》上《武术之研究》一文的分析,美国哈佛大学体育教授沙井特氏(D. A. Sargent,1849—1924)采取游戏运动(游泳、起跑、掷标枪、递铅球、掷链锤等)、劳工活动(锯木、劈柴、割草、打椿、荡桨、扯帆等)、凡物动态(鸡鹅展翅、淡水鱼跳、汽船动荡、风摇树、鹰翔空、火车头起行等)编为模范体操,用以"增进学者的兴趣,丰富健康的效率",因其体操与人们的生活十分贴近,经其"登高一呼",四海响应。主要以生理学、解剖学为基础,根据身体部位和年龄特点编制,以上、下肢运动和躯干运动为主的"人造的柔软体操",因美国"模范体操"的出现而受到抨击。但是,因为柔软体操在"改正姿势一端","具有特效",当时"尚没有他种运动可以及得到他",于是美国的学校体操中,便将二者结合,在"每个柔软体操的程序里加入两三节摹仿体操动作,以避免学习时之单调和枯闷"。③ 受美国学校柔软体操加入"模范体操"动作的启发,精武体育会认为"我国的武术,价值高大,又合于国民的习性",如果"编成摹仿动作,间杂在柔软体操里头演习",定当"风行更速,效果更大",于是编练出武术体操。④

根据《精武月刊》有关武术研究中的分析和说明,精武会武术与体操融合而成为"体操化的武术"有两种方式:

(1) 摘取武术中的动作,编成各种运动,应用于瑞典式体操之

---

① 马良:《中华北方武术体育五十余年纪略》,《体育与卫生》,1924年,第3卷第3期。
② 《精武月刊》,上海档案馆,卷宗号Q401-10-37,SC0336。
③ 同上,SC0337、SC0339。
④ 同上。

中,即"拿武术来吸入柔软体操之中"。这是仿照美国"模范体操"的做法,有选择地摘取武术套路中的个别或连贯武术动作,加入瑞典式柔软体操中,形成精武"兵式体操"的一种形式。① 例如一套体操由头部运动、四肢运动、背部运动、肩部运动、平均运动、腰部运动、腹部运动、全身运动八组运动组成,经过精武会改编,各组运动如下:②

头部运动

臂屈,手掌向上而贴腰,(一)运右臂向右出掌,头向右转,目注右手,(二)头右臂均还原,(三)运左臂向右出掌,头向左转,且注左手,(四)头左臂均还原。

四肢运动

屈肘握拳,护腰,(一)臂左右伸冲拳,同时向左步,目注视左拳,(二)复屈肘,握拳护腰之姿势,(三)臂左右伸冲拳,同时向右箭步,目注视右拳,(四)复屈肘握拳护腰之姿势。

背部运动

(一)左右臂平屈于胸前,左右握拳,掌向外,左掌附右手臂上,同时上体前倾,(二)臂与上体均还原。

肩部运动

臂屈手掌向上面贴腰,(一)两臂内合上举,手腕交叉,(二)臂侧开垂下,(尽力引肩向后)而复屈臂掌贴腰之部位。

平均运动

两手叉腰,(一)左足用力向前踢出右膝屈,上体微向前倾,(二)左足前出一步落地,(三)右足用力向前踢出左膝屈,上体微向前倾,(四)右足前出一步落地。

---

① 《精武月刊》,上海档案馆,卷宗号 Q401-10-37,SC0337、SC0339。
② 同上,SC0338。

　　可以看出，这种体操是将武术中较为复杂的动作经过简化，抽取出来，如正步抱拳、冲拳、虎步、弹腿等动作，或直接引用，或重新编排，纳入体操套路之中。

　　(2) 摘取武术中的动作，仿照德国式体操的编配，分解合并，形成"正部的操法"，这就是"应用体操的制度，来改变武术的组织"。[①]此种编练方法与马良新武术有很大的相似之处。我们可以从下面两段运动大概了解经过改编后的"精武式体操"的运动方式。

　　　第一段　　上肢、下肢、四肢
　　A(一)右臂前伸出掌，左臂曲，掌向上，贴腰，(二)左臂前伸出掌，右臂屈，掌向上，贴腰，(三)两臂自下向上交叉划圈而收住于腰旁，屈掌向上，(四)二臂下垂。

　　B手叉腰，(一)左侧箭步，(二)左腿直，右膝屈，变为右侧箭步，(三)复(一)，(四)左足收回。

　　C(一)左侧箭步，上体向左转，同时右臂前伸出掌，左臂屈，掌向上，贴腰，(二)左腿直，右膝屈，变为右侧箭步，同时上体转向右，左臂前神，出掌，左臂屈掌，向上，贴腰，(三)复(一)，(四)还原。

　　　第二段　　上肢、下肢、四肢
　　A(一)手握拳，左臂侧伸，右臂屈，肘关节向外作拉弓状，(二)换右臂侧伸，左臂屈，肘关节向外作拉弓状，(三)左臂仍握拳，掌向后，(臂略屈)右臂屈肘，握拳，护腰，(四)还原。

　　B手屈腰，(一)左足侧出，变膝屈，成骑马势，(二)移右足至左后斜方，与左足成交叉形，(三)左足侧箭步，(四)右足移向左，与左足靠拢。

　　C(一)左足侧出，变膝屈，成骑马势同时握拳，左臂侧。

① 《精武月刊》，上海档案馆，卷宗号 Q401-10-37，SC0339。

这套体操由多组运动组成,每组由多种武术动作编练在一起代替原有的肢体动作,然后各组之间按照生理原理连接成一整套操法。

其次,仿照西方体操,为中国武术套路编配口令,形成中国式武术体操。

精武体育会将其所创编的"精武十套"等武术动作和套路,仿照西方兵操的模式,按动作特征编配口令,进行集体操练,形成特有的中国式武术体操。在武术教学中,精武会除进行单人教练外,还"注重合群之教练","每有一技,其各个动作必编配口令统一教授"。①精武会认为这种配合口令进行操演的武术动作或套路用于集体操练时与流行的西方兵操相同,因此也称其为"体操"。"精武十套"因其对于习练者的基础性和适于团体操练性,成为精武会中国式体操的主要内容。

如前所述,"精武十套"中精武体育会首要看重的是"潭腿"。对于"潭腿"是否适合编配口令用作体操练习,精武会各位武术大师和普通学者都根据自己的观察和研究给出过结论。陈彦在《精武特刊》之"武库"中写有《从生理学上观察潭腿》一文,认为"潭腿对于身体各部分的生理上均有增长其作用的功能",并认为此种功能虽然在别项的体育项目中,如柔软操、田径赛及球类等,也能起到"促进其新陈代谢之作用",但其"独推奖潭腿者",有几种原因,其中之一便是潭腿"适合于团体操"。②作者认为球类、田径类运动项目"须视乎各人之年龄与体力而异","其体弱或程度较浅者,则不能与人竞争",而"若潭腿,则无论年老年少及体之强弱,均可同时练习,盖无争胜负之心,无荣辱之念,惟有各自用力,听从口令,以行动作而已,故适合于团体运动,而与我国人一般的体格为尤宜"。③有一位学习音乐的会员经

---

① 《上海精武体育会内传与章程》,上海档案馆,卷宗号 Q401-10-2,SC0028。
② 《精武杂志》,上海档案馆,卷宗号 Q401-10-29,053 页。
③ 同上。

过自己的研究也得出潭腿适合团体操练。该研究者通过 6 个多月的实地观察,并将潭腿十二路之图式"细心查察",发现潭腿未有任何妨碍身体之处,而且根据他的观察,"照十二路之操法,全身之志肌,鲜有不被受运动者",于是这位学者期望完全可以根据潭腿十二路"重编新法体操",以辅当时中国"体操"之不足。①

正如当时人们的研究和期望,精武体育会将潭腿、节拳等"精武十套""以口令指挥"进行团体操演,成为受社会各界欢迎的精武体操内容的重要组成部分。"精武十套"经过编配口令作为"体操"进行教授后,逐渐成为各种会操表演的重要内容之一。在武术教学过程中,精武教员们非常注意团体操的教授,"盖欲养成一种共同生活之精神"。② 根据精武体育会的规定,在每月的第 4 周,精武会召集所授学员、各社会团体进行集体会操表演。每次会操表演,"技击虽千百人,以口令指挥之裕如也",③场面壮观,使人观后精神十分振奋。不仅如此,在精武体育会举行的毕业典礼及运动会上,为了显示精武体育会的运动成绩,一般都会有由当时精武教员教授的学校、社会团体进行会操表演,第 4 届毕业运动会上就有"广东小学之髫龄学生,服制一如本会,操潭腿"。④ 在上海精武体育会自制的技击术影戏片中,也记录下了广东小学团体操"节拳""套拳"的影像。⑤

除此之外,精武会所创编的"体操"中还有"技击术军用实施法一门"。"军用实施法"是将"技击手法施于火枪上刺刀之对敌,及刺刀与指挥刀交战"。⑥ 军用实施法在当时可谓一种"最新式"的"兵式操法",不仅具有观赏性,而且具有实战意义,因此深受国内外来宾之欢迎,⑦

① 《精武杂志》,上海档案馆,卷宗号 Q401-10-29,053 页,《精武特刊》,"武库"第 16 页。
② 《精武本纪》,上海档案馆,卷宗号 Q401-10-48,SC0070。
③ 同上。
④ 同上,SC0056。
⑤ 同上,SC0294。
⑥ 《精武月刊》,上海档案馆,卷宗号 Q401-10-37,SC0337、SC0339。
⑦ 《精武本纪》,上海档案馆,卷宗号 Q401-10-48,SC0057。

每次精武运动会上都会有军用实施法的表演，受到广大与会者的青睐。上海精武会第6届毕业典礼上就有霍东阁与郑灼辰、宁竹亭与卢炜昌的表演，引来场下如雷鸣般的掌声。①

自1903年《奏定学堂章程》颁布后，新式学堂代替了传统的官学和私学，体操就已成为各级学校的必修科目。自光绪以来，在体操教学中，就有不少人认为拳术是中国式"体操"。辛亥以后，随着马良新武术的推广，武术教学逐渐进入学校，武术被认为是体育的重要组成部分为越来越多的人所接受。当西方体操几乎占领中国教育与军队训练领域时，上海精武体育会在南方着手将中国传统武术改编为"中国式体操"，他们一方面把推广和传播中国式体操作为发展自身的手段，另一方面也把它当做抵制西洋兵操，保存"国粹"的一个重要途径。

如果说马良的新武术是从官方途径深入到军界和教育系统中，那么上海精武体育会则是从民间社会组织的层面，将中国的传统武术更深入地推广到社会各团体中。随着精武体育会在上海的影响日深，当时上海几十所学校都把精武体育会所倡导的"体操"作为学生的必修课程，并延聘精武会教员来校传授技法，以增强学生体质，培养智、仁、勇全面发展的人才。由精武会派会员教授之上海各团体，如复旦大学、中华工业学校、东亚体育学校、上海青年会、澄衷学校、岭南中学、十三队童子军、爱国女学、中国女子体操学校、商务印书馆、工界青年励志会、广东小学、培德小学、崇德女学等，都有精武会所派出的教员教授武术。② 自体育会成立到1919年的十年间，上海各校习精武式体操者达四十余校。

经过一段时期汇编武术，编制及教授武术体操后，精武体育会的"体操"逐渐形成一个系统，涵盖徒手、器械及各种军用实施的操法，

---

① 《精武本纪》，上海档案馆，卷宗号 Q401-10-48，SC0061、SC0062。
② 同上，SC0070。

社会上将精武"体操"称为"中国式体操",精武领袖罗啸敖甚至称之为"国操"。精武体育会认为,精武技击术经过改编,不仅可以单人教练,也可团体操演,而且精武体育会的这种"体操"非常实用,"徒手为锻炼肢体之具","器械为储备经武之能",因此已完全可以代替引进的外国体操。① 在当时几乎整个南中国各学校和团体,及精武影响所及的南洋各学校,大都放弃了自清末民初以来习练的西方兵操,代以精武体育会的体操为训练的主要内容。② 在罗啸敖所起草"国操宣言"中:"本会技术于武技一门,系综合南北各派技师,就中选定徒手、器械运动各种及军用实施各种,以十余年之经验,确信可成为我国之一种体操学。"③20 世纪 20 年代,精武体育会曾向当时的北洋政府申请将精武体育会的"体操"定为"国操",由于多种因素的影响,申请国操的愿望并未能实现,但从中也可以看出精武体育会以民间体育组织的身份,对我国武术改革所做的努力,以及这种努力所能达到的影响。

第三节 编 制 武 舞

武舞是上海精武体育会将音乐与武术相结合编制的一种舞蹈形式。中国自古即有舞蹈、音乐相结合的"乐舞",明清时期,"乐舞"随着戏曲的发展而衰落,但我国古代的乐舞形式仍然以戏曲舞蹈等多种方式存在着。精武体育会认为音乐、舞蹈和武术是不可分割的,陈铁生就曾以"技击家多与音乐结不解缘",解释粤乐与技击的关系。④京津《泰晤士报》中文记者李我生,分析精武体育会开设音乐科的原因,认为礼、乐、射、御、书、算称作六艺,是自古文人必学的科目,其中

---

① 《上海精武体育会内传与章程》,上海档案馆,卷宗号 Q401-10-2,SC0028。
② 同上。
③ 同上。
④ 陈卓枚:《粤乐拉杂谈》,《精武本纪》,第 118 页。

音乐的作用是用以"陶冶性灵",因此"精神修养之学科自以音乐为第一重要";"射""御"可谓"躯体修养"之术,精武体育会所推崇的"拳术"便是"躯体修养"的承担者。① 既然音乐与武术是人们精神与躯体修养所必不可少的重要内容之一,精武体育会将音乐与武术结合也就理所必然。

为了把音乐与武术结合起来,精武会将武术功架演进为舞蹈姿势,通过编配音乐后,寓刚于柔,亦文亦武,创编出较有开创性的现代武舞表演形式。精武会"国乐宣言"中分析了编制武舞的原因,认为"我国礼乐散失,已越千年","近世学者有志兴废",但"苦无所取资",因此在"非所得以"的情况下"步武欧风";另一方面,鉴于礼乐"关系于体育前途极大",于是"会集中西音乐名家特组一中华音乐团体,俾资研究"。② 为此,精武体育会将全国划分为黄河、长江、珠江三大流域"分途考求",并"改良乐器、编配乐歌"供学者传习;同时,把古代音乐与东西洋音乐相结合,"谋音乐之大同"。③ 经过努力,仅收集到京调、沪调、粤调三种,精武会认为这些远远不能完全代表国乐,况且音乐本身应同时兼备"声"与"容",而这三种音乐"以声言,则八音既已不全,以容言,而舞法又复尽失"。④ 为了完成"规复完全之国乐"的使命,精武体育会把音乐与武术结合在一起,将"国操技术,混合各种手法",模仿西方某些舞蹈形式,"编成舞蹈一科"。⑤

精武体育会的主事者很多来自广东,基本由粤人主导,因此精武粤乐活动开展得很好,这也是精武舞蹈术常配以粤乐、粤曲的原因所在。精武体育会很多会员对音乐有研究,当时许多在沪上的广东音乐玩家,都是精武体育会的成员,他们在发扬粤乐和粤曲方面扮演着

① 《上海精武体育会内传与章程》,上海档案馆,卷宗号 Q401-10-2,SC0059。
② 同上,SC0029。
③ 同上。
④ 同上。
⑤ 阮原:《怡保精武二周年纪念特刊》,南洋怡保精武会,1927 年版,第 13—14 页。

举足轻重的角色。精武会主事者之一的陈铁生就是早期广东音乐演奏家和作曲家严老烈的高徒。1918 年,陈铁生组织了精武粤乐部,1919 年,又在上海精武体育会办事点之一的四川北路 6 号组建中华音乐会,聚合了许多粤乐业余名手。这些人大多是精武会员,如吕文成、甘时雨、何芳南、司徒梦岩、钱广仁、尹自重等。其中,吕文成被称为近代广东音乐宗师,20 世纪 20 年代誉满粤沪,以擅长演奏二胡闻名,《申报》《游艺丛刊》辟有"音乐号",常常向其征稿;司徒梦岩原是美国麻省理工学校造船科学生,课余向美国小提琴制造家戈斯(W. S. Goss)等人学习小提琴,归沪后将小提琴与广东音乐相结合,促进了近代粤乐的发展。在陈铁生等人的努力下,20 世纪 20 年代他们改革主奏乐器高胡、扬琴、新式鼓架,并将小提琴用于粤乐演奏。更为突出的是他们在上海创作、改编了近百首粤乐作品,其中如《步步高》《雨打芭蕉》《渔舟唱晚》《孤舟雪夜》等,是广东音乐的传世佳作。他们还通过录制唱片向广东和全国推广。精武会员参加者众多,不仅自娱自乐,还经常彩排演出,座无虚席,掌声满场。①

　　精武体育会表演跳舞术时所拍和的各种音乐,甚至在兵操训练时所演奏的军乐,大部分都是由精武会内的音乐人制作而成。1923年,当时担任精武会国文书记兼音乐部主任的陈铁生编写了《新乐府》一书,书中将精武体育会和中华音乐会经常演奏的各种乐曲,分为"古乐""今乐"和"大同乐"三大类。其中,"古乐"指早已存在的乐曲,如《梅花三弄》。"今乐"指由近人及今人创作或改编的乐曲,如《到春来》《小桃红》《柳摇金》《浪淘沙》《凤凰台》等。在《新乐府》中,不论是"古乐"还是"今乐",都是以工尺谱记谱的,但其中四首"今乐",即《柳摇金》《凤凰台》《到春来》和《小桃红》,同时也被谱成五线谱,它们连同数首谱成工尺谱的西乐,被归类为"大同乐"。《凤凰台》

　　① 程美宝:《近代地方文化的跨地域性——20 世纪二三十年代粤剧、粤乐和粤曲在上海》,《近代史研究》,2007 年第 2 期,第 1—17 页;《精武杂志》,Q401-10-29,010。

《柳摇金》的五线谱是由司徒梦岩翻记的,《到春来》《小桃红》的五线谱则由精武会主持人陈公哲谱写。①

精武体育会将中国传统的武术动作,"混合各种手法",采用配有歌词的音乐相拍和,编成了多种舞蹈术,主要有"滑稽跳舞""武化舞""凤舞""剑舞"等。这些舞蹈将粤乐、武术、舞步及精武体育会发明的中国式体操糅合在一起,形成一种新式的跳舞术。在精武会成员的眼中,这些跳舞术绝非仅仅以声色娱乐为目的,它一方面是游艺表演的重要内容,另一方面还隐含着"挽祖国学术将亡"的深意,承担着弘扬中国文化,强民、强种、强国的使命。

精武体育会的舞蹈术主要有以下几种。

第一、滑稽跳舞。

精武会创编的舞蹈始于滑稽跳舞。滑稽跳舞是由精武会员郑灼辰、陈善、郑福良、金刚耀、李国荃、程镜川等创编而成的。1915年冬,陈公哲、郑灼辰等人参加上海青年会举办的游艺会,会上表演的西方音乐杂技使中国观众耳目一新,在场观看的精武会员们也大为感叹此种表演形式的新颖与优势。会后,郑灼辰提议,与其"临渊羡鱼,不如退而结网",②于是联合会员陈善、郑福良、金刚耀、李国荃、程镜川,"采取拳术中各手法",编成"滑稽跳舞"。③ 经过商议后,郑灼辰决定取粤乐中的《柳摇金》曲,配以拳术中的各种姿势,仿照西方杂技中小丑的着衣风格,"穿彩衣,涂花面,做小丑面相",④取"寓邪于庄,或寓庄于谐之举"。⑤ 经过10天的努力,这种配乐舞蹈最终完成,因其动作诙谐,具有较浓的娱乐意味,因此称之为"滑稽跳舞"。

① 程美宝:《近代地方文化的跨地域性——20世纪二三十年代粤剧、粤乐和粤曲在上海》,《近代史研究》,2007年第2期,第13页。
② 陈公哲:《精武会五十年》,春风文艺出版社,2001年版,第103页。
③ 罗啸敖:《精武内传》,上海社会科学院出版社,2008年版,第29页。
④ 陈公哲:《精武会五十年》,春风文艺出版社,2001年版,第104页。
⑤ 罗啸敖:《精武内传》,上海社会科学院出版社,2008年版,第30页。

滑稽跳舞出现后,很受社会的欢迎。根据资料记载,滑稽跳舞共分3节,第一节16式,第二节19式,第三节30式,分别和以粤乐《柳摇金》的三阕音乐拍和。① 1921年,在中华音乐会召开的游艺会上,滑稽跳舞首次献演,因其寓谐于庄,即刻引起全场轰动,"于刚柔羼杂之运动中复加以美感的作用",使表演者"不啻进一服精神兴奋剂",而且"其手法之足资实用,与其精神筋骨之足资发展"尚有"再作深一层的研究"的可能。此后,上海各团体和学校"凡开游艺会,多函索演此",大受当时社会的欢迎。②

第二、武化舞。

武化舞是精武体育会创编的有别于"滑稽跳舞"的较为庄严的舞蹈。精武体育会最初编制"舞蹈","动作纯取诙谐,和以粤调,名曰滑稽跳舞"。③ 不料"滑稽跳舞"初次演出,竟得到社会各界的认可和欢迎,精武体育会决定再编一种较为庄重的舞蹈。精武体育会认为,我国古代教育原有乐舞,后来"乐、舞并亡",近代知识分子为了振兴中国传统音乐,遂将西方教学方式引进到中国普通学校中,开始"设音乐一科",不过"其所施教,亦只声歌而已"。④ 精武体育会根据《礼记·乐记》对中国古代音乐的理解,认为"乐必发于声音,形于动静",而欧西音乐仅有"声歌",根本"不能完全成其为乐也",对于当时国内"所办之体育学校,其所教授之外国乐舞,一切手法,虽于体育微有所合,而态度柔靡,未免和而失之于流"。⑤ 精武体育会为了"以精武提振积弱之人群",于是"本其平日所习练之国操,融合手法数十种,编一庄严之跳舞术,名曰武化"。⑥ 将中国传统的武术动作与音乐相结

①　《上海精武体育会内传与章程》,上海档案馆,卷宗号Q401-10-2,SC0048、SC0049、SC0050。

②　罗啸敖:《精武内传》,上海社会科学院出版社,2008年版,第30页。

③　《上海精武体育会内传与章程》,上海档案馆,卷宗号Q401-10-2,SC0029。

④　同上,SC0037。

⑤　同上。

⑥　同上。

合,既能弥合西乐仅有"声歌"的不足,又能弥补当时国人所习西方舞蹈的"柔靡"缺陷,于是,精武体育会创编的武化舞蹈产生了。

武化舞具有强身健体、振奋精神的作用,受到当时社会的认可与欢迎。从《精武体育会内传与章程》所记《武化手法》中可以看出,武化舞是拍和着粤乐《到春来》曲调,随曲调节奏进行表演的一种舞蹈,这种舞蹈动作由各类武术套路或拳种中抽离出来的武术动作汇编而成,包括潭腿、青龙拳、罗汉拳、少林拳等数十种拳术的 40 个动作,共40 式。如武化手法第一式动作"冲扫",是潭腿中的动作,第二式动作"单擎掌"是小札拳中的动作,第三式"拨脸腿"则是青龙拳中的动作等。① 武化舞由会员李佩弦、郑灼辰、陈善、陈启英、姚蟾伯、杨森伦等编制,曲调选用"最艳丽之《到春来》",该粤曲"为西人所最欢迎者"。② 悦耳的音乐,柔和而不失刚劲的动作,经过武术与音乐融合后的武化舞,"洋洋盈耳,悦目赏心,令人神往",被认为是"我国二千年前之大武乐",受到时人的青睐。③

第三、"解放运动"。

"解放运动"原名凤舞,是专门适用于女会员的一种舞蹈。精武体育会内男会员们创编的"滑稽""武化"等舞蹈不仅具有健身作用,而且在社会上大受欢迎,屡屡在各种游艺会、音乐会上演出,这让不甘落后的精武体育会女会员十分羡慕,她们时常聚在一起,商讨创编适合于女子习练的舞蹈。1920 年,应精武女会员的要求,精武教员赵连和"用我国固有的武术手法"创遍了一套由 20 式动作组成的"凤舞"。这 20 式动作由大成拳、少林拳、黑虎拳、伏虎拳等 9 种拳术动作、1 式剑术动作、1 式双座钩动作、2 式罗伞棍动作组成,采用粤乐中较受妇女欢迎的《小桃红》曲谱拍和。④ 因其配乐优美动听、舞姿

---

① 《上海精武体育会内传与章程》,上海档案馆,卷宗号 Q401-10-2,SC0038。
② 罗啸敖:《精武内传》,中央精武发行所,1923 年 10 月,第 14 页。
③ 《上海精武体育会内传与章程》,上海档案馆,卷宗号 Q401-10-2,SC0037。
④ 同上,SC0041、SC0042。

舒展大方、优雅刚劲,被认为是中国失传已久的"国舞"再现。

　　凤舞成为近代妇女解放的一种象征。精武体育会创编凤舞的目的十分明确,即为了"发达妇女的体格",以使她们在"提高知识"和"发达体格"之后,能够成为"一个可以自立之人",并实现"女子解放"的目的。[1] 女会员们认为,"这种技术,既是改良的国产,又胜于狎亵的外货",认为其"不但是舞蹈术,简直是一种最完善的体育运动",[2]将习练凤舞作为锻炼身体和提高妇女社会地位的一种象征,不仅使她们与男会员同台演出,同时还到女会员所教授的学校进行推广。北京《舆论报》对精武舞蹈术有过这样的评论:"'滑稽跳舞''解放运动'集合各种拳术编成,一谐一庄,尤为难见,无怪沪上西人特最称赞也。"[3]凤舞编练完成后,被列入精武体育会北游京津的秩序表中。陈铁生有感于当时妇女运动潮流的迅猛,"思有以药之",遂将其赋予妇女解放的意义,改称"解放运动"。[4]

　　第四、剑舞。

　　剑舞是精武体育会仿照中国古代舞剑的意境而创编出的一种舞蹈。精武会剑舞具体创编于何时并无详细记载,大概完成于 20 年代初期北游京津之前。精武体育会认为"我国剑术精妙,自古著名",但到了近世"而始散失",今且"流入他国",被他人视为"一种强国之武术"。有感于中国剑术"吾国人宁尚不知宝贵,而今其长处散失"的状况,为了恢复中国剑术精华,保存"国粹",精武体育会决定"于剑术一门,加意研练"。[5] 经过研究,精武体育会将其研练出的各种剑术手法,"编入舞蹈一科",形成"剑舞"。[6] "剑舞"共 45 式,是"综合八仙、达摩、

---

① 罗啸敖:《精武内传》,中央精武发行所,1923 年 10 月,第 26 页。
② 《上海精武体育会内传与章程》,上海档案馆,卷宗号 Q401-10-2,SC0041。
③ 同上,SC0111。
④ 同上,SC0041。
⑤ 罗啸敖:《精武内传》,中央精武发行所,1923 年 10 月,第 29—30 页。
⑥ 同上。

八卦、连环、七星、双八卦、盘中、绨袍各种"而得,起舞时"饰以古装,和
以音乐",以此彰显"我黄帝子孙之神武"。① 剑舞以粤乐《浪声梅影》调
拍,优美的音乐配以潇洒飘逸的舞剑动作,立即受到会员及社会大众
的喜爱。精武体育会的舞蹈术归游艺科(分会有的称跳舞科)推行和
管理,自该舞蹈术产生后,在精武体育会举行的游乐、旅行、大型庆祝
活动及学员平时教学中均将其作为表演和学习的重要内容之一。

　　根据精武体育会保留下的文字记载,由精武体育会创编的舞蹈
一直在不断增加。精武体育会最初编制滑稽跳舞,随后武化舞、剑
舞、凤舞等相继产生,并将其作为"学校教育之舞"进行推广。② 后来
精武体育会又编制了男女合演的对手剑舞,称为"虬龙舞",作为"社
会交际之舞"。③ 以上舞蹈均以粤调相拍和,"一以怡悦性情,一以调
节血气",且其"声容略备",不仅使"国乐"得到了发展,而且也实现了
"体育之功用"。④ 除此之外,精武体育会还创编有对舞、女子蜜蜂
舞、共和舞、蝶舞等,均受时人推崇。可以说,精武舞蹈术是将中国传
统武术经过配乐而创编的一种新式舞蹈,它将中国传统的武术、舞蹈
与音乐较为完美地结合在了一起。

　　其实,精武体育会将武术与音乐相结合创编舞蹈术的做法,在近
代并非孤立而生,当时一些社会团体在寻求中国传统体育改革的路
径中,也有尝试将中国传统武术与古典音乐相结合,编制"舞蹈"的情
况。20 世纪 20 年代,北京怀幼学校就曾有"和以古乐"的"新式跳
舞",与精武"新武化"有异曲同工之妙。怀幼学校校长、时任北京政
府众议院议员的李庆芳承认,其舞蹈为怀幼学校自编的舞种。⑤ "武

---

① 《上海精武体育会内传与章程》,上海档案馆,卷宗号 Q401-10-2,SC0044、
SC0045。

② 罗啸敖:《精武内传》,上海社会科学院出版社,2008 年版,第 30 页。

③ 《上海精武体育会内传与章程》,上海档案馆,卷宗号 Q401-10-2,SC0029。

④ 同上。

⑤ 同上,SC0112。

化舞"一直被认为是中国健身武术与艺术武术的结合。1919年,《呈教育部请定武术教材》文中认为中国武术为"最良好之运动法",之后,武术就沿着健身化、大众化、娱乐化的思路发展,传统武术的健身功能不断强化。精武体育会及一些社会组织顺应时代潮流的感召,完成了历史赋予的任务,为我国体育运动添加了亮丽的色彩。

第四节　开创精武技击运动会

武术在人们眼中多少带些神秘色彩,为了让更多人了解和喜爱武术,上海精武体育会创建了运动会(技击大会)制度。这种运动会并非现代意义上的竞技运动会,而是精武体育会特有的武术展演活动。运动会安排有精武会员和教员们的精武技击术演示、精武会所教授社会团体的会操表演、所聘请的全国各派武术名家的武艺展示以及颁奖等活动。同时还设置"武技论释"环节,对武术动作进行解说。此后,精武技击大会一度演变成为集娱乐、筹资等于一身的精武游艺会。随着精武体育会新学科的不断增加,很多领时代之先的体育项目陆续在精武运动会上出现,并促使精武技击大会制度逐渐转变为技击术表演、武术比赛及竞技体育赛事的先导者。我们可以从下面几个方面具体分析精武运动会的发展、改革历程。

首先,精武技击大会最初几届是由毕业典礼与运动会合并而成的。陈铁生在《运动会纪》一文中记述:"本会每年于秋季举行技击毕业礼,并于是日运动。"①因此,精武技击运动会有时又被称作"毕业运动会"。最初的毕业运动会一般顺序如下:一(宣布)开会、二(会长)报告、三(重要嘉宾)演说、四运动、五给凭(颁发毕业文凭及各项证书)、六来宾运动、七教员会员运动、八(宣布)闭幕。所谓"毕业运动会",顾名思义,其核心内容是毕业典礼和运动。精武体育会将毕

---

① 《精武本纪》,上海档案馆,卷宗号 Q401-10-48,SC0050。

业典礼与运动会合并,借助毕业典礼,让会员和教员得以表演、观摩各派技击术,增加会员习武及相互借鉴的兴趣。借助运动会,精武会邀请会长、社会名流到会演讲,并为当年毕业会员颁发毕业文凭,进一步激励会员勤奋锻炼,提高自身的技击水平,二者结合相得益彰。

举行毕业典礼,颁发毕业文凭及各种奖项,是精武技击运动会的重要内容。精武会规定,凡根据学习内容,经拳师传授,修满二年、四年、六年的,分别发放初级、中级、高级毕业文凭。在毕业典礼上,精武会为每位取得毕业资格的会员颁发毕业证书。为了勉励学员努力学习,加强锻炼,精武会实行佩星制度。凡取得毕业证书的精武会员,即视为具有佩戴与其毕业等级相当的精武襟章的权利。精武体育会还规定,凡是参加毕业运动会的精武会员,必须佩带与其学历相当的襟章,如初级毕业者,精武服饰上襟缀黄色徽章一颗,中级毕业者襟饰黄与蓝两颗徽章,高级毕业者襟饰红、蓝、黄三颗徽章。通过颁发毕业文凭、佩戴不同数量的襟章,不仅能让到场的会员及宾客一眼识别出学员的级别,也是督促较低级别的会员进一步学习的一种激励方式。

精武体育会借助技击大会为特殊贡献者及成绩出色的会员授奖。精武体育会对会员奖励的方式有授盾、金牌、银牌等。《精武本纪》载有《授盾纪》:"吾会有授盾例,盾铸以紫铜。"[1]精武体育会所授"盾",与精武体育会会所大门前所置大铜盾、襟章之小盾及精武体育会的印信图章式样相同,上书有"精武体育会"五字,是精武体育会颇有名气的书法家左孝同所写。因精武体育会的"盾"只授予对精武体育会有特殊贡献者,即"凡会众有服劳日久,纯任义务,或有非常之赞助,创始之勋劳者",并"经会众公决",才可以全体会员的名义,授予精武盾,因此能够得到授盾的人,"咸以为荣宠",将其"视为无上宝贵"。[2]

① 《精武本纪》,上海档案馆,卷宗号 Q401-10-48,SC0047。
② 同上。

技击大会上金、银牌的授奖，也被获奖者视为一种难得的荣誉。在精武体育会中，宁竹亭因习武的恒心毅力超乎常人首先获得金牌奖，精武体育会通过毕业运动会上颁奖的形式，将宁竹亭树为会员们学习的楷模。在第 6 届毕业典礼上，精武体育会还为技击部会员中"三载、二载或逾年而未辍课及未告假者"，"分别赠以金牌、银牌以勉来者"，黄汉佳、陈国衡二人 3 年内从未请过假，精武体育会为他们颁发了"毅"字银牌；黄鸣岐 2 年内从未请假，被授予"奋"字银牌；杨琛伦 1 年内从未有缺课现象，精武会授予他"勤"字金牌。① 在众人云集的毕业典礼上颁发各种荣誉奖项，有效地促进了全体会员的向学意志和毅力。

"运动"是精武技击运动会的另一项重要内容。精武体育会的这种"运动会"并非现代意义上的竞技运动会，而是一场中国传统武术的展演盛会。上海精武体育会举行的第 1 届与第 2 届毕业运动会分别于 1912 年 10 月 27 日和 1914 年 11 月 8 日举行，两次运动会都在第二会所前的操场内搭盖了演舞台，"来宾数千人，围绕而观"。② 第 1 届运动会由会长袁恒之做会务报告后，根据运动会的编排秩序，由会员依次登台进行表演：刘日暄、刘冠山、宁竹亭、浦阔亭演潭腿上六路；徐人龙演穿拳、节拳上半路；李国基、李良友双演工力拳；陈抱一演溜脚势；袁孙演工力拳；姚蟾伯演八卦刀、穿拳；周浩如演节拳下半路；王维藩、黎惠生演接潭腿；何庆滔演大战；刘宸臣演金刚拳、双刀；徐柏堂演群羊棍、青龙拳；邱亮演十字战、春秋刀；高尧夫、胡允昌演合战；陈公哲演节拳；李迪初演八卦刀、脱战；卢炜昌演短战、五虎枪；黎惠生演六合刀；李佩弦演溜脚势；邱亮、陈公哲演扎拳；王维藩演练手拳；徐振汉演穿拳；王焕文演大战；李迪初、陈公哲演扎拳。③ 会员表演结束

---

① 《精武本纪》，上海档案馆，卷宗号 Q401-10-48，SC0062。

② 同上，SC0050。

③ 同上。

后,又由各位教员登台依次表演武术项目,到场的广东、山东、浙江、湖南等省市的武术家也分别进行了武技表演。

在技击大会的举办场所及内容上,精武会根据实际情况不断调整。最初两届毕业运动会都在第二会所的操场内举行,因地方狭窄,"来宾与会员皆感挤拥之苦"。1915 年 11 月 21 日第 3 届毕业运动会召开时,精武会决定"赁法租界之民兴新剧社(即歌舞台)为运动场",①成为精武体育会在剧场举行技击运动会之始。鉴于前三届会员的运动项目有很多雷同之处,从第 4 届开始在运动内容的安排上,精武体育会尽量避免重复,《精武本纪》所载"从前会员运动每多雷同,是届(第 4 届)以后力去此弊"。②

表 2-1　第 2 届毕业运动会运动表

运动员	表 演 项 目	运动员	表 演 项 目
伊鹤林	潭腿(4 人)、接潭腿、金刚拳	宁竹亭	对八卦刀、挡步槌、合战上半、双刀、扎拳、单刀串枪
孙荣轩	潭腿(4 人)、八卦刀	翁耀衡	溜脚势
浦阔亭	潭腿(4 人)、五虎拳	邱亮	十字战、短战
刘日暄	潭腿(4 人)、八卦刀	周树声	节拳
郑灼辰	工力拳(4 人)、露花刀、扎拳、金刚拳、挡步槌、套拳	包云祥	春秋刀
冯兰皋	工力拳(4 人)、双刀、扎拳、大战上半	唐瑞华	小扎拳
冯铁魂	工力拳(4 人)	徐人龙	穿拳、八卦刀
刘宸臣	大刀战枪、对枪、双铜、提炉枪、黑虎拳	陈善	套拳
陈公哲	太祖拳、方天戟、三节棍对枪、夜战枪、对手八卦刀、青龙拳、合战下半、大刀战枪、双刀串枪、春秋大刀	王麈生	七步短打、硬槌
李迪初	脱战练手拳	陈敏	关西拳(2 人)、套拳

---

①　《精武本纪》,上海档案馆,卷宗号 Q401-10-48,SC0051。

②　同上,SC0057。

（续表）

运动员	表演项目	运动员	表演项目
黎惠生	刀拐战枪、合战上半、八折拳、拦门枪、露花刀、对八卦刀	王英章	工力拳
黄汉佳	工力拳(4人)、套拳	王宝镜	套拳
陈洪钧	群羊棍、节拳、穿拳、关西拳(2人)、扎拳	黄汉昭	工力拳
卢炜昌	大战下半、春秋大刀、刀拐战枪、合战下半、大刀战枪、双刀串枪、五虎枪、双钩、节拳	陈白涛	六合刀、劈山刀
姚蟾伯	软鞭、五虎架、三节棍对枪、单刀串枪、达摩剑、大刀战枪、对手八卦刀、空手夺枪、虎头钩	周芹如	二路练手拳

资料整理自:《精武本纪》,上海档案馆,Q401-10-48、SC0050、SC0051。

表2-2 第3届毕业运动会表演节目表

运动员	表演项目	运动员	表演项目
李国荃	双铜战枪、红字拳、齐眉棍	费实秋	套拳、捆耳刀、夜战解腕刀
金刚曜	工力拳(4人)、金刚拳、撩裆拳	徐振汉	三步枪、青龙拳
李迪初	练手拳、齐眉棍、八折	林逸云	八极拳、露花枪
孙弘	大扫子、提炉刀、捆耳棍	叶棣瑄	工力拳、八折
黄汉佳	扎拳、穿拳、溜脚式	徐人龙	节拳、八卦刀
沈季修	齐眉棍、头路刀	陈汉卿	爱中拳、齐眉棍
陈国衡	双铜战枪、二路拳	陈白涛	六合刀、劈山刀
翁耀衡	群羊棍、扎拳	包云祥	春秋刀、青龙拳
徐劲行	练手拳、溜脚势	过辉	节拳、套拳
张英甫	扑拳、盘花刀	周芹如	下路练手拳
王宝镜	关西拳、五虎拳	刘冠山	工力拳
秦公望	八卦刀、溜脚式	李伟卿	工力拳
周瀚恩	小扎拳、露花刀	刘宸臣	黑虎拳、双铜、大刀战枪、双拐战枪、刀拐战抢、六潭腿

(续表)

运动员	表 演 项 目	运动员	表 演 项 目
吴耀之	上路练手拳	邱 亮	短战、双刺、十字战、八折
孙荣轩	金刚拳	宁竹亭	潭腿(6人)、挡步槌、对手刀、三节棍、九节软鞭、醉八仙、双刀、虎头钩、双腿插、串子、扎拳
郑灼辰	露花刀、二郎拳、五虎枪、挡步槌、对手刀、三节棍、六潭腿	姚蟾伯	盘龙棍、对大刀、大刀战枪、扫子战枪、开门豹、单刀枪、空手夺枪、少林拳、达摩剑、六潭腿
孙毓庭	工力拳(4人)、套拳、练手拳、八折	卢炜昌	大刀枪、双拐战枪、拐刀战枪、串子大刀、双刀战枪、枪战枪、潭腿(6人)、夜战枪
冯兰皋	六合刀、小扎拳、大战、合战	黄天星	工力拳
陈公哲	盘龙棍、对大刀、大刀战枪、扫子战枪、开门豹、双刀战枪、对手枪、六潭腿、太祖拳、天方戟、拦门鈌	黄善祥	对齐眉棍
王麐生	燕氏扣、春秋刀、劈面刀	浦阔亭	工力拳(4人)、双腿插、合战、脱战、燕氏刀、抱月刀、五虎拳
刘飞熊	工力拳(4人)、套拳、小扎拳	尹鹤林	大枪
陈洪钧	八折拳、群羊棍、扎拳		

资料整理自:《精武本纪》,上海档案馆,Q401-10-48,SC0051、SC0052、SC0053。

表2-3 第4届技击运动及高级会员毕业典礼——第一届会员运动表

运 动 员	表演项目	运 动 员	表演项目
一、姚蟾伯、陈公哲、郑灼辰、卢炜昌	潭腿(4人)	六、孙毓庭、金刚耀	接潭腿(上六路)
二、郭建宵、黄鸣岐、吴耀之、周杰生	工力拳(4人)	七、陈汉钦	南派 十八技
三、黎惠生	溜脚势	八、费实秋	解腕刀
四、宁竹亭	南派 醉溜膣	九、邱亮、黎惠生	对齐眉
五、林逸云	露花枪	十、姚蟾伯	五虎架

（续表）

运　动　员	表演项目	运　动　员	表演项目
十一、郑灼辰	露花刀	三十二、林逸云	独臂拳
十二、刘戾臣	黑虎拳	三十三、宁竹亭	双刀
十三、金刚耀	群羊棍	三十四、李振江、浦阔亭	双刺战枪
十四、周锡三、翁达方	套拳	三十五、费实秋	插拳
十五、卢炜昌	南派　十八技	三十六、黎惠生	南派　梅花拳
十六、张勤益	南派　金枪手	三十七、陈公哲	铜玦
十七、黎惠生	大刀	三十八、刘戾臣、卢炜昌	大刀战枪
十八、姚蟾伯、孙赞轩	南派　红操	三十九、黄汉佳	五虎拳
十九、张卓卿	脱战	四十、姚蟾伯	双座钩
二十、郑灼辰	短战	四十一、沈季修、陈国衡	二郎棍
二十一、刘戾臣	提炉枪	四十二、浦阔亭	少林拳
二十二、翁耀衡、黄汉佳	挡步搥	四十三、孙毓庭	八卦刀
二十三、陈公哲	大战上	四十四、霍东阁、黎惠生	风雷棍
二十四、冯兰皋	大战下	四十五、李国荃	雄字拳
二十五、陈公哲	太祖拳	四十六、张英甫	盘花刀
二十六、黎惠生	双刺	四十七、郑灼辰、宁竹亭	三节棍
二十七、陈国衡	南派　小梅花拳	四十八、黎惠生	齐眉棍
二十八、姚蟾伯、郑灼辰	空手枪	四十九、陈世俊	黑虎拳
二十九、邱亮	撩挡拳	五十、刘戾臣、卢炜昌	刀拐串枪
三十、卢炜昌	五虎枪	五十一、姚蟾伯、陈公哲	对大刀
三十一、费实秋、孙弘	提炉刀		

资料整理自：《精武本纪》，上海档案馆，Q401-10-48，SC0054、SC0055。

其次，上海精武体育会的技击大会还是近代上海武术发展的动态播报员。为了能让人们更深入地了解武术，增进对武术的练习兴趣，精武体育会在精武技击运动会上增加了"武技论释"的环节，对武术表演的动作、技巧、内在用途等予以解释。同时，精武体育会借助运动会，除了向公众展示精武武术外，还将体操、体育真相、技击术军用实施法等最新的研究成果通过舞台表演的方式展现给公众,成为当时武术发展动态的宣传平台。

"武技论释"最先出现在精武体育会召开的第 4 届毕业运动会上。1916 年 11 月 5 日,上海精武体育会假十六铺新舞台旧址凤鸣茶园举行第 4 届毕业运动会,这也是精武会首次技击高级会员毕业典礼。在该届毕业运动会上,精武会认为,最精彩的环节不在颁奖和运动员的表演,而在"为技击说明一节"。在普通人看来,中国技击术无论徒手、器械,"几于千手雷同,最难引起观者之兴味";而且对于武术表演,很多观众经常是带着"看武戏"的心态而来,对于"如何着劲,如何巧妙",并不了解。为了增加人们对武术的了解和兴趣,精武会认为在运动会上有增加武术动作要领解释环节的必要,"武技论释"于是出现。"武技论释"即由动作解说人员"特于技击各类择要解释其实用法",以达到"门外汉亦懂得一二",实现"普及技击"的目的。①

为了引起注意,精武体育会对"武技论释"解说人员的人选精心选择。精武体育会首次在毕业运动会上应用"武技论释"这一环节时,任命卢炜昌担任解说员。卢炜昌在人们的心目中向来是沉默寡言、规行距步,一副谦谦君子、儒雅学者的形象。担任武技解说员时,卢炜昌却一改往日严肃、认真的形象,忽然"伶牙俐齿,口角生风"起来,他的风趣幽默、浅显易懂的阐释,"感动来宾不少"。② 经过该次运动会上的"武技论释",中国传统武术在社会、学界及舆论界引起了不小的轰动,当时上海的中西报纸,纷纷进行评论,对于精武体育会的做法给予了充分的肯定和赞扬。

"武技论释"出现后成为精武体育会向观众介绍武术项目的必备节目,广受欢迎。精武会每有新的运动项目出现,或有特别要解释的环节,他们都会通过"武技论释"说明者之口将其进行阐释和发挥;遇

① 《精武本纪》,上海档案馆,卷宗号 Q401-10-48,SC0056。
② 同上。

有武术表演、双人或多人对练，也必有"武技论释"，解释其要领和精髓。第5届(1917年)毕业运动会所发布的《启事》中就载有"今以运动场中，来宾众多，特添入武技解释一门，将技击术中之徒手、器械各种用法择要说明……更添生理表示一门，从医学、生理上表出人身强弱之大原因"的文字，使人耳目一新。①

由精武体育会创制的"体育真相"最初也是出现在精武体育会举办的毕业运动会上。"体育真相"是精武体育会引进西方健美运动，并将它与中国传统的技击技术结合在一起创作出的一项特有的体育运动项目。该项目最早出现在精武体育会举办的第6届毕业典礼及运动会上，在该届毕业运动会发布的启事第7条中有这样一段文字："体育真相之角抵术，乃根据近代体育家露肌运动法以鼓舞运动员之兴致，并以资筋肉发展之观感。"并认为"此举关系体育甚巨，西人曾编专书论及之，观者幸勿误为欧美卖技者流，借筋肉之膨胀以炫人也"。② 从文中可以看出，精武体育会将"体育真相"视为中国古已有之的"角抵术"，根据"近代体育家露肌运动法"即近代健美运动加以改造而成，它的特质在于两两相交之"角抵"和"露肌"。

健美运动19世纪末兴起于欧洲，是一项通过徒手或各种器械，结合专门的动作方式、方法进行锻炼，以发达肌肉、增长体力、改善形体和陶冶情操为目的的运动项目。自1901年9月4日在英国举行第一次世界健美比赛开始，这项运动项目迅速在世界传播开来。20世纪初就有西方人士多次在中国的上海、北京等大城市进行各种健美表演活动。霍元甲进沪与之比武的英国大力士奥皮音在上海进行的"露肌"表演其实就是健美运动在上海出现的一种形式。上海大规模健美运动开始于20世纪30年代。1930年，受英国举办"英国先生"健美比赛的影响，沪江大学学生赵竹光首先发起成立了沪江大学

---

① 《精武本纪》，上海档案馆，卷宗号Q401-10-48，SC0059。
② 同上，SC0062。

健身会,随后以健美运动为主的健美班、健身学院、体育机构相继在上海出现。①

在引进健美运动方面,精武体育会走在了时代前列。上海精武体育会自创办以来就十分关注西方的健美运动,借鉴这种运动的某些特质,结合中国传统武术动作和套路模式,精武体育会逐渐形成自身特有的中国式健美运动"体育真相",并在众人瞩目的毕业典礼及运动会上进行表演。从陈公哲等人在运动会上所表演的内容来看,精武体育会的健美训练方式与西方的不同,西方的健美训练一般是采用各种徒手练习,如徒手健美操、韵律操、形体操以及各种自抗力动作等,或者采用运动器械如杠铃、哑铃、壶铃等举重器械,单杠、双杠等体操器械进行练习;精武体育会的"体育真相"则是依据中国传统武术和套路练习,借鉴西方健美运动中的一些特性,将"露肌"作为健美运动中的重要环节。

精武会通过"体育真相"挑战国人对"体育"的传统认识。精武体育会认为"体育真相"中的露肌表演,是为了向人们展示健硕的"筋肉",借此告诉人们身体的强健不能仅仅凭借天然发育就能完成,必须进行后天的锻炼才能实现。为了在技击运动会上向世人展示强健的肌肉,表演"体育真相",精武体育会"乃创制豹皮衣,以蔽体之一小部分"。② 另外,与西方健美运动的表现方式不同,精武体育会的健美表演"全演对手拳"。在第6届毕业运动会上,就先后有郑灼辰、宁竹亭、陈铁生、黄汉佳与陈公哲、卢炜昌、姚蟾伯、赵连和分四对进行对手表演。③ 在中国儒家文化占据统治地位的文化氛围内,裸露身体被认为大不敬,但精武体育会几个重要领导人陈公哲、姚蟾伯等人亲自穿戴自制的"豹皮衣"登台表演,对传统文化、国人对"体育"的传

---

① 《上海体育志》,上海社会科学院出版社,1996年6月第1版,第398页。
② 《精武本纪》,上海档案馆,卷宗号 Q401-10-48,SC0061、SC0062。
③ 同上,SC0059。

统认识,产生了有力的冲击。

其实精武体育会在近代的几乎所有有影响的新成果能为市民所认识和接受,基本都是从精武体育会所举行的技击运动会开始的。如前所述,"技击术军用实施法"是精武体育会所创编的"体操"之一种,开始于 1917 年 11 月 25 日的第 5 届技击毕业运动会上,该法"用技击手法施于火枪上刺刀之对敌,及刺刀与指挥刀交战,最新式而受国内外来宾之欢迎",得到当时人的关注。① 除此之外,由精武体育会研创的精武舞蹈术、精武影片等也是在精武运动会上最先展示给国人的。

最后,随新科目不断增加,精武运动会开始向宣传精武、娱乐大众、筹集资金、引进西方体育运动项目等多功能方向发展。

随技击运动会表演项目不断增加,精武体育会遂将技击运动会更名为游艺会。1918 年举行的第 6 届毕业运动会上,"有军乐合奏、喇叭独奏、弦乐合奏、四弦琴独奏与体育真相"等多种类节目,故秩序表名曰"第 6 届毕业游艺表"。② 对于名称的改变,精武体育会认为"盖本会各种学科日有增加",此后"开会断不止技击表演之一种也,故易名为游艺会"。③ 其实,随着精武体育会新科目的不断开设,音乐、摄影等新的元素,舞蹈、竞走等新的项目,在精武运动游艺会的大舞台上一一展露。

精武体育会的运动会吸引了大量市民参观,每有游艺会举行,都会出现人山人海的盛况,对普及体育起到了推动作用。上海精武体育会十周年纪念会是我们了解精武游艺会对时人影响的一个较好例子。1920 年由上海精武体育会自己购地兴建的精武公园完成,本应于 1919 年举行的第 7 届毕业典礼延迟一年,与精武体育会十周年成

---

① 《精武本纪》,上海档案馆,卷宗号 Q401-10-48,SC0057。

② 同上,SC0059。

③ 同上;《精武杂志》,上海档案馆,卷宗号 Q401-10-29,047。

立大会合并,改在 1920 年 11 月 7 日在精武公园举行。据陈公哲、黄维庆等人记载,"十周年纪念会,筹备经月,分科 25 组,花费数千,印发入场券三千"。为了迎接纪念日的到来,精武公园"四周遍树万国旗帜,搭临时演武台三,每座可容观众千余人",三个演武台分别用红、蓝、黄三色予以区别。① 运动会上的主要节目是武术大会操,参加操练的人数就达 3 千人。此次会操由郑灼辰担任总指挥,站立在特设的司令台上喊口令,指挥操练潭腿与功力拳,每有一个口令发出,操练者动作便如排山倒海,让人叹为观止,当时人们"咸称自有武术会操以来为最大之一次"。② 另外,红、蓝、黄三个表演区同时演出不同节目,多至百余种,会场上人头攒动。

这次纪念运动会"到会来宾有全国教育大会代表黄炎培、沈舜卿,沪上名人,及历届会长、会董俱座台上"。最让精武会引以为傲的是,为了纪念精武体育会成立十周年,中华民国临时大总统孙中山先生亲自到会,并向精武会题赠"尚武精神"四个大字。③ 当天市民及会员亲友陆续来观看者竟达数万人。当时上海工商界很多人都是精武体育会会员,有的甚至整个商店店主及职员同为会员,为了参加精武运动,开会这天"市场商店,有全体职工及店东具为精武会员者,因纪念大会之日竟有数间店铺停业一日,来精武服务,店门上贴有'精武开会,休息一天'字条"。④ 可见精武体育会该次大会的影响。

举行游艺会筹集资金逐渐成为运动会的重要组成部分。其中规模最大的一次莫过于 1919 年举行的特别游艺会。这次游艺会是为精武公园募集资金而特别举行的,故精武历史上称作"特别游艺会"。"特别游艺会"是为补充精武公园经费不足而举行,在特别游艺会秩序表的宣言中记载:"有一位隐名氏先生,捐了三万元与精武体育会,

---

① 《精武杂志》上海档案馆,卷宗号 Q401-10-29,047、048。
② 陈公哲:《精武会五十年》,春风文艺出版社,2001 年版,第 77 页。
③ 《精武本纪》,上海档案馆,卷宗号 Q401-10-48,SC0178。
④ 陈公哲:《精武会五十年》,春风文艺出版社,2001 年版,第 78 页。

精武会就将此三万元建筑一座公园,从今后,我中国人在租界里有自建之公共花园矣。惟建筑工程浩大,经费仍是不敷,因此特开一游艺大会,筹款补助建筑费。"①在 1919 年 12 月 19—21 日三天里,精武体育会利用晚上的时间在虹口北四川路东之虹江路上海大影戏院举行特别游艺会,影戏院座位只有 1200 个,而每晚争买入场券的人却多达约 4000 人,"故非常挤壅。"② 这次游艺会上除有精武体育会技击选手及体育会制作的拳术电影长片 5 卷外,"更有国乐之上海丝竹、广东音乐、泰西弦乐、军乐,崇德、爱国两女校之唱歌,本会女子模范团、爱国女校、女子体操学校之技击舞蹈等"。③

为了突出娱乐性,游艺会内增加了更多具有娱乐性的节目。据当时上海《广肇周报》所刊《精武体育会游艺大会志盛》记载,在这次会上有爱国女学的学生演大战、女子体操学校表演美利坚跳舞,精武体育会会员及教员宁竹亭、陈公哲、霍东阁、黄惠龙、郑灼辰、赵振群、孙玉峰、姚蟾伯等人"演各种技击,或单人,或双人,或徒手,或器械,无不身手敏捷,精神活泼",而陈公哲年仅六岁的女儿陈素贞也登台表演工力拳,演技娴熟,十分可爱。④

从精武体育会举办"特别游艺会"开始,通过精武运动游艺会的方式进行筹款成为精武体育会募集资金、娱乐大众的一个主要方式。20 世纪 20 年代之后,精武体育会每年定期举行的运动会,由注重毕业典礼的成果展演活动,向毕业典礼、筹募经费等多功能的游艺活动转变。据《精武杂志》记载,自 1920 年后,"会务扩大,经费不敷,每年开游艺会一次,筹款以资辅助"。虽然仍以武术为最主要的表演项目,但因其目的有所变化,游艺会的娱乐性质逐渐大于运动性质。⑤ 20 世纪 30

① 《精武本纪》,上海档案馆,卷宗号 Q401-10-48,SC0292。

② 同上。

③ 同上。

④ 同上。

⑤ 《精武杂志》,上海档案馆,卷宗号 Q401-10-29,048。

年代举办的运动会,甚至还允许会员携带家属到场参观,而且为了增加运动会的趣味性,特增加一项"幼童洋山芋竞走"节目。①

根据黄维庆的记载,精武体育会"十年(1921年)、十一年(1922年)冬开游艺会于南京路市政厅,一连两夕,虽杂以各种游艺,仍以国技为主题"。而在1923年4月22日,精武体育会在中央大会堂召开的第8届运动会,为筹备经费,12月15—16两日召开了"游艺会"。②除此之外,20世纪20年代初,上海精武体育会兴建精武中央大会堂及建设精武学校,也曾因经费不足,组织北游旅行团到天津、北京、武汉等地募捐,甚至多次派人到南洋各地筹募资金。每到一地,皆举行游艺运动会。

精武游艺会还成为当时引进西方体育运动项目的重要舞台。随西方体育在中国的传播,近代各种体育运动项目逐渐被引入精武运动会的舞台,自1912年第1届毕业运动会召开一直延续到20世纪20年代中期,精武体育会每年秋冬之交的运动会没有停止过。20年代中期之后,精武体育会开始积极参加上海甚至全国举办的各类运动会,每年秋冬之交的运动会一度停办,转而出现一年一度的征求大会。在所举办的每届运动会上,为了与精武会"技击为根本"的宗旨相符合,"开会"皆"注重国技"。根据黄维庆的统计,从1910年到1925年的15年间,精武体育会"开大会15次,宣讲会28次,高、中、初毕业290人,支会达三十八所,会员数万众"。就目前的资料来看,20世纪20年代中后期之前,精武体育会所举办的游艺会中,未见到有关西方传播而来的球类、田径等"游艺科"节目。之后随着西方体育在中国的传播,在精武游艺运动会上,现代的体育运动项目,如乒乓球比赛,三足竞走、托球竞走、拔河等体育游戏比赛,100米赛跑及2400米接力赛等,一一被引进精武运动会。③精武体育会的技击运

① 《精武丛报》,上海档案馆,卷宗号Q401-10-41,033、034。
② 《精武杂志》,上海档案馆,卷宗号Q401-10-29,048。
③ 《精武丛报》,上海档案馆,卷宗号Q401-10-41,033、034。

动大会从而演变为具有部分现代意义的运动会。

总之,精武体育会通过举办运动会或游艺会,一方面向人们展示精武体育会的各项技能,借以推动人们对于体育运动的兴趣,另一方面借助"名人效用"、颁奖仪式等,吸引、刺激会员练习体育,有效推动了以武术为核心的体育运动的发展和传播。虽然近代的一些学校如圣约翰、南洋中学等也举行过大小不一,甚至学校之间的运动会或联合体育比赛,但像精武体育会这样每年都举行以武术展演为主要内容的技击运动会,在中国近代的各类团体中并不多见。它所举办的"运动游艺会"对于中国传统武术的推广、武术的竞技化,以及对于现代竞技运动会的开展起到了推动、启智的作用。其实,随着西方体育在中国的传播,体育竞赛为国人所认识和接受。1906 年,武术表演首先出现在湖南长沙校际运动会上,自此,武术逐渐与近代体育相结合,并努力成为近代体育运动的一个组成部分。而精武体育会在武术融入近代体育的进程中一直走在前列。1924 年 5 月,在武昌举行的全国第 3 届运动会上,国术比赛首次进入运动会,并增设团体操比赛。这次运动会中"国技一项",即是由精武体育会"办理"。① 1935年,第 6 届全国运动会在上海召开,武术被列为正式比赛项目。次年,武术表演进入第 11 届奥运会。可以说,上海精武体育会在中国近代体育的发展进程中起到了不可忽视的推动作用。

---

① 《精武杂志》,上海档案馆,卷宗号 Q401-10-30,SC0237。

第三章　引入西方体育项目
及管理模式

　　上海精武体育会虽然将传播与发扬中国传统武术作为自己立会的根本,但它并不排斥对西方体育的引进和学习。精武体育会顺应时代发展潮流,设置"游艺部",将诸如足球、网球、溜冰等西方体育科目纳入训练项目之中,积极鼓励会员参加体育比赛,并组织具有现代性质的各类体育赛事。精武体育会还通过创办"文事"科目的形式,将体育知识与先进文化相融合。同时,上海精武体育会还借鉴西方民主管理模式,加强自身管理。

第一节　引进西方体育运动项目

　　在西方体育文化逐步为国人所认识和接受的历史大环境下,上海精武体育会走在时人前列,积极引进西方体育运动项目。早在上海开埠之初,国人就领略了体育运动这种租界生活方式。随着西方基督教对体育有目的、有计划的传播,及中国留学生对体育的大力推广,西方体育文化不断向中国传播和渗透。上海是近代中国体育文化的大舞台,西方各种体育运动项目如体操、球类运动、田径、水上运动等纷纷登台,上海成为西方体育文化传入和播散的重要基地之一。上海精武体育会作为近代中国最大的民间体育社团,对西方体育的引进和传播影响着上海乃至中国体育现代化的发展进程。

　　首先,租界娱乐生活为精武体育会了解西方体育打开了一扇窗口。近代体育的种子是伴随西人的进入而播散的。1843 年 11 月,根据《南京条约》的规定,上海正式开辟为通商口岸。1845年,上海道台宫慕久拟定《上海租地章程》,依据该章程,英、美、法租界相继形成;1863年,英美租界合并为公共租界。随着上海的开埠及租界的建立,"西侨来居者日多,运动事业在他们的社会中就日渐盛行起来,而那时国人对于新体育及运动事业固尚未接触也"。① 最初展现在国人面前的是居住在租界中的西方侨民借以休闲娱乐的各类体育运动,如赛马、划船比赛、荡船(游艇)、滑冰、足球、板球、抛球等。

在西侨所进行的各类体育活动中,跑马是最受欢迎且最令人迷恋的体育运动。上海是西方人在亚洲最早建立跑马场的地方,有亚洲规模最大、设施最齐全的跑马场。② 据《上海研究资料》记载:"跑马厅,西侨所组织,成立于1850年,第一次场地在花园弄(今南京路)界路(今河南路)转角处,占地80亩,作为赛马及别种运动之用,人称老公园(Old Park),上海第一次赛马即在其中举行。"③此后,因地价上涨及扩张跑马场的缘故,上海跑马总会于1854年、1862年曾连续两次更换跑马场。每当赛马,"不仅上海人空巷而出",就是上海附近"如苏州、杭州、嘉兴等城市的市民也不顾路途艰辛,以一睹马赛为快",④"观者几如恒河沙数","而教坊中姊妹,更无不高架马车逐队而至"。⑤ 1873年之后外侨中开始出现赌赛马的情况,以后赌赛马活动迅速扩展到华人中间。1875年5月5日《申报》"跑马类记"中载:"西人赛马春秋两举,必三日……每日必有一大彩之会,前日为虹口某西人,昨为中和行主……所赢者,小彩也,然亦近万金。"⑥1909年,

---

　　① 上海通社编:《上海研究资料》,上海书店出版社,1984年版,第467页。

　　② 薛理勇:《旧上海租界史话》,上海社会科学院出版社,2002年版,第244页。

　　③ 上海通社编:《上海研究资料》,上海书店出版社,1984年版,第468页。

　　④ 薛理勇:《旧上海租界史话》,上海社会科学院出版社,2002年版,第251页。

　　⑤ 葛元煦、黄式权、池志澂著:《沪游杂记·淞南梦影录·沪游梦影》,上海古籍出版社,1989年版,第105页。

　　⑥ 《申报》,上海书店1983年影印本1875年1—6月(乙亥四月初一日,第二版),第[6]405页。

华商叶澄衷之子叶子衡以挽回利权为号召,集资创办江湾赛马会。1911 年江湾跑马厅建成开赛,上海始有华人赛马活动。江湾赛马会内部组织全部模仿上海跑马总会,也发行赛马彩票,但在与上海跑马总会的激烈竞争中常处于劣势。① 上海赛马活动一直维持到 1939 年才结束。

划船是上海侨民喜爱的另一项户外运动。约在 1859 年,租借内成立了划船总会(Shanghai Rowing Club),总会的主要成员均为英国侨民。每年春秋之交,划船总会常常选择上海及其附近的开阔水面举办划船比赛,时称"赛船会",参加比赛的有英、美、德、丹麦、瑞士、比利时、挪威、日本等各国的侨民。② 每年一度的赛船运动在上海滩也是一大盛事。《淞南梦影录》中记载西人赛船的场景:西人"于春夏之交,在苏州河赛船为乐。其船用八人打桨,轻捷如飞。船上旌旆飞扬,戈茅闪烁,波谲云诡,得意夺标……其即古水嬉之遗意欤"。③ 王韬所著《瀛壖杂志》也有记载:"西人以操舟为能事,虽富商文士,亦喜习之。每于夏秋之交,择黄浦空阔处,斗舟为乐。"④《申报》记载 1872 年在苏州河举行的划船比赛:"今日西人于江面至浦东祥生码头一带驶舢板,其船身小者仅阔二尺余,而花样不同,五彩相杂,有一人打桨者,有四人鼓权者,逐风逐浪,捷如飞凫,出没烟涛,惊心荡魄。并有八人共驾一舟者,则旗角骞霞,桨身激雨,尤为奇变灵幻,视前古之水嬉水操,有过之而无不及也。"⑤西人赛船因与中国本土的赛龙舟活动有很多共同点,很快便进入中国民众的生活之中,

---

① 柯兆银主编、郑泽青等著:《老上海侨民生活》,中国福利会出版社,2004 年版,第 22 页。
② 《上海体育志》,上海社会科学院出版社,1996 年 6 月第 1 版,第 684 页。
③ 葛元煦、黄式权、池志澂著:《沪游杂记·淞南梦影录·沪游梦影》,上海古籍出版社,1989 年版,第 105 页。
④ [清]王韬:《瀛壖杂志》,上海古籍出版社,1989 年版,第 122—123 页。
⑤ 《申报》,上海书店 1983 年影印本 1872 年 4—12 月(壬申四月十七日,第三版),第[1]45 页。

1893 年上海开埠 50 周年之际,一度出现中国龙舟队与外国赛艇比赛的情况。① 此后至 1938 年前,上海每年都举行划船比赛,设有俱乐部锦标赛、上海锦标赛、长距离赛等,参加者除各国侨民外,还有中国各港口组织的代表队。②

对于不少外侨来说,打猎是生活在上海最大的乐趣之一。《上海租界略史》记载:"自太平军兴后,上海附近村落,类成瓦砾,鸟兽出没,极便行猎,海上人士,无不挟枪携犬,以射飞逐走为乐;游艇(即白相船)之名,初见于清咸丰九年(1859),自是而乘艇行猎,为暇日第一乐事。"③英国人还专门设计一种华丽的船只,每逢春秋假日,风和日丽,三五结伴,携家带眷,泛舟于上海附近的江湖水面上,一边打猎,一边赏景。对于天生就爱追寻浪漫的法国人而言,为了到长江或其他河湖里打猎,往往对自家的蒸汽小船和帆船进行改造,改造后的船上有客厅、卧室,甚至配备豪华家具,一家人带上厨师、仆役,再带上爱犬,登上"船屋",到适合狩猎的地方游玩十数天,重温浪漫。20 世纪 20 年代,"船屋"在上海渐渐销声匿迹,取而代之的是汽车。然而狩猎活动依然在继续。兴致好的时候,坐上几个小时的车远行,还可以发现水鸟、狍和野猪。④

19 世纪 70 年代,西侨已在上海跑马场举行各种比赛活动。1872 年 11 月 22 日,西人曾在跑马场上举行过跑、跳、掷、球类等共 25 项比赛。至清末,西侨开展的体育项目除已开展的保龄球、板球、足球、跑马、马球、划船和赛跑外,还有草地滚球、高尔夫球、网球、曲棍球、棒球、体操和游泳等,加上基督教青年会传入的篮球、排球等运

---

①　郎净:《近代体育在上海》,上海社会科学院出版社,2006 年版,第 24 页。

②　上海体育志编纂委员会编:《上海体育志》,上海社会科学院出版社,1996 年版,第 684—685 页。

③　张群编译:《上海租界略史》,大东书局 1931 年出版,115 页。根据卜舫济 Dr. F. L. Hawks Pott 所著 *A Short History of Shanghai* 一书编译而成。

④　柯兆银主编、郑泽青等著:《老上海侨民生活》,中国福利会出版社,2004 年版,第 14 页。

动,当时欧美社会流行的大多数体育活动都已在上海西侨社会中露面。①

表 3-1 上海近代体育运动的起源与传播

运动项目	最初进入之途径及传播
田径运动	19世纪下半叶租界侨民的游戏活动;基督教青年会和教会学堂中开展。光绪十六年(1890)圣约翰书院举行了田径比赛,比较重要的赛事有万国运动会、万国越野跑、万国竞走赛。
足球	19世纪60年代,租界外侨引入,19世纪末华人中出现。较重要的比赛有史考托杯、国际杯、足球联赛、埠际足球赛。
篮球	光绪三十四年(1908),上海中华基督教青年会体育部成立,列入教学内容。比较重要的比赛有上海万国篮球锦标赛、西青篮球邀请赛。
排球	光绪三十四年(1908)基督教青年会传入。宣统三年(1911),青年会运动场开幕式举行了两场排球表演,比较重要的比赛有西青排球公开赛。
乒乓球	光绪三十年(1904)上海河南路昭通路合纪文具店店主王某组织示范表演。(1923),交通大学、圣约翰大学、日本青年会日校和上海基督教青年会日校举行联赛。
棒球	1876年以前就已经在租界开展,华人始于20世纪初。较早的比赛有1876年10月2日上海租界的美侨与板球俱乐部进行棒球比赛。
网球	同治十三年(1874)以前,租界已开始网球运动;华人网球兴起于圣约翰大学,由檀香山华侨带来。比较重要的比赛由上海草地网球男子单打和男子双打锦标赛。
马术	1850年上海跑马总会建立。20世纪20年代,上海有三处跑马场,经营赌业,并开始出现中国骑师。
台球	19世纪末,上海租界第一家华人弹子房,民国8年蔡国璋设立于真如。
保龄球	19世纪末所建的大楼或西侨俱乐部已经出现保龄球场。
游泳	1892年,上海租界游泳总会建造上海第一个游泳池。
赛艇	咸丰二年(1852),黄浦江上就出现了外国商船船员参加的赛艇会。

---

① 郎净:《近代体育在上海》,上海社会科学院出版社,2006年版,第27页。

（续表）

运动项目	最初进入之途径及传播
帆　船	19 世纪下半叶即有,30 年代已有帆船杯赛的记载。
国际象棋	1903 年,租界侨民组织有万国象棋会。
柔　道	20 世纪初出现介绍柔道的书籍;30 年代初日本侨民组织虹口东方书院内设柔道活动。
拳　击	19 世纪末传入上海,流行于租界地区;华人练习开始于 20 世纪 20 年代后期。
射　击	19 世纪末,上海租界万国商团于武进路设立打靶场。光绪二十六年(1900)组织万国赛枪会。
高尔夫球	1894 年 10 月,上海第一个高尔夫球场建成,有 9 个洞穴。1898 年正式成立上海高尔夫球总会。
羽毛球	上海租界 20 世纪 20 年代出现羽毛球运动。较早、较重要的赛事有莱盾国际羽毛球赛。
橄榄球	20 世纪 20 年代上海美童公学开展橄榄球运动。美童公学与盐城淮美学校每年冬季进行校际比赛。

　　资料来源:《上海体育志》,上海社会科学院出版社,1996 年 6 月第 1 版;郎净:《近代体育在上海》,上海社会科学院出版社,2006 年版。

　　上海精武体育会深受租界娱乐生活浸染。精武体育会的创建者及会员很多都是曾生活在租界内或与租界西侨有一定联系的人士。陈其美在上海期间,为了躲避清政府的追杀,曾长期隐居在租界,借助租界的庇护进行革命,其间不可避免地就会接触到西方体育。对精武体育思想影响较大,且为精武体育会第一批会员的徐一冰、杨谱笙等,更是在沪直接推广西方体育的领军人。上海精武体育会早期的学员王纬藩是上海万国义勇队中国队员,曾由其出面商洽租借万国商团中国义勇队旧址作为上海精武体育会的第二会所,该会所"地邻租界",难免会受租界风气影响。① 尤其是 1916 年上海精武体育会搬迁到倍开尔路第三会所之后,在租界工部局以"上海精武体育

———————————

　　① 陈公哲:《精武会五十年》,春风文艺出版社,2001 年版,第 19—20 页。

会"之名重新注册,把精武体育会完全置于租界范围之内。根据《精武本纪》记载:"自国中有技击以来,从未见有如是堂皇,刀、枪、剑、戟竟得自由映耀于租界日光中者。"①上海精武体育会成立之时,欧美社会流行的大多数体育活动几乎都已在租界中开展,这对精武会引进西方体育运动项目无疑提供了便利。

其次,基督教对近代体育的传播为上海精武体育会提供了借鉴和学习的平台。

近代体育得以有目的、有意识地传播,离不开西方基督教的作用。近代基督教借条约之便进入中国,为了扩大其影响,各教派传教士不仅设立教堂进行宣教活动,而且还通过创办学校、设立教会组织,全方位推广西方文化。在此情况下,体育作为西方文化的重要组成部分,依附于基督教的文化传播得到推广。基督教对于近代体育的传播,一是通过教会学校,二是通过青年会。二者都成为了上海精武体育会接受西方体育的学习和模仿对象。

近代基督教学校是中国教育史上最早提倡体育运动的机构。19世纪后半期,英美教会在我国各大城市广设书院,其时体育虽未作为一门教学科目列入正课,但作为课外运动项目,却得到积极提倡。其实,在天主教和基督教输入中国以前,中国青少年对西方式的体育活动知之甚少。教会学校进入中国以后,教士们发现中国儿童的健康和体格非常差,孩子们除了担负繁重的劳动外,几乎没有任何体育运动。鉴于此,传教士引进一些体育比赛和游戏,供学生休息和娱乐,当时能提供这种体育活动的学校并不多,只在少数著名的大城市或沿海城市,如上海、香港、厦门、天津、汉口、威海卫、北京、苏州、杭州、福州、宁波、广州等地才能见到。②

---

① 《精武本纪》,上海档案馆,卷宗号 Q401-10-48,SC0248。
② 马约翰:《体育历程十四年》,见黄延复编:《马约翰体育言论集》,清华大学出版社,1986 年版,第 9—10 页。

　　随着教会学校的发展,体育逐渐被列为学校的正式课程之一。成立于 1879 年由美国圣公会创立的上海圣约翰书院(1907 年改成圣约翰大学),是全国提倡体育最早、最有力度的学校之一。圣约翰书院成立初期,据《圣约翰大学自编校史稿》载:"体育方面,无甚设备,一任学生自由。踢毽子、跳绳索、放纸鸢,皆通常之游戏也。"①1890 年,圣约翰书院组织了棒球班,棒球运动被带进体育课堂。1900 年,校长卜芳济(F. L. Hawks Pott, 1864—1947)提倡足球运动,开始组队,并聘英人瓦克(Walker)任教练。继圣约翰提倡运动之后,上海新设的南洋公学,也开始重视体育运动。1896 年至 1901 年,美国传教士福开森(J. C. Ferguson, 1866—1945)曾参与上海南洋公学的创办,日后他回忆说:"为了提供体育锻炼,我安排了每周有二三次的军事操练课,引进了足球、棒球和网球等项运动。"②19 世纪末教会的中学和小学,尤其是女子学校,纷纷将体育写入各级学校的教学目标和要求之中,当时的体育课程,除"体操"之外,还有足球、棒球、网球和田径等运动。教会学校的传教士们还自行编译许多教材,其中就有体育及生理卫生课本,如《初级卫生讲义》《生理卫生学》《体育图说》等。20 世纪 20 年代之后,受中国民族主义的抵制,基督教教育界的体育传播事业受到冲击,开始转入低潮。

　　为了促进体育运动的开展,并提高学生体育运动兴趣,教会学校还组织各种体育竞赛。圣约翰书院是我国首先正式实施校内运动竞赛的学校。1890 年,加拿大人李蔼门(S. E. Smalley)在该院礼拜堂前的广场上组织运动会。当时中国学生碍于旧习,多数作壁上观。尽管如此,圣约翰书院坚持每年春秋举行两次全校运动会,以推动体育运动的普及。1903 年,上海圣约翰与南洋公学两校首次举行校际

---

　　①　转引自吴文忠:《中国体育发展史》,三民书局,国立教育资料馆出版,1981 年版,第 70 页。

　　②　福开森:《南洋公学早期历史》,见《交通大学校史资料选编》第一卷,西安交通大学出版社,1986 年版,第 13 页。

足球比赛（此为国人足球赛之始，1925年停办），吴淞商船学堂后亦参加进来，此后每年一赛成为传统。1904年，为了增加学生体育运动兴趣，扩大运动范围，圣约翰大学与南洋公学又联合苏州的东吴大学及上海的中西书院举行江南四校运动会，每年春秋两季举行两次，至宣统元年停办。① 从此校际竞赛连续不断。除此之外，沪上各教会大学还积极参加国内、国际运动会。1911年，圣约翰大学曾组队参加全国第1届运动会的田径比赛，获得团体冠军；1913年，又组队参加中华田径队，远征在马尼拉举行的第1届远东运动会②。

上海精武体育会深受教会学校的影响。根据华南师范大学体育科学学院马廉桢博士的研究，西方体育文化对精武会的影响，即是发端于基督教的学校教育。精武会的主要创始人陈公哲，自幼即深受西方文化影响。陈公哲早年入守真书院读英文，该校为美国宣道会传教士伍约翰（John Woodberry，又译伍柏莱、吴伯瑞）创办。陈公哲酷爱踢足球，③1905年入健身球社做球员，并加入仁镜社。至1909年，陈公哲还在上海留美预备学校做英文教员。④ 两校体育运

---

① 吴文忠：《中国体育发展史》，台湾：三民书局印行，"国立"教育资料馆出版，1981年，第70页。

② 远东运动会是亚洲运动会的前身，共举办10届，中国均组团参加，每届均有来自上海的选手参赛。第1届民国2年（1913年）2月在菲律宾马尼拉举行，中国选手共26人，上海选手占4名；第二届民国4年5月在上海举行，中国代表团67名选手参赛，上海选手占11名；第三届民国6年6月在日本东京举行，中国代表团中来自上海的选手7名；第四届民国8年5月在菲律宾马尼拉举行，中国队中来自上海的选手占5名；第五届民国10年6月在上海举行，中国队中上海选手10名；第六届民国12年5月在日本大阪举行，中国队103人中上海选手占20人；第七届民国14年5月在菲律宾马尼拉举行，中国队107人，上海选手13人；第八届民国16年8月在上海举行，中国队中上海选手18名；第九届民国19年5月在日本东京举行，中国队130人，上海选手占22人；第十届民国23年5月在菲律宾马尼拉举行，中国队中28人属于上海选手。参考：《上海体育志》，上海社会科学院出版社，1996年6月第1版，第461—462页。

③ 马廉桢：《略论中国近代本土体育社团对外来社团在华发展的借鉴——以精武体育会对基督教青年会的模仿为例》，《搏击·武术科学》，2010年第3期，第69页。

④ 韩锡曾：《精武体育会创始人考辩》，《浙江体育科学》，1995年第2期，第50页。

动的开展,不可避免地对陈公哲产生了深远影响。除此之外,据陈公哲回忆,他在仁镜社期间深受何剑吾的思想影响。何剑吾为广东近代著名教育家,著名的南武学堂(后改为南武中学)即由他所创办。何剑吾早年就读于香港皇仁书院,受西方教育思想影响,"毕生热爱体育运动",对于现代体育,以及美国教会教育体制中的体育运动开展的情况有深刻了解。他创办南武学堂,提倡德、智、体三育并重。①另外,精武体育会中姚蟾伯、卢炜昌、陈铁生等也不同程度地受到西方文化的教育熏陶,其中陈铁生甚至还受美国总统威尔逊及美国体育教育的影响,提出"大精武主义"一说。可见,教会学校的体育教育对精武体育会引进西方体育是有一定影响的。

基督教组织青年会是基督教进行体育传播的另一个重要途径。1889 年美国和加拿大的青年会组成北美协会,开始向亚洲、非洲和拉丁美洲等地传播基督教。1890 年,新教全国大会在上海开会,正式请求北美协会派员来华。1895 年,北美青年会派遣来会理(D. W. Lyon,1870—1949)②来到中国,12 月成立了中国第一个城市青年会——天津青年会。1896 年 11 月,青年会第一次全国代表大会在上海召开。1899 年,上海基督教青年会成立,上海遂成为青年会的重要活动基地之一。1908 年,北美青年会派遣晏士纳(M. J. Exner,一译埃克斯纳)任上海基督教青年会体育干事,开始进行现代体育的训练与推广工作。

上海基督教青年会在体育传播方面做出了很大贡献。晏士纳任上海基督教青年会体育干事后,1908 年 11 月招聘 20 名青年举办

---

①　马廉祯:《略论中国近代本土体育社团对外来社团在华发展的借鉴——以精武体育会对基督教青年会的模仿为例》,《搏击·武术科学》,2010 年第 3 期,第 69 页。

②　1895 年美国传教士来会理受北美协会和学生志愿海外运动派遣来到中国,成为中国青年会第一名外籍专职干事。他曾将当时人们称为"筐球"的篮球引入中国,介绍给天津青年会的成员。这时距篮球发明才仅仅 4 年。来会理的到来,大大促进了中国体育运动的开展。

"体育干事培训班",培养体育专职人员。同年上海青年会体育班在青年会健身房的落成典礼上进行了公开的体育表演,轰动一时。上海基督教青年会在晏士纳的带领下先后开办过篮球、排球、足球、游泳、乒乓球、手球、羽毛球、器械体操、晨操、国术、水球、跳水、举重、拳击等体育项目的培训班,为各地青年会和教会学校培养人才。在青年会组织的体育培训班和其他体育活动的基础上,1917 年成立了当时全国影响最大的"中华全国基督教青年会体育专门学校",学校开设运动生理学、实用肌学、运动技术、卫生、解剖、急救及宗教等课程。① 学员来源于全国各地青年会和教会学校的体育教师,经培训后,仍回到青年会和学校任职。我国早期体育工作者吴蕴瑞、王义成、马约翰、郝更生、董守义、凌希陶等都是这所学校的毕业生。另外,1915 年,上海基督教女青年会开办了"女子体育师范学校",学校设备齐全,教学质量相对比较高,曾先后为我国培养了约 200 名学生,对我国近代女子体育发展产生了很大影响。②

上海青年会还组织各种体育比赛,中国早期运动会基本上都是由上海基督教青年会组织和操纵的。1910 年 10 月 18 日至 22 日,由华南、华北、上海、吴宁(苏州、南京)、武汉五个分区参加的"全国学校区分队第一次体育同盟会",即是在上海青年会体育会干事晏士纳的筹办下举行的,全国各地出席的运动员达 150 人之多,比赛项目包括田径、足球、网球等,参观人数达到万人以上。该体育赛事在辛亥革命后被追认为第 1 届全国运动会。1913 年,在菲律宾举行第 1 届远东运动会,我国参赛运动员也是在青年会领导下参加的,这是我国第一次参加国际体育竞赛。③

上海精武体育会借鉴基督教青年会的经验,开展西方体育运动

---

① 谷世权:《中国体育史》,北京体育大学出版社,2004 年版,第 198—199 页。

② 赵晓阳:《强健之路:基督教青年会对近代中国体育的历史贡献》,《南京体育学院学报》,2003 年第 2 期,第 10—12 页。

③ 上海通社编:《上海研究资料》,上海书店出版,1984 年,第 445 页。

项目。清末民初,一方面因传统的武举制度废除,中国武术在政治上失势,另一方面受义和团运动的影响,人们对"拳术"产生了不良的印象,有识之士莫不退避三舍。精武体育会虽然大力提倡武术,表示其虽"以技击为根本",但现实状况距离他们"强身、强种、强国"的目的相距甚远。霍元甲去世后,面对精武会风雨飘摇的状况,接受过西方新式教育的主事者,迅速打破传统的藩篱,顺应社会潮流和人们的认识趋向,采纳了基督教青年会这一当时在上海颇受青年人和社会上层追捧的新鲜运作模式,扩充体育内容,开设篮球、足球、台球、自行车、溜冰等西方体育项目。这样,一方面推崇中国传统的武术,一方面提倡西洋体育,精武体育会既满足了组织自身立足传统的需要,也顺应了青年人追赶时尚的潮流,促进了精武体育会的发展。①

再次,西方体育在上海华界的推广和普及,是上海精武体育会吸纳西方体育运动项目的社会基础。

被派遣出国的中国早期留学生,为西方体育在中国的传播作出了一定贡献。上海是近代官费留学的发源地,早在 1869 年,旅居沪上的容闳就向江苏巡抚丁日昌提出留学教育计划。在曾国藩、李鸿章的大力支持下,1872 年 8 月,由容闳带领的首批 30 名幼童从上海起航赴美留学,拉开了中国留学史的序幕。从 1872 年到 1875 年,清政府先后派出 4 批共 120 名官费留学生赴美学习。1876 年,由李鸿章派出了第一批留欧学生,1896 年,晚清政府正式向日本派遣留学生。至此,中国留学生人数大增。早期的赴美幼童进入学校后,很快就融入到美国的学习环境中,除刻苦攻读外,还积极参加棒球、足球、划船、橄榄球、花样滑冰等丰富多彩的体育活动。1881 年夏,受顽固派阻挠,清政府撤回全部留美学生。为了欢送归国的留美幼童,美国的奥克兰棒球队在旧金山与留美幼童组织的中华棒球队举行了一场

---

① 马廉祯:《略论中国近代本土体育社团对外来社团在华发展的借鉴——以精武体育会对基督教青年会的模仿为例》,《搏击·武术科学》,2010 年第 3 期,第 69 页。

棒球友谊比赛,比赛开始后奥克兰队对中华棒球队不屑一顾,但几次交锋后,中华棒球队连连得分,"球场观众大哗——中国人打美国的'国球',且使老美溃不成军,不可思议"。① 这次比赛使西人对中国人的运动天赋有了重新的认识。参加与奥克兰队比赛的中国棒球队的投手梁敦彦,若干年后先后担任天津、汉口海关道台、清末外务部尚书、民国初年交通总长等职,对西方体育大力提倡,并成为中国早期学校网球比赛的发起人之一。

传播西方体育文化和培育新式体育人才是近代留学生的重要贡献之一。留日学生回国后学习日本,创办体育专门学校,培育新式体育人才。如留学日本大森学校回国的徐一冰于1908年创办的上海中国体操学校,其术科仿照日本体育科目,设置有器械教练、徒手体操、哑铃、球竿、棍棒、木环、应用操、游技、教授法、射击法、拳术和武器等内容,改变了当时国内"兵操"体育的单一性。同时,它还将日本体育教学内容如教育学、体育学、解剖学、生理学等教学内容引进课堂,拓宽了体育教学的领域。② 欧美留学生回国后不仅带回了欧美体育观,而且也将西方各种体育运动项目带回国内。如1895年美国檀香山一部分华侨学生转圣约翰肄业,他们将在国外所爱好的运动项目诸如棒球、板球、网球等带到圣约翰大学的学生中来,促进了圣约翰大学体育项目的开展。在这批学生的带动下,圣约翰大学的棒球运动一度盛极沪上。另外,留学生还创办体育刊物,宣传和研究西方体育理论。1909年,徐一冰和高仲南主编学术性期刊《体育界》,这是国内最早的体育刊物。《体育界》分多个专栏,以倡言体育、介绍现代体育知识为主。1914年《体育界》停刊后,徐一冰又向全国创编

---

① 高宗鲁编译:《中国留美幼童书信集(第6)》,《传记文学》第37卷,第3期;温秉忠:《一个留美幼童的回忆》,陈学恂主编:《中国近代教育史教学参考资料》,人民教育出版社,1986年版,第143页。

② 中国近代体育史编写组:《中国近代体育史》,北京人民体育出版社,1985年版,第37页。

发行《体育杂志》,研究和介绍西方各种体育知识,为我国近代体育的推广做出了贡献。①

留学生还通过政府力量推动近代体育项目的开展。留日学生蒋维乔主持南京临时政府《普通教育暂行办法》的起草,强化体育教育内容;1912 年 7 月在北京召开的全国临时教育会议上,82 名议员中有 16 名议员是留日学生或赴日考察人员,在他们的影响下,当时中国学校体育执行"双轨制",课堂上使用"兵操"体育,课外广泛开展球类、田径运动。1922 年后,随着留学欧美学生对中国教育影响力的增大,兵操教育被废除,以田径、球类和游戏为主要形式的西方近代体育进入学校课堂,并在国内得到普遍实施。②

随着国人对体育认识的逐步深入,西方各类体育运动项目逐渐走进学校,体育教育是教育的重要组成部分成为共识。自甲午战败后,国内救亡图存的呼声高涨,在维新运动的促进下,上海兴起办新学热潮。如前所述,南洋公学、三等公学、南洋中学等都是当时颇具特色的新式学校,这些学校采取新法教学,引进西方体育教育,不仅大力提倡"体操"教学,而且引进西方现代体育项目。如南洋公学,1897 年由盛宣怀在上海创建,初创阶段,福开森受聘为监院,并帮助设置课程,将足球、棒球、网球等体育项目引进课堂。再如 1896 年由钟天纬在上海创办的三等公学,在其《三等公学功课章程》中不仅规定"每晚放学应令诸生体操",而且要求学生"在园中或散步数百或拍球等戏"。③ 20 年代中期之后,随着"体操"体育的废除,官办学校也以现代西方体育项目作为教学的主要内容,西方体育在中国得到推广和普及。

从国际性体育赛事中得到启发,国人加强了对西方现代体育运

---

① 赵蕴、黄玉舫:《中国早期体育报刊》,《体育文化导刊》,2002 年第 5 期,第 90 页。

② 罗时铭:《近代中国留学生与近代中国体育》,《体育科学》,2006 年第 10 期,第 40 页。

③ 朱有瓛:《中国近代学制史料》(第一辑下册),华东师范大学出版社,1990 年版,第 588—603 页。

动项目的引进和训练。1894年4月6日,首届现代奥林匹克运动会在希腊城举办,但这次奥运会并未引起国人的注意。直到1908年,国人才从南开学校操场举行的"第6届天津学校联合运动会"颁奖仪式上,通过发明不久的幻灯片,领略到当时正在伦敦举行的奥运会的盛况。① 受西方体育比赛影响,1910年10月,中国倡导现代体育的人士在南京举办"全国学校区分队第一次体育同盟会",在这届运动会上,仿照奥林匹克运动会,设置了田径、足球、篮球和网球四个大项。其中田径方面为高等学堂的学生设置有100米、200米、400米、110米栏、4×100米接力、跳远、跳高、铁饼、铅球等项目;为中等学堂设置了50米、150米、4×100米接力、跳高、撑杆跳、跳远等项目。参观人数达四万多。在这次比赛的参加者多为教会学校及各地青年会举办的学堂中的学生。比赛结果,上海区获得高等组总分第一,华北区获中等组总分第一,上海圣约翰书院获学校组比赛总得分第一。②

　　西方体育在上海华界的推广和普及,为上海精武体育会吸纳西方体育运动项目创造了社会基础。为了顺应社会发展潮流,精武体育会开始开设西方体育运动项目,并将其归入"游艺部"进行管理。"游艺部"是精武体育会中有别于中国传统武术的一个大的内容,根据《精武本纪》记载,精武体育会在成立之初,"专事技击一科",后为了"扩充体育范围","附增兵操、文学、游艺三部"。③ 根据上海精武体育会总会保留至今的图片摄影来看,最早在1912年中国精武体操会期间,就已将篮球运动引入会中;至迟在1913年,精武体育会就已经组织了自己的足球队。1915年,第2届远东运动会在虹口公园举行,这是国内首次举办的国际性运动会,因而受到社会各界的关注。

---

①　张博:《近代中国的奥运记忆》,天津古籍出版社,2008年版,第27页。

②　《南洋赛操捷音》,《星期报》1910年9月20日。

③　《精武本纪》,上海档案馆,卷宗号Q401-10-48,SC0295。

运动会上进行了田径、篮球、排球、棒球、网球、足球、游泳七项比赛。而在此之前,西方体育因在租界、学校及青年会举办的各类比赛活动中的频频开展,就已引起了精武体育会一些有识之士的注意。在第2届远东运动会筹备、举行的前后,上海精武体育会更是率先扩充体育范围,引进一系列西方体育项目,篮球、足球、田径、排球、棒球、网球、游泳等成为技击术之外的重要体育运动科目。

精武体育会不仅设置有不同科目的体育运动项目,而且还建有现代体育场馆设施。在 1915 年制定的《中国精武会章程》中,第七章"科目"一栏,我们可以看到,精武会"游艺部"就设置有下列科目:足球、网球、铁球、铁饼、台球、乒乓、杠子、篮球、秋千、溜冰术、凌空术、平台、木马、田猎、标枪、音乐。① 到 20 世纪二三十年代,精武体育会的各项运动场馆设施已基本齐全。《精武年报》记载:"本会除国操外,凡东西洋体育均极力提倡。惟限于地方,未能充量发展。现有篮球场一,网球场一,游泳、足球练习地方则临时租借"。②

精武公园是精武体育会兴建的一个重要体育场所。1918 年初春,上海精武体育会在倍开尔路上海精武体育总会右侧购地十余亩,创办精武公园。针对租界西人所建公园禁止华人入内的情况,精武公园规定:"凡属民众苟能守文明通则者,咸准入园游玩。"③根据《中国精武会章程》,精武会员"得享公园之全部权利"。④ 精武公园中心是练武用的操场,1920 年后,精武体育会添购二十余亩土地,扩充精武公园操场。另外,精武会还购买公园后方的一片土地,开辟了精武村,并制定村例,规定凡居住于精武村者,要严格遵守"精武式"中的规定,一概不许有不守规则的言行举止。精武公园为近代上海市民进行体育锻炼提供了一个良好场所,但由于精武公园开支过大,加上

① 《精武本纪》,上海档案馆,卷宗号 Q401-10-48,SC0297。
② 《精武年报》,上海档案馆,卷宗号 Q401-10-38,006。
③ 《精武本纪》,上海档案馆,卷宗号 Q401-10-48,SC0049。
④ 同上,SC0301。

精武体育会主要领导人陷入债务纠纷,1923 年,精武公园停止活动,次年春,精武公园董事卢炜昌、郭惟一、陈铁生、陈公哲等人签字将其售于东方置业有限公司,1926 年 11 月 17 日,陈公哲以中央精武主任的名义在《申报》上发表"为精武公园通告全国精武会暨各界人士启事",宣布了精武公园出售的消息。① 尽管精武公园从建成到出售抵债仅历五年多时间,但它反映了当时精武事业的兴旺,及精武事业领域的不断开拓,成为精武体育会历史上乃至上海城市史上值得纪念的一页。

精武体育会对西方体育运动项目的开展有着严格的管理制度。为了加强对游艺科的管理,在《中国精武会章程》第五章"职员、教员"一栏中规定,"游艺部:部长 1 人,京乐教授 1 人,欧弦教授 1 人,铜乐教授 1 人,京乐主任 1 人,粤乐主任 2 人,田猎主任 2 人,足球主任 4 人,网球主任 4 人,铁球、铁饼主任 1 人,台球主任 1 人,篮球主任 1 人,平台木马主任 1 人,溜冰主任 1 人,凌空主任 1 人,标枪主任 1 人,杠子、秋千主任无定额";同时规定"本会各职员除正副会长外均由会员中推举其富有责任心者当之"。② 为了保证各体育项目的顺利发展,精武体育会在各科运动时间的安排上进行详细规定:"足球运动在星期六及星期日两日,网球运动每日下午四时至七时,星期六及星期日两日则由下午二时至七时。"③

为了推动现代体育运动项目的发展,精武体育会还对游艺部各个科目展开研究。正如对中国传统武术的研究一样,对于当时新引进中国的体育项目,精武体育会往往在《精武月刊》《精武杂志》等刊物中发表文章,予以介绍和研究,对各类运动的用法、技术技巧、比赛方法和规则等,都进行详细的介绍和阐发。《精武杂志》就刊载有关

① 《申报》上海书店 1983 年影印本,1926 年 11 月 17 日(旧历丙寅十月十三日,第 15 版),第[229]401 页。
② 《精武本纪》,上海档案馆,卷宗号 Q401-10-48,SC0296。
③ 同上,SC0299。

排球的研究性文章："排球又名队球,乃夏日球类最有兴味之团体运动也。惟本会初习者未谙其法,手指时被球触伤,咸视为畏途,遂致中途而止……排球毫无危险,练习颇易,其手术不过六种耳,即发球、传球、举球、击球、垫球、救球。倘每排依法各司一职,历三四星期之久,即可成一排球队,出而与人竞赛。"①文中还具体介绍了由参加过第5届远东运动会的中国排球名将钱广仁、洪锦生所研究和教授的诸如发球术、传球术、救球术的各种练习、比赛方法,为会员学习排球技能提供了学习和参考的依据。

　　20世纪二三十年代,随着精武体育会对西方体育运动项目研究和认识的加深,精武会内各种运动队伍,如排球队、网球会、篮球队、乒乓队、田径队等相继组建,当时国际、国内各项目的运动健将纷纷被邀请到精武会,由他们对会员进行指导和教练。精武篮球队成立时,根据1925年《精武月刊》所刊布的会务报告记录,"敦请久负盛名之王文华先生为指导,业于3月11日在映雪楼开成立会",成立会上,经过大家商讨,"举定梁腾芳君为正队长,李逢生君为副队长,赵兰坡、林伯炎两君为干事,周培德、简世墉两君为班长,定每星期六下午4时至5时半,每星期日下午4时半至6时练习,该队主任朱廉湘君异常出力"。②何礼光、钱广仁、洪锦生等人都是参加过第5届远东运动会的中国排球队队员,在这届运动会上,中国排球、足球都获得了冠军。精武体育会成立的排球队,就曾得到冠军队队员何礼光的指导和帮助,在何礼光的指导下,精武排球队定期练习,进步神速。20年代中期,精武体育会会长欧阳鸿钧非常喜欢网球,为此特别筹措经费自建网球场二所,供精武会员使用,精武体育会内加入网球会的人非常踊跃。根据《精武月刊》第52期记载,当时精武体育会的网球俱乐部"计男子部有16人,女子部7人",其中如卢炜昌、胡宗邦、

① 《精武杂志》,上海档案馆,卷宗号Q401-10-30,SC0138。
② 《精武月刊》,上海档案馆,卷宗号Q401-10-37,SC0269。

杨明新、夏雄尘、劳伯视、姚蟾伯、谭瑞和等人，均是上海网球界健将，他们的加入"不但后进者获益良多，即本部前途为之生色不少"。①

上海精武体育会站在时代前列，不仅在传统武术的传播中融各派于一炉，在西方新式体育运动项目的引进上，同样破除门户之见，对租界体育的耳濡目染，对教会学校体育教学模式的了解和掌握，对基督教青年会的借鉴和学习，都使精武体育会打上了近代上海"有容乃大""海纳百川"的气质特点。而华人世界对西方体育的逐步接受，也为上海精武体育会现代体育项目的开展打下了一定的社会基础。从最初对现代体育单个项目的引进，到有组织的管理和研究，再到专业运动队伍的组建，精武体育会在现代体育运动项目的开发和应用上日趋成熟。

第二节　参与现代体育赛事

上海精武体育会在中国近代体育发展的大潮中，由西方体育运动项目的引进者，转变为体育运动、体育赛事的参与、倡议和组织者。精武体育会积极引导会员参加各类体育比赛，将其作为提高会员学习兴趣、扩大精武体育会社会影响的方式和手段。国民政府成立后，精武体育会适应时代需要，大力提倡现代体育，一方面采用先进的体育运动原理进行体育训练，组织专业运动队伍积极参与各类比赛，另一方面积极主办和承办各种现代运动会，并联合国内体育界人士，发起组织具有全国性的体育组织，力争中国体育赛事的领导权。在精武体育会的努力下，精武会乒乓、篮球、排球、田径等队成为近代叱咤沪上并引领体坛风尚的运动队伍。

早期西方体育竞赛活动在中国的开展为国人了解和参与现代体育运动创造了条件。1890年，由西方传教士创办的圣约翰书院举行

① 《精武月刊》，上海档案馆，卷宗号 Q401-10-37，SC0269。

以田径为主的学校运动会,它是中国近代最早有华人参加的体育运动会。不久,棒球、网球、足球也成为该校运动会的竞赛项目。此后,多数学校中也开始出现田径、足球等运动。在这些学校中学习过近代体育的学生,毕业后走向社会,把体育运动带到社会,促进了上海社会体育的开展。很长一段时期内,租界中的体育比赛只在西方侨民中流行,华人被排斥在外。20世纪20年代,经过华人的抗争,租界的体育活动开始接纳华人,不仅华人运动队陆续参加到西人的体育比赛中,租界的运动场地也陆续向华人开放。竞技场上,华人与西人的直接交流促进了华人体育运动水平的提高,对上海部分体育项目的开展也产生了直接的影响和推动作用。

近代上海各类体育竞赛名目繁多。租界西侨在上海举办的竞赛仅足球赛就有史考托杯足球赛、国际杯足球赛、足球联赛、埠际足球比赛等,其他还有诸如万国运动会(田径)、万国越野跑、万国竞走赛、上海草地网球男子单打和男子双打锦标赛等。华人首先参加的是"万国竞走赛"。该赛事开始于1904年,此后每年举行一次,起点自静安寺路(今南京西路)王家库,终点至跑马厅,全程51华里,需在3小时20分钟内走完全程。该比赛规定,只许租界各国侨民参加。从1922年起,华人开始取得参赛资格,当年的比赛中,华人陈和清以个人资格参加了比赛,穿布鞋走完全程。自1928年至1933年,上海选手包揽了"万国竞走赛"所有团体和个人冠军,其中个人冠军分别由周余愚、石金生、蔡正义获得。[1] 之后,大量华人参加到租界侨民组织的足球赛、网球赛、越野赛等比赛中。

西方体育运动场所的建设为国人进一步了解和学习西方体育活动打开了一扇窗户。租界西人将体育活动视为其生活中不可或缺的重要组成部分,为此,上海租界外侨兴建了众多的条件优越的体育活

---

[1]　上海体育志编纂委员会编:《上海体育志》,上海社会科学院出版社,1996年版,第695页。

动场所。首先是供人们休闲娱乐并从事不同体育活动项目的俱乐部（总会），如供人们休闲娱乐的英国总会、美国总会、法国总会、德国总会、斜桥总会等综合性总会，以及专供西侨从事不同体育活动的跑马总会、划船总会、板球总会、棒球总会、足球总会、草地滚球总会、游泳总会等。其次是专门为举办体育活动建造的各类体育场馆及设施，如上海跑马厅与公共体育场、虹口公园、专职回力球的中央运动场（体育馆）等，皆为提供外侨进行高尔夫球、棒球、足球、板球、网球、田径等活动的体育场所。1909 年青年会在其四川路会所后建成健身房并投入使用。它是上海最早建立的室内体育馆，此后，上海各学校相继建设体育馆。

受西侨运动场所建设的影响，上海兴起了建设公共体育场馆的潮流。1915 年，第 2 届远东运动会在上海举行，中国得了足球、排球、游泳、田径四项锦标，国人从中体会到国际体育竞赛的意义，不仅社会人士，政府和教育界也开始对运动事业注意起来，于是上海展开了开办体育传习所和普设公共体育场的举动。沪南体育场（现为上海沪南体育活动中心），是上海最早的公共体育场，也是中国人自办的第一所体育场，建成于 1917 年。当时很多足球、篮球、田径运动在此展开，上海最早一批知名的足球、田径运动员和足球队经常在这里训练比赛。此后，国民政府又在上海相继建设了上海市运动场及 9 个简易公共体育场，作为国人锻炼身体、增强体质的场所。在游泳池建设方面，租界建造公共性游泳池后，在一定程度上促进了游泳事业的发展。为了与外人争利，国人也纷纷仿效建造游泳池，如优游体育会的创始人程氏建造的丽都游泳池，由陆连奎集资建造的大陆游泳池，由胡筠籁、胡筠秋兄弟三人所建的极司斐而路（今万航路）梅庐游泳池、《申报》主人史量才建造的量才游泳池等。① 国民政府也参与

---

① 沈镇湖：《上海体育年鉴：民国念九年》（第一集），体育世界社民国二十九年（1940）五月一日出版，第 11 页。

到游泳场馆的建设中,1932 年,上海市政府在浦东高桥开辟海滨浴场,1935 年,又在江湾"新上海"建造"大游泳池"(今江湾体育场游泳馆)。① 近代上海各类体育场地的建设与管理,不仅给国人提供了一种全新的活动空间,也为上海市民增添了一种新式的时尚娱乐场所。

　　参加体育运动、体育比赛一度是近代上海大都市中不可或缺的时尚元素之一。外侨将体育引入上海后,中国人逐渐由最初的观者转变为参与者。当时能够参与到体育运动中的华人基本都是上流社会的成员。上流社会不仅仅有原先的大官僚、大军阀等,随着形势的变化,大买办、大企业家阶层和高级知识分子也开始跻身上流社会的行列。而参与体育运动在某种层面上成为上流社会成员身份的一种象征,这种身份的认可最初来源于对西方生活方式的模仿,其中,参与体育活动被默认为中国上流社会的生活内容之一。"买办生活的西化表现在他们对体育、娱乐的浓厚兴趣,他们对赛马、跑车、打球等体育项目有很大乐趣。"② 如英商怡和洋行天津分行买办、英商高林洋行买办梁炎卿有妻妾 4 人、儿女 15 人,他自己一生俭啬,不涉赌博烟酒,却允许子女介入欧美式的奢华生活,打网球、骑马是梁家子女的主要娱乐方式,梁家子女还因出色的运动成绩,经常出国参加竞赛,成为国内著名的业余运动选手。③

　　随着社会上体育运动的开展,体育活动逐步融入到上层社会的日常活动中。盛氏家族是上海滩屈指可数的大家族之一。盛宣怀在晚清任邮传部尚书,掌管过邮政、铁路和航运,是李鸿章办洋务时的重要干将,他妻妾成群,有七个儿子,几十个孙子,他们有一个共同的

---

　　① 上海通社编:《上海研究资料》,上海书店出版社,1984 年版,第 457 页。薛理勇:《旧上海租界史话》,上海社会科学院出版社,2002 年版,第 271 页。

　　② 李伟明:《清末民初中国城市社会阶层研究(1897—1927)》,社会科学文献出版社,2005 年版,第 219 页。

　　③ 同上。天津市政协文史资料研究委员会编:《天津和洋行与买办》,天津人民出版社,1987 年版,第 40 页。

特点,即都喜欢体育运动。尤其是他的四子盛恩颐、七子盛升颐,孙子盛毓邮、盛毓度、盛毓常、盛毓绶等,都是运动场上的活跃分子。盛恩颐为培养孩子们的体育兴趣,把自家的花园铲掉一大片,建成一个小足球场,供孩子们踢球、打拳、练赛跑等。此外,他还经常举办名目繁多的家庭运动会,如"鸡蛋赛跑""猴子跳高"等,并亲自充当裁判,把盛家大人小孩的胃口全调动起来,场面火热。

盛恩颐曾花钱培养当时上海著名的体育运动员周余愚。周余愚原是太古洋行的仓库管理员,从小喜欢体育,擅长竞走和越野跑,业余时间练习体育,在上海滩小有名气,后被吸收为精武体育会会员。周余愚在盛老四的支持下曾获得上海举办的万国竞走锦标赛冠军,并长期在中国体坛竞走这一项目中称雄,令外国人也刮目相看。1928年,周余愚组建白虹田径队,被选为副队长,1930年又发起创建上海中华竞走会,是竞走会的主将之一。在上海万国竞走锦标赛中,周余愚曾连续四届获得个人冠军。此外,他还参加上海中华队,使中华队连续三年获得团体冠军。1936年,周余愚赴德国参加第11届奥运会,获得个人竞走最佳姿势奖,轰动一时。①

在近代上海人中,商人是最富有的阶层,也是社会影响最大的阶层。晚清上海人最羡慕的职业为买办和通事。当时商人的生活方式是民众追求并模仿的样板,因而商人对体育的态度直接影响着民众对体育的接受和参与程度。上海商人的体育活动并不局限于他们的私人空间,他们还通过发起各种组织参与到体育运动中来。上海最早以体育命名的体操会,正是上海工商界的体育组织,由大买办、大商人虞洽卿等人发起。在体操会基础上成立的有广泛民众基础的商团,后来成为推翻清政府的重要革命力量。②

---

① 宋路霞:《上海小开的体育情节》,《世纪》,2007年第1期,第76—77页。
② 郎净:《近代体育在上海(1840—1937)》,上海社会科学院出版社,2006年版,第188—191页。

　　体育还是中间阶层生活中的一个重要组成部分。上海的中间阶层处在城市上层与下层之间,他们中的绝大部分都是受过中高等教育的,是具有某项专业技能的人员,他们的社会身份为公务员、职员、教员、自由职业者和中小企业家等,主要从事非体力劳动。随着城市近代化的发展,这些职业群体在城市行政、工商、文化等领域的影响日益显著。尽管上海这一中间阶层的人数并不占绝大多数,但他们的生活方式却影响着城市社会的主流,成为从各地汇集到上海的移民们追求理想的典范。中间阶层将其在校读书期间接受的体育教育带到社会生活中,一方面积极参加社会上的各种组织,继续开展体育活动,另一方面还积极提倡和推动体育运动在中国的开展。为了联络感情,上层与中间阶层人士常常组织和参与各类同乡团体、联谊会、校友会等活动,在这些活动中体育便是其中的主要内容之一。20世纪初期,上海徐汇公学毕业的学生自发成立了校友会,并于1920年成立体育部,添置弹子房,成立足球队,外出参加比赛。[①] 对于工厂、金融机构或者百货公司等而言,体育还是提高工作效率的手段。上海商业储蓄银行为了降低员工的劳动强度,在员工中开展各种文体娱乐活动,丰富职员生活。上海银钱业为联络同行感情,增强员工体质,各行纷纷提倡乒乓运动,举办"银""钱"两组乒乓球比赛等。

　　随着体育运动的开展,体育这种作为中上阶层人士的时尚运动逐渐向普通市民流传。他们或是通过同乡团体、同业公会、各企业内部所组织的体育活动参与其中,或作为业余运动爱好者直接参与上海举行的各类体育比赛。上海演艺界参与体育比赛就曾成为沪上一时的美谈。30年代上海的电影明星们组成了一支明星篮球队,时常邀约沪上的篮球队伍进行比赛。当时上海联华俱乐部体育组成立了篮球队,为了扩大影响,篮球队成立时即与明星篮球队约定,于1932

---

　　① 《徐汇公学校友会报告》,转引自郎净:《近代体育在上海(1840—1937)》,上海社会科学院出版社,2006年版,第192页。

年 12 月 24 日下午在复旦附中体育场举行篮球友谊赛。因一些明星们害怕抛头露面惹人注目,要求将比赛改在明星球场进行。当天,上海阴雨绵绵,无法比赛,于是,这场比赛又改在老神父路中华棒球场篮球馆内举行。这一事件在上海引起轰动。①

但对大多数上海下层民众来说,由于收入低下,生活窘迫,无暇顾及体育娱乐或者教育,即使如此,能够参与体育运动也是他们生活中的梦想。

受近代上海兴起的体育潮影响,精武体育会也积极参加到上海的体育竞赛中来,组织专业运动队伍,参与各类比赛。上海精武体育会根据会员的爱好,组织有各种专业运动队伍,其中精武乒乓队 20 世纪二三十年代在上海闻名一时。根据资料记载,精武体育会乒乓项目人才济济,常有会外乒乓队邀请比赛。1924 年 12 月 12 日,精武乒乓队就曾应东吴大学之约,由简世铿带队赴苏州比赛。这次比赛在苏州青年会乒乓室举行。东吴大学派出沈敏政予以接待,并由沈敏政、黎应华二人为记分员,裁判长则请东吴大学的孙圣章担任,"孙君於乒乓极有经验,且评判公正和蔼,故深得两方之满意"。② 比赛分两局,第一局"两雄相遇,双方一鼓作气,胜负未分",经过第二局的紧张苦战,精武体育会乒乓队最后以 8∶4 获胜。同日下午 4 时,精武乒乓队又与苏州青年会进行友谊比赛,结果以 7∶1 战胜青年会乒乓队。

当时精武乒乓队参加上海的各类乒乓比赛是比较频繁的。据《精武月刊》载精武体育会的一份会务报告显示,仅 1926 年 6 月,精武体育会乒乓队参加大小比赛多次。如 6 月 2 日与日本邮船会社进行友谊比赛,以 9∶3 战而胜之;6 日,乒乓队乙组与广肇公学乒乓队比赛,同样胜出;12 日,乒乓队与华乙乒乓队进行友谊比赛,华乙乒乓队胜出。③

---

① 《联华画报》,1933 年 1 月 1 日,第 1 卷第 1 期。
② 《精武月刊》,上海档案馆,卷宗号 Q401-10-37,SC0366。
③ 同上,SC0266。

通过参加各类比赛,队员的乒乓球艺得到很大提高。

　　精武体育会通过引进人才、科学训练提高乒乓队运动水平。1927 年后,国民政府大力提倡体育,上海在体育全民化方略的指导下,积极推动西方体育项目在上海的发展。精武体育会紧随事态变化,大力吸收具有实力的人才加盟精武体育会,并根据科学化原理加强体育训练,参加体育赛事。1935 年,精武体育会曾引进当时乒届干将张连生、马延亮、方克平、郑国富、陆汉俊等人先后加入精武乒乓队,使精武体育会的乒乓项目实力大增。当年,在上海各乒乓劲旅与日本东京大学冠军立教大学乒乓队的比赛中,精武乒乓队技压群雄,以 4∶3 的成绩战胜日本队,使中国乒乓队"声势为之一振"。① 随后精武体育会组织三支乒乓球队伍精甲、精乙、精丙,加入上海爱乐乒乓球锦标赛,经过数月苦战,精甲荣获锦标,精丙获得月份亚军。

　　精武乒乓队在训练中时刻关注世界比赛进程,采用世界比赛规则进行训练。1936 年 1 月 23 日,屡获战绩的精甲、精丙两队特约俄侨乒乓队在精武体育会中央大会堂举行乒乓比赛。以往比赛均采用的是远东运动会的乒乓球比赛规则,考虑到"将来参加世界体坛",使中国乒乓比赛走向世界,于是精武体育会决定将这次比赛"通场改用世界规则",如记分法"以 21 点做一盘",球拍"改用橡皮制",乒乓球"体量亦加重"等。使用"世界规则"进行比赛,这在中国并不多见。比赛开始,不仅精武体育会参赛会员跃跃欲试,摩拳擦掌,就是普通观众也热情高涨。因之前精武乒乓队屡胜日本立教乒乓队,对于该次比赛,"观众对于精武之声威,又以事关国际,且欲争先赏观世界规则之击发,故并不以天寒而裹足焉"。比赛结果,精武体育会大获全胜。②

　　上海精武体育会篮球队也是闻名沪上的一支运动队伍。精武篮球队在近代的上海能够一举成名是 1933 年的事情。据资料记载,

---

　　①　《精武丛报》,上海档案馆,卷宗号 Q401-10-41,003。

　　②　同上,004。

1933、1934 年精武篮球队曾连续两年获得上海篮球锦标赛的冠军。1933 年冬,经过篮球指导谭天沛的努力,精武体育会篮球队终于加入上海篮球会,①成为当时上海篮球联合会的正式会员。精武篮球队加入篮球会后,"每场比赛都是所向无敌,一帆风顺","以十战十胜的战绩荣膺冠军"。至此,精武篮球队一举成名。②

上海精武篮球队在全国也占有一席之地。近代国内各项体育比赛繁多,邻近上海的苏州、昆山等地时常邀请精武篮球队进行友谊赛。其中远征昆山之役成为一时趣闻。1933 年冬天,上海精武篮球队应邀到达昆山县进行篮球比赛。当天巧遇精武体育会组织的旅行团到达昆山,"因此你看到整个昆山县的篮球健将之外,还可以遇见许多上海小姐、摩登人物",不到比赛开始,赛场上早已站满了一队队的红男绿女。比赛中,精武篮球队以其纯熟的传递和准确的投射,以 73∶32 的大比分征服了对手及到场的观众。③ 1934 年,精武体育会篮球队再获上海篮球联赛冠军。精武篮球队因"平日常常和美海军麦令斯各组作友谊上的观摩",所以"技术大进"。在参加当年的上海篮球会的联赛时,精武篮球队"又以九战九胜的成绩蝉联上海篮球会的锦标宝座"。④ 1936 年秋,精武篮球队与菲律宾篮球队举行友谊比赛,在双方势均力敌的情况下,精武篮球队员奋力抢夺,以 60∶50 获胜。⑤ 精武篮球队为了提高球艺,展示实力,1936 年还加入了上海西青的第 9 届联赛,并在联赛中屡获胜绩。⑥

---

① 1924 年 7 月 4 日,中华全国体育协进会成立,它是当时全国性体育运动的领导机构,对外即代表"中国奥林匹克委员会"。该会先后借《申报》馆、圣约翰大学宿舍为办公地址,曾组织上海中华足球联合会、上海篮球联合会、上海网球联合会、上海棒球联合会、上海中华运动裁判会等,负责发布体育规则及全国体育比赛成绩最高纪录,每年还组织全市足、篮、棒、网球联赛。抗战爆发后迁重庆。中华人民共和国成立后,在北京改组为中华全国体育总会。

② 《精武年报》,上海档案馆,卷宗号 Q401-10-38,010。

③ 《精武丛报》,上海档案馆,卷宗号 Q401-10-40,018。

④ 同上。

⑤ 同上,050。

⑥ 同上,056。

在精武体育会篮球赛事史上,除了一鸣惊人的比赛成绩外,更多的是友谊切磋中的奇趣逸闻。当时精武篮球队与西人航海青年会经常在精武体育会的篮球房举行比赛,中国篮球队与西人篮球队的较量,一度引起精武会员们"扶老携幼,联袂来观,闹得满坑满谷"的境地,他们把观看比赛当做了解西方人的场所,通过观看比赛,"观摩"西方人的"举止",玩味西方人的"笑谈",真所谓"不知做成了多少诙谐韵事"。① 当然比赛成绩胜负参半,好在参赛队双方的目的都是求经验,而非斤斤计较于胜负。

精武体育会在田径赛场上也一直声名显赫。在白虹田径队并入精武体育会之前,精武体育会田径项目中就已拥有了多名田径健将,如朱瑞洪、陈虚舟等,他们在 20 年代中期崭露头角。根据《精武月刊》记载,1926 年华东运动会召开,精武体育会选派梁腾芳、朱瑞洪、陈虚舟、潘白云、英君勋 5 人参赛。比赛第一天,精武会员朱瑞洪即获得 400 米第二名的好成绩。第二日,精武会员陈虚舟参加 1 万米长跑,获得第三名。② 这次比赛使精武体育会田径项目开始为沪人所关注。

精武体育会的田径项目称霸上海乃至全国体坛,则是 30 年代中期上海白虹田径队加入之后。白虹田径队原名虹口队,1935 年春并入精武,成为会内具有独立性的一支运动组织。1921 年第 5 届远东运动会以来,中国田径成绩十分不景气,常常颗粒无收。1927 年在上海举办的第 8 届远东运动会上,中国田径再蒙"鸭蛋之辱",上海民众大感"惭愤交并,群思卧薪尝胆,奋发破敌"。③ 这时,在上海虹口公园中,每天聚集有不少以陈虚舟为首的热爱长跑的人士,因无人教练,他们只能独自揣摩长跑技术,提高很慢。于是,有人倡议组织一

---

① 《精武丛报》,上海档案馆,卷宗号 Q401-10-40,018。

② 《精武月刊》,上海档案馆,卷宗号 Q401-10-37,SC0266。

③ 《白虹月刊》,上海档案馆,卷宗号 Q401-10-44,第 11 页。

支田径队,以虹口公园的"虹口"作为田径队的队名,经过讨论遂决定于1929年9月召开成立大会,定名虹口田径队,"公推陈虚舟为队长,王健吾、周余愚为副队长,余存耀为会计,陈宝林为书记,队员20余人"。① 随后白虹(虹口)田径队即出席上海万国长途竞跑,派出精武会员陈虚舟、黄胜白、刘祥坤、俞存耀、鲍毅弼5人参加,其中黄胜白得奖大银杯一只。1929年9月28日,白虹(虹口)田径队还出席上海公开运动大会,参加者6人,陈虚舟获得长途1万米第2名。②10月10日,"上海特别市教育局"主办国庆运动会,在该运动会上,白虹(虹口)田径队竟有8人名居前列,田径队内的精武女会员梁小所还以15.2秒的成绩打破当时华东女子百米记录。由此,白虹(虹口)田径队取得代表上海市出席全国运动会的权利。随后,又有3人入选第9届远东运动会代表资格。"虹口队名,始渐播于世。"③

并入上海精武体育会之前,白虹田径队是由民间爱国人士组织的纯粹业余体育团体,当时队员"均系服务各机关之职员",如"陈虚舟、余存耀服务邮局,王健吾服务电车公司,张年春为药剂师,朱瑞洪为公园管理员,方恩钺服务商务印书馆,杨开祚、宋泽安为小学教员,周余愚、何国鎏、林权波服务太古洋行,王雅慕为救火会员等",可以说,白虹田径队集合了当时上海各机关团体的健儿,为"纯粹业余团体"。④ 1930年暑假,由上海中华体育协会出面,聘请美国短跑名将汤史莱为教练对白虹田径队进行指导,队员的长跑技术大进。1930年秋,虹口田径队"以虹口之名,囿于地域,含义极狭",遂改用"白虹",改名白虹后,学校学生踊跃参加,更使其实力大增。⑤

1935年白虹田径队并入精武体育会,成为精武体育会内较为

① 《白虹月刊》,上海档案馆,卷宗号 Q401-10-44,第 11 页。
② 《精武年报》,上海档案馆,卷宗号 Q401-10-38,006。
③ 《白虹月刊》,上海档案馆,卷宗号 Q401-10-44,第 14 页。
④ 同上。
⑤ 同上。

独立的一支田径队伍。白虹田径队队员很多都是精武会员,鉴于田径队经济拮据,因此从白虹田径队成立开始,上海精武体育会即"免费拨给宿舍一间",供队员使用,这也是精武体育会一直认为其"系精武所主办"的原因。① 白虹田径队并入精武体育会后,积极筹备参加第6届全国运动会。1935年10月10日,第6届全运会在上海召开,"各省市单位出席之多,各项锦标竞争之烈,为我国历届所未有",白虹田径队员在比赛中形成了活跃的中心,计有十项冠军为白虹田径队员获得,总得分超过其他的全国任何一支参赛单位。② 大会中破全国记录的有四项,戴淑国以52″2的成绩打破400米记录,贾连仁以2′3″1的成绩破800米记录,符宝卢以3.90米打破撑竿记录,彭永馨以50.275米打破标枪记录。其中,除彭永馨为北平白虹分队选派的代表外,其他三人皆是上海精武白虹田径队队员。③ 运动会结束后,白虹田径队名誉队长程贻泽在当时上海有名的致美楼宴请参加全运会的各省市全体白虹队队员。队员中,除广东马华选手因往杭州未能出席,其余全部到场。这次宴请几成全国田径界名将的一次大聚会。因人们慕刘长春、符宝卢、孙惠培等人大名,致美楼出现了宾客"辍席来观,门外环立者若堵"的状况。④

此后,精武白虹田径队又相继参加上海举办的一系列田径赛,都取得了不凡成绩。1936年1月,在上海举办的飞马杯越野赛跑中,精武体育会的会员凭借实力,灵活运用比赛策略,最终在友声队队员领先的情况下,利用最后五分钟扭转局面,精武会员何宝山、钮鸿铨、

---

① 当时沪上名人程贻泽、刘建侯、钱佚名等人也对白虹田径队给予资金资助,后来程贻泽一度任白虹田径队名誉队长职。《精武丛报》,上海档案馆,卷宗号Q401-10-40,019。

② 《精武丛报》,上海档案馆,卷宗号Q401-10-40,019。

③ 同上。

④ 同上。

吕金明分别获得第一、第三、第六名,而第二、四、五名则为友声队获得,精武体育会田径队最终"荣膺飞马杯越野跑冠军"。[①] 1936 年 4 月 18 日,上海海军青年会主办了"国际五团体田径赛",参赛的有精武、英军兰开夏、西联、中华、麦令猫鱼五个团体。该日上海阴雨绵绵,但观众并未因天空落雨而止步,仍有三百多观众集聚美童公学学校观看比赛。尽管一些项目冠军由外国参赛者获得,但就总成绩来看,精武体育会共得 67 分,为冠军,兰开夏 35 分,获亚军,西联 34 分位居第三,中华 19 分,麦令 10 分,分居第四及第五名。[②]

　　除组织专业运动队伍参加体育赛事外,上海精武体育会还积极主办和承办各种现代运动会。精武体育会主办或承办体育比赛的想法,早在 1923 年中华体育协会成立时就已显露。近代中国的体育赛事,基本上完全由外国人把持。1923 年,第 6 届远东运动会在日本举行,中国体育界决心发起组织全国性体育组织,由中国人自己来主持国际、国内体育比赛的一切事宜。中国代表团刚回到上海,上海精武会领导人陈公哲、卢炜昌等便联合上海体育界知名人士戈公振、熊长卿、唐少川、马子贞等人,商讨成立全国性体育组织中华体育协会。1923 年 7 月 7 日,中华体育协会发起人会议召开,会议议决,暂借北四川路精武体育会中央大会堂为临时筹备处。然而,中华体育协会在当时缺乏在全国具有影响力的体育界人物,加上其组织承办大型体育比赛的能力有所欠缺,1924 年,中华体育协会与中华业余运动联合会联合成立中华全国体育协进会,作为领导全国体育的机关。中华全国体育协进会共有 9 名董事,上海占 5 名,其中卢炜昌、聂云台 2 人为精武体育会成员。

　　近代的中国,体育人才稀缺,有能力组织及举办运动会的团体和单位很少,而精武体育会则表现突出。首先,会内汇集的各类体育人

① 《精武丛报》,上海档案馆,卷宗号 Q401-10-41,003。
② 同上,026。

才,对西方体育竞赛较为熟悉;加上精武体育会每年一届召开毕业运动会,筹备运作模式使精武会积累了大量的筹办体育赛事的经验;尤其是 20 世纪 20 年代,精武体育会一直参与筹备中华体育协会和中华全国体育协进会,了解和掌握了一些经办和主持现代体育比赛的知识。以上种种原因,使上海精武体育会在近代体育赛事的筹划和组织方面较其他民间体育组织更胜一筹。

上海精武体育会通过举办会内各类体育赛事推动现代体育的发展。为了促进上海排球运动的发展,精武体育会发起成立了上海排球联赛。1924 年,精武体育会委托游艺科科长简世铿"发函上海各大学、中学及团体凡 18 处",于 4 月 20 日下午在精武会中央大会堂举行上海排球联赛第一次代表联席会议。当天到会者有复旦大学、岭南体育会、英华书馆等单位代表。与会者对精武会所起草的联赛章程草案进行了讨论,最后一致决定于 4 月 27 日举行正式会议。4 月 27 日这天,精武体育会、复旦大学、南华学院、浦东中学、英华书馆、岭南体育会等都派有代表参加,会议一致通过《精武体育会上海排球联赛会章程》,章程除对各参赛团体的参赛人员身份、比赛日期、比赛场所等做出规定外,还就其比赛规则、比赛方法及裁判工作做出规定。根据章程规定,比赛规则"照远东运动会最近所定之队球规则管理之",比赛方法"照华东八大学足球比赛法举行之",①经过报名,有五队参加了此次联赛,为精武排球队、复旦排球队、岭南排球队、南华排球队、浦东排球队。按单循环淘汰赛顺序进行比赛,经过抽签,最后决出以下比赛顺序。第一轮:岭南与南华,决出胜利者一方与精武;第二轮:复旦与浦东,决出胜利者一方。最后二轮所决出的胜利者进行冠军赛。经过数天奋战,最后由复旦大学排球队获得了联赛锦标。此种比赛采用单循环淘汰赛方式,还有一定的不合理性,如第一轮次比赛中南华队失败,第二轮比赛中浦东队

---

① 《精武杂志》,上海档案馆,卷宗号 Q401-10-30、SC0238、SC0239、SC0240、SC0241。

失败,采用这种单循环淘汰赛后,这两个失败队便直接被淘汰出局,不再有机会参加比赛。不过此种比赛也考虑到各比赛队伍的强弱,如精武、复旦排球队实力都较强,这种直接淘汰弱队的方法,可以为联赛节约不少时间。

20世纪二三十年代,为了推动上海篮球运动,同时提高自身篮球水平,精武会开始举办会内的篮球锦标赛。精武体育会"以提倡体育为职志",在近代多次获得上海篮球联赛冠军,为了进一步强化精武会的篮球技术水平,30年代初期,上海精武体育会筹划举办了上海精武体育会篮球锦标赛。锦标赛参考西方篮球运动规则,制定出较为详细的精武篮球比赛要则:在参赛队资格的审查方面,规定同一个球员只能代表一个参赛队参加比赛;比赛方法采用单循环制,具体比赛程序则由精武体育会订定;每次比赛时间以32分钟为度,期间休息5分钟;逾规定时间5分钟不到者作弃权论;为保证比赛的公平性,每队推派代表一人组织委员会处理比赛中出现的突发事宜;比赛男子组、女子组二种;在着装上,各队自备服装并须设有号码,装备不齐者不得加入比赛;比赛设锦标,全场冠军队由精武会赠"精武杯"一座。另外,精武会篮球锦标赛规则还对裁判资格、抗议事件的判定与处理等都作出较为详细的规定。① 自上海精武体育会篮球锦标赛举行以来,精武体育会的篮球水平大大提高。

精武体育会"为增进艺术,奖励队员",还定期举行乒乓个人锦标比赛。根据比赛规定,凡前列第一二三名者均设奖品。精武乒乓个人锦标赛开办之后,会员纷纷加入。根据1935年精武体育会第2届乒乓锦标赛的一份详细记录,精武乒乓个人锦标赛,在比赛人员的身份上,凡属精武体育会会员不分性别、不限年龄,均可加入;竞赛采用远东乒乓规则五赛三胜的单循环制,每获胜一场比赛即得一分,以获分最多者为冠军;每晚7点30分在北四川路横浜桥精武总会乒乓室

---

① 《精武年报》,上海档案馆,卷宗号 Q401-10-41,068、069。

开始比赛;裁判员、记录员、检查员均由精武体育会聘请上海乒乓界有经验的人士担任。[①] 第 2 届乒乓锦标赛参赛队员共计 22 人,从 3 月 13 日开始比赛至 4 月 12 日结束,比赛中因会员实力相当,经过多次复赛,才决出了冠、亚、季军的名次。[②]

除举办会内体育联赛外,精武体育会适应当时社会的需求,积极承办各种运动会。上海精武体育会承办运动会主要集中在 20 世纪 30 年代,如 1936 年举行的莫干山业余登高竞赛就是由精武体育会和京沪、沪杭甬铁路管理局共同主办的一次市民健身运动。该次比赛于 1936 年 3 月 28 日下午 3 点开始,比赛采取登高竞走的形式,以最快者取胜。比赛行程全长 6 公里,分男女两组进行,根据规定,每组不得超过 80 人,男女两组按先后各取前三名。[③] 此次登高比赛增强了人们对体育健身运动的接受度和热情度。

在上海精武体育会承办的各类体育赛事中,上海 3 万米长途接力赛可谓创举。根据《精武丛报》记载,"本会积极提倡竞赛人才,为参加世运之准备,特举行 3 万米长途接力竞赛"。[④] 为举办此次接力赛,精武体育会特别制订了详细的章程,章程规定:比赛定名"上海 3 万米长途接力赛",比赛日期为 1936 年 4 月 12 日上午 9 时;凡业余运动团体均可报名一队或数队参加比赛,比赛以队为单位,每队限报名 6 人,实际上场 4 人;比赛路程以虹口公园为出发点,经过规定路线后,最后由江湾路回终点虹口公园;根据路况的不同,全程分为 4 段,每段约 8 千米,第一段自虹口公园至军工路,第二段军工路至闸北水电厂,第三段闸北水电厂至淞沪路,第四段淞沪路至虹口公园;根据田径接力赛比赛规则,下场的各队,以一人跑一段,分段接棒的办法跑完全程 3 万米。章程还对参赛运动员的装备、接棒规则、输送

---

① 《精武丛报》,上海档案馆,卷宗号 Q401-10-41,020。

② 同上,029。

③ 同上,023。

④ 同上,020。

队员、奖品设置等进行详细规定。此次比赛盛况空前,参赛队众多,比赛紧张而激烈,上海民众夹道观看,人山人海。经过艰苦的比赛,参赛的一冰甲队获得了第一名,虹口甲队屈居亚军,一冰丙队获第 3 名,中华队获第 4 名。比赛结束后,在观众的欢呼声中为团体冠军及冠军队参赛人员举行了颁奖仪式。

　　精武体育会在近代体育发展历史上,以其自身的努力和付出为国人支撑起一片体育健身的广阔天地。孙中山在为《精武本纪》所写序言中道:"自火器输入中国之后,国人多弃体育之技击术而不讲,驯至社会个人积弱愈甚。"并言:"精武体育会成立既十年其成绩甚多,识者称为体魄修养术专门研究之学会,盖以振起从来体育之技击术为务,于强种保国有莫大之关系。"①孙中山的话,成为一代代精武人士努力的方向,他们大胆改革、创新,从西方体育赛事中吸取营养,将西方体育比赛规则引进国人的体育赛事中;通过创办会内体育联赛制度,促进会员体育运动水平;接受社会各界邀请,承办现代体育运动会,推动了上海现代体育赛事的发展。上海精武体育会最大限度地普及体育,实现了"大精武主义"的诺言,促进了中国现代体育事业的发展。

第三节　兼 办 文 事

　　上海精武体育会认为无文不能行远,奉行"乃武兼办乃文"的办会原则。精武体育会认为其既具有学校性质,同时又具有俱乐部性质;作为学校,它以"技击为根本,以武德为皈依",并"辅以有益之学科、正当之游艺";作为俱乐部,"课余自当有行乐游戏之场所",但同时规定"本会虽具有俱乐部之性质,而严禁不规则之行为"。② 针对

---

① 《精武本纪》,上海档案馆,卷宗号 Q401-10-48,《精武本纪序》。
② 同上,SC0031。

自身性质的定位,精武体育会大力发展技击术和涵盖现代体育运动项目的游艺科,同时开发体育科学之外的文事内容。根据《中国精武会章程》,上海精武体育会不仅设有"技击部""兵操部""游艺科"等部门,还设有"文事部",具体负责各种体育书报、中西文学、摄影学、打字、簿记学、雄辩学、临池、国语、医学、图画等科目,集中西文化于一体。具体我们可以从以下几个方面了解精武"文事"内容。

上海精武体育会十分注重会员全面素质的培养。精武会领导人认为,一个具有现代性的国民应该是身体、智力、道德皆健全的国民,如果从事体育教育的工作者仅仅只能教授学习武,而使会员缺乏其他科学文化的熏陶,这样的教育最终只能是培养出肢体发达、身体强健的,在"体育"上有所为的国民而已,这是不健全、不完整的教育。要培养"体""智""德"全面发展的"健全"国民,就应该以"文事"补"体育"之不足,为此,精武体育会开设了国文、外语、书法、绘画等文事科目,加强对会员文化知识的培养。为了保证"文事"的顺利开展,精武体育会对文事部加强管理,制订文事部"办理法",根据规定,"会员于课余之暇多习文事者,国文有教授,英文有教授,簿记学有教授,打字科有主任,临池会有主任,图画有教授,摄影有教授及主任,华医有主任,西医有主任,普通话语有教授。此部分主任多兼教员,为义务职,以会员之深于此道者任之,以部长董其成"。①

在"文事"方面,精武体育会十分注重"国语"的培养。受西方教会学校英语教学的影响,精武体育会认为国人有熟习中国通用语言"国语"的必要。近代的上海是一个典型的移民社会,自开埠以来,数以百万计不同肤色、语言、宗教背景的移民汇集于此,到1930年,已经有约300万人口在仅153平方公里的弹丸之地生活居住。上海的居民们各自操着上海话、国语(今称之为普通话)、英语、法语,另有中国南北数十种方言。为了加强居民间的语言交流和沟通能力,精武

---

① 《精武本纪》,上海档案馆,卷宗号 Q401-10-48,SC0032。

会开办了"国语班""国语培训班"等,推广和普及中国较为通用的语言"国语"。

精武体育会还开办有中西文夜校和书法班,普及中西文字。近代中国的教育水平相对较低,市民中的文化水平差距也很大。为了满足不同教育水平会员的不同需求,精武会开办有中西文夜校,为不识字或者热爱中西文学的会员提供学习和进修的机会。从陈铁生《临池会纪》中我们可以了解,精武体育会设置的"临池"科目,是民国五年(1916)由会员王汉礼发起的,目的是为了洗去人们对精武会员"赳赳武夫,不识文学"的讥诮。在学习书法的过程中,精武会员们发现,书法与武术有着相互促进的关系,"凡武术深造之会员,其书法必佳","一若刀之与笔有连带关系",很多会员受此激励投身其中进行书法学习。① 精武体育会"临池科"于1917年首开书法展览,由于报名人数逐年增加,1919年开始采取分班制,"分甲、乙、丙班"进行展出。② 由于精武会的书法学习和展览深受上海民众欢迎,这一科目一直延续到1949年。

上海精武体育会开设有摄影科,拥有当时国外最先进的摄影技术。在精武体育会所开科目中,摄影在当时属于非常著名而且前沿的一门学科。据资料记载,1850年代初,一位在上海某洋行任职的德国职员,在南京路外滩曾拍摄有一幅虹口区风景照,被认为是通过摄影技术保存下来的最早的上海风景照。早期的照相底片属于玻璃底片,感光速度慢,所以照相机的速度也较慢,照相只能取静物拍摄。1859年之前,广东人从外国人那里学会了照相,开始在上海县城开设照相馆,照相这一新事物迅速为城内文明程度较高的市民所了解,拍照留念被当做一种时尚。在广大的中国农村,一直到20世纪中期,人们还误以为拍照会勾摄人的魂魄和灵魂,对照相持有恐惧态度。③ 精武体

① 《精武本纪》,上海档案馆,卷宗号Q401-10-48,SC0132。

② 卢丽娟主编:《上海精武体育总会会史(1910年7月—1996年12月)》(未付印),第15页。

③ 薛理勇:《上海闲话交关》,上海辞书出版社,2007年版,第201页。

育会最迟在 1911 年就已开设摄影这一科目。1911 年 3 月 3 日中国精武体操会迁到第二会所,在万国商团中国义勇队旧址的两片草场右方,搭建棚屋,辟为摄影室,最初只限于照相技术,后来又增加活动影像的制作。

精武体育会的摄影在社会上颇有影响。摄影最初归属于精武体育会文事部,是文事部下的一个主要科目,鉴于摄影的重要,后来精武会在文事部内单独设置摄学部,一方面作为一门新兴学科教授给学员,另一方面则为精武体育会自身的发展提供帮助。精武体育会的摄影部设有"摄影学主任一人,摄影学教授二人兼教影戏片"。① 精武主事者之一的陈公哲对摄影艺术颇有造诣,1917 年前后,他曾出版《哲氏计光表》《测光捷径》等著述,20 年代初期,他的摄影作品《三潭夕照》受到行家的很高评价,他在相机设计方面也取得过专利。② 在陈公哲的带领下,精武会摄学部发明了"反光镜装置近镜",成为"旅行及军用之利器",并"经英美摄学会试验,准予注册专利"。③ 除陈公哲之外,精武体育会中还有一位闻名于时的摄影大家程子培。程子培 15 岁即开始研究摄影,曾为当时上海著名的天一公司拍摄长篇无声电影《疑云》,名闻沪上。④

精武体育会会员对参加摄影班相当踊跃。精武体育会的摄学部除了精通摄影的陈公哲、程子培教授学员摄影外,精武体育会还聘请了留学美国的摄影学专家叶向荣担任摄影学教授。⑤ 上海有名的摄影家如郭锡祺、简世铿、左广生等也都曾担任精武体育会的义务摄影指导。⑥ 经过授课、实习后,精武体育会根据学员摄影作品的好坏进

① 《精武本纪》,上海档案馆,卷宗号 Q401-10-48,SC0296。
② 陈公哲:《精武会五十年》,春风文艺出版社,2001 年版,《新版代序》第 3 页。
③ 《上海精武体育会内传与章程》,上海档案馆,卷宗号 Q401-10-2,SC0034。
④ 陈公哲:《精武会五十年》,春风文艺出版社,2001 年版,第 38 页。
⑤ 《精武本纪》,上海档案馆,卷宗号 Q401-10-48,SC0062。
⑥ 《精武丛报》,上海档案馆,卷宗号 Q401-10-41,020。

行评选,择其优秀者举办精武摄影展,并向公众开放。对于学习期满成绩合格的学员,由精武体育会统一发给毕业文凭。《中国精武体育会章程》规定:"摄学毕业不拘年限,但须将所摄物成绩交该部主任评定,认为合格,始给以毕业证书。"①据记载,在1918年秋举行的第6届毕业典礼上,"是届学生更多,且有音乐表演与摄学给凭",②这是精武体育会历史上最早的摄学文凭发放记载。在这次毕业典礼上得到摄学毕业证书的有9人,他们分别是金刚曜、陈寿之、陈延年、梁少田、周锡三、唐文琦、聂云台、杨仲卓、陈国衡等。③摄学部毕业学员基本都是精武体育会各个部门的骨干,对精武体育会日后的影像资料的制作和保留起到了很大的作用。

上海精武体育会应用摄影技术,为体育教学和精武发展做贡献。为了扩大精武体育会的影响,宣传体育,精武体育会不仅将他们编练的武术套路及操法"绘图著说,演绎成书",而且通过摄制由真人表演的活动影像资料的形式展示给世人,以"使学者易于领会"。④精武体育会所拍摄的活动影画,都是由精武会摄学部亲自编制而成的,从武术及体操的习练者,到影片的拍摄者,包括摄学部的师资力量皆来自精武会自身。针对一些动作要领的拍摄方法、拍摄角度、图片的剪裁取舍等,也都是摄学部中的学员集体究研所得。

精武体育会将历年所做过的大小活动,通过图像及摄影保留下来,真实地记录下当时精武事业的发展历程,对时人了解精武,认识精武,支持精武起到了积极地推动作用。《精武本纪》所记载的《精武自制之技击术影戏片目录》,就记录有5卷共65类内容,从精武体育会的标志性盾牌,到创始人霍元甲及历届会长,从精武职员和领导者,到各派技击教员,从各类技击术到各种活动记录,从服务社会的

---

① 《精武本纪》,上海档案馆,卷宗号 Q401-10-48,SC0300。
② 同上,SC0059。
③ 同上,SC0062。
④ 《上海精武体育会内传与章程》,上海档案馆,卷宗号 Q401-10-2,SC0034。

急救伤科到摄学部自身情形,无不有详细而且分门别类的影像资料。① 精武会影片制作完成后,曾专门租借了位于虬江路的上海大戏院进行放映,借以招待各国领事,此举获得了国际人士的赞许和肯定。精武体育会拍摄的这些影片还曾随"五特使"访问南洋,成为宣传精武体育会的生动材料,使精武分会的顺利成立"获得种种便利"。② 遗憾的是,这些图像资料大都于二战期间毁于日本人之手。

为了提高摄影水平,精武体育会不断更新摄影设备、研究摄影技术,并举办摄影展。上海精武体育会每于周末休假日,便组织摄影班的学员到郊外旅行,摄取风景,回来后自行冲晒,供学员公开观摩和评阅。精武体育会摄影设备在当时居于沪上前列,"会内备有大规模冲晒室,同时可容十余人工作,并有放大机,以备学员作深一层之研究",这些设备"均仰给于外国",设备条件和水平在国内都属一流。③ 30年代经济危机,使国外摄影器材价格大涨,"外货腾贵,较前几增一倍",限于经济问题,加入的学员越来越少,尤其是1932年上海"一·二八"事变后,精武体育会摄影研究班遂致无形星散。不过时局和战局都不能影响摄影爱好者的兴趣所向,"为提倡摄影学艺",精武体育会旅行部曾"举行摄影展览,以引起摄影旅行诸君之兴趣",征求信息一发出,爱好者纷纷报名将其所拍摄的佳作贡献出来,经过层层选拔,最后有200多幅作品被选中参加了在当时南京路大陆商场精武体育会会所内举办的摄影展,展期长达一周,观者骆驿不绝。④

上海精武体育会文事部下最重要的一个科目就是创办各种体育书报,精武体育会体育书刊的创办适应了当时社会环境的需要。西方体育活动在上海的开展,使国人领略到"体育"这一运动的魅力,人们逐渐以欣赏、讨论、参与各种体育活动作为一种生活品位、生活时

---

① 《精武本纪》,上海档案馆,卷宗号 Q401-10-48,SC0294、SC0295。
② 陈公哲:《精武会五十年》,春风文艺出版社,2001年版,第38页。
③ 《精武丛报》,上海档案馆,卷宗号 Q401-10-41,020。
④ 同上。

尚。19世纪末,体育作为娱乐的一项内容出现于报端,租界地区的报纸常有赛船与赛马等体育消息登载。华人报纸最早开设体育专栏的是《申报》,在 20 年代初之前,体育常安排在该报的教育消息中,形成一个小栏目。此后,体育所占篇幅越来越大,最后形成体育专栏。继《申报》之后,各大报纸相继开设体育栏目,如《时报》《新闻报》《大公报》《时事新报》《大陆报》等都设有体育版。在体育刊物方面,除较早的体育刊物《体育界》《体育杂志》外,仅 20 世纪 20 年代,上海就出现过 11 种体育刊物,其中就包括上海精武体育会主编出版的《精武杂志》。① 1930 年以后,体育刊物迅速增多,1930 年至 1938 年间,上海就曾出现过 26 种体育期刊,21 种体育特刊或专刊等。尽管一些期刊存在时间并不长,有的仅出一两期即停刊,但体育期刊的出现促进了上海市民对体育这一运动的了解、接受和参与。

除上述期刊外,当时上海还有许多私人、社团、报社或专业机构出版的各类体育刊物。由上海群众团体创办的期刊,影响最大的有中华全国体育协进会主办的《体育季刊》和精武体育会创办的《精武年报》《精武丛刊》等杂志。这些刊物对于当时的上海市民来说都具有一定权威性及导向性,在当时影响较大。近代的上海,很多人热衷于体育事业,有许多私人创办的书刊出现。如马崇淦于 1933 年创办的《勤奋体育月报》就是当时最具影响的私人体育月刊,该刊物对上海的体育史料记载甚详。该刊发行者勤奋书店,在 1934 年还出了 11 期《体育月报》,1935 年出版了《第 6 届全国运动会画报和大会特

---

① 11 种体育刊物即:《新体育师范讲义》1917 年 3 月创刊,当年共出 12 期;《体育周报》1918 年 12 月至 1919 年 2 月共出 48 期;《武术》于 1921 年创刊,共出 2 期;《体育季刊》1922 年创刊,1924 年停刊;《精武杂志》1924 年 2 月创刊,1925 年 10 月改为《精武月刊》;《体育与卫生》季刊,1923 年创刊,1924 年即停刊;《体育月报》1924 年 5 月只出 1 期即停刊;《体育汇刊》1925 年只出 1 期即停刊;《新银星与体育》于 1926 年 9 月创刊,至 1931 年 5 月已出 32 期;《体育世界》1927 年 3 月创刊,至 1929 年 9 月共出 5 期;《体育周报》,同时出现了两种同名刊物,一为乐华体育书报社出版,于 1929 年 10 月至 1930 年 9 月共出 40 期,另一份为上海联业编译广告公司出版,自 1929 年 10 月至 1930 年 1 月共出 11 期。

刊》，1936 年出版《全国女运动员名将介绍》和《全国男子田径名将录》等专刊。体育专刊与特刊多数为各报社或专业出版机构所出，以画册居多。如良友图书印刷公司出版过第 4、第 5、第 6 届全国运动会画图专刊，第 9、第 10 届远东运动会特刊和第 11 届奥林匹克运动会图画专刊。《申报》馆曾出版过第 5 届全国运动会的画册及纪念册。① 1937 年后，上海沦陷，原有体育杂志大多停刊。但从上述众多的体育期刊的出现可以了解到，体育已经成为人们茶余饭后休闲娱乐的一部分，成为社会文化生活的一部分，也是人们了解世界的一个重要窗口。

精武体育会在近代还创办有大量的精武书籍和刊物。精武体育会以发展技击术为根本宗旨，所以精武书刊以传播武术的书籍为主。精武体育会内聚集了一大批能文能武之士，如陈铁生、陈公哲、姚蟾伯、罗啸敖等。其中，陈铁生"自少致力文学"，文采出众，精武体育会的很多书刊由其执笔。据《精武本纪》记载，1916 年，卢炜昌等人曾策划出版月刊，以记载精武体育会一应大小事项，但由于种种原因未能成功。之后精武体育会又聘请陈铁生等人"计划推销之良法"，于是"乃以撰者附刊于商务印书馆之学生杂志中，命名曰'技击丛刊'，凡一种之杀青，另刊单行本，仍托商务印书馆印行，今之潭腿与潭腿挂图、五虎枪、达摩剑、合战、童子军、实用棍谱等是也"。② 陈铁生在精武书刊的《出版纪略》一文对此也有记录："余五年（1916）入精武会，8 月撰《潭腿第一路》，登于上海商务印书馆《学生杂志》第 3 卷第 8 号之'技击丛刊'栏。"文中图像"由陈公哲用新式快镜摄出，以存其真"。③ 这是上海精武体育会所撰著和出版的第一部武术书籍。随

---

① 上海市地方志办公室：《上海体育志》，第五编第二章第一节"报刊"，见 http://www. shtong. gov. cn/node2/node2245/node4455/node14988/node14993/node60893/use-robject1ai15415. html.

② 《精武本纪》，上海档案馆，卷宗号 Q401-10-48，SC0032。

③ 同上，SC0118。

后又继续在《学生杂志》的"技击丛刊"栏内"按号刊登"了"潭腿、达摩剑、五虎枪、合战、棍谱之五种";另外又由商务印书馆出版、发行了两册武术单行本《潭腿》和《达摩剑》,及一幅《潭腿十二路挂图》。①

除上述书刊外,精武体育会还刊行有《精武本纪》《精武中央杂志》《精武杂志》《精武月刊》《精武丛报》《精武画报》等书籍和期刊。另外,罗啸敖原为广州《七十二行商报》的社长,1920年作为"五特使"之一被上海精武会派往南洋一带,回国后写成《精武外传》。1923年,他再次被选派往津京等地宣传,回沪后写成《精武内传》。精武会武术总教练赵连和则著有《功力拳》《潭腿》《达摩剑》等武术书籍。薛巩初著有《技击准绳》等。精武体育会出版的其他方面书籍包括医学、音乐等方面。从精武体育会保留下来的现有资料发现,精武体育会出版的书目有44种,其中书籍31种,期刊杂志7种,特刊6种,主要书籍都是由商务印书馆、中华书局出版发行。②

精武书刊以宣传精武精神、普及体育科学为己任。精武会认为,中国传统武术是一门值得深入研究的学科,一举一动皆有精深的科学道理寓于其中。近代以来,社会上以及流行的一些武侠小说和武术书籍中,多渲染武术的飞檐走壁、特异功能等内容;而且,由于我国尚来"文武殊途",读书人总怕习武有辱身份,不肯与之为伍,故而武术类书籍十分难得。人们很难找到真正对习武者有益的武术书籍。针对时人所提"(武术)书籍难供参考"的发问,一方面,精武会对社会上流行的所谓"易筋经"、"太上老君感应"、某某拳术家能运气功"手捺银元成窝"、辨声掷物等一类的书籍和内容进行批评,在出版的书籍中,努力摈弃一些武术书籍中所渲染的迷信思想和内容。③另一方面,为了将武术真实地展现在人们面前,精武体育会着手编著、出

---

① 《精武本纪》,上海档案馆,卷宗号 Q401-10-48,SC0118。
② 卢丽娟主编:《上海精武体育总会会史(1910年7月—1996年12月)》(未付印),第15页。
③ 陈公哲:《精武会五十年》,春风文艺出版社,2001年版,第20页。

版一系列动作规范的各派武术书籍，并借助当时社会上的新发明"如透视、摄影"等技术，将图片与文字说明相结合，使精武著述中的体育内容"有摄影，有新式图画"，达到将"技击术之真学理"真实地反映出来，使之"光大昌明"。① 当时《精武本纪》就设有"武库"一栏，不仅将当时社会上能够见到的武术书籍予以登记，以备市民按目索取，同时将精武体育会所教授的武术套路动作，配以姚蟾伯、程子培等人拍摄的影片，刊布出来，供市民按图学习。因此，精武会出版的武库丛书及其他书籍刊物，版面皆图文并茂，质量高于同时期的其他出版物。

精武体育会设有书报室，为会员们提供一个舒适的阅读空间。精武体育会认为讲求体育，就应该"以普及为主旨，以躯体健康为目的"。② 为了普及体育，精武会设置了书报室，书报室内除了提供精武会自有的书籍、刊物外，还订购和收集大量中、西方出版的各类报纸和期刊，供修读夜校的会员及工作人员休息时阅读。在精武体育会所提供阅读的不少书籍中，都有当时的社会名流及党政领袖所写的序文，如孙中山曾为《精武本纪》作序，汪精卫曾作《潭腿序》等，而且书籍内载有对当时人物事件的时评，如对爱国人士的革命活动、革命事迹的评论，对时人比较关注的刺杀事件、迷信组织的记载和分析等等，无疑为阅读者提供了一种既带有休闲、娱乐性质，又能了解时事和政局的有益场所。因此，精武书报室的设置，提高了精武书刊的普及率，为市民提供了一个学习、休闲的好去处，在社会上产生了一定的影响。

第四节　实施民主管理模式

精武体育会有一套较为完善的民主管理模式。上海精武体育会借鉴西方的代议制、三权分立等管理形式，实行会员民主选举的参事

① 《精武本纪》，上海档案馆，卷宗号 Q401-10-48，SC0291。
② 同上。

会制,推行由全体会员大会、参事会及事务会议三会组成的会务管理模式。在这种似是而非的西方代议制民主管理模式下,精武会从自上而下的会务管理到规范的制度规章,从职员的选举,到章程的制定,会员入会就学的要求等,都以严格、明确的规定呈现给世人,从而形成一套严密的自我约束、自我管理机制。我们大致可从以下几个方面了解和掌握上海精武体育会的民主管理体制。

首先,上海精武体育会借鉴西方代议制政治管理模式,实行民主选举的理事会制。

借用西方代议制政治管理模式,是上海精武体育会会务管理的特殊之处。代议制(又称议会制、议院制或国会制)是一种根源于欧洲政治文化传统的民主政治制度。在实行代议制政体的国家中,人们通过自己选举出来的代表,协调不同的利益,表达自己的意愿,并对政治事务做出决策,这种政体,实际上是一种民主普选下的精英代表掌握政治事务控制权的民主管理制度。[1] 19 世纪 70 年代开始,代议制为国人所接受,并成为国人构建现代国家、改造中国的有力武器。中华民国临时政府成立后即确立了议会制,使西方的代议制民主形式在中国政治管理中变为现实。虽然代议制的管理形式在中国的政治生活中凸显出各种的弊端,各种政治力量、思想理论界也都根据各自的理解,在适合中国国情的情况下对其进行研究和改造,但代议制的核心思想——民主选举、民主管理、代议机关,这些内容却为各界所认同和采纳,并逐渐由政治领域走向社会、经济等领域。上海精武体育会就是中国近代在非政治领域内首先引进西方代议制民主管理模式的机关之一。它采纳了西方的民主选举,扩大会员的参与权利,同时又强调民主条件下的精英管理。20 世纪二三十年代,在代议制受到各方面抨击之后,精武体育会也亦步亦趋地进行改革,将三权分立思想引入会务管理中,构建出一套较为有效的精武三会管

理机制,在中国学习西方管理的道路上,精武体育会一直走在前列。

上海精武体育会采用民主选举的办法任用职员。精武体育会从代议制管理形式中得到启发,将民主选举的模式引用到职员的选择和任用方面。根据《中国精武会章程》我们可以了解到,在精武体育会成立初期,因会员人数不多,会长、副会长基本是由有声望、有地位者担任,其他职位上的人员,则是"除正副会长外,均由会员中推举其富有责任心者当之",而且"一年期满再被举得连任之"。① 据《精武杂志》记载:"上海精武体育会每年召开会员大会,选举职员一次。"②可见,通过全体会员民主投票选举,是当时上海精武体育会任用职员的主要方法之一。其实,自上海精武体育会成立以来,不仅精武会全体职员的任命采取全体会员民主选举的直接普选形式,就是精武体育会内的一些小团体如励志团、安步团内的一些职位也采取民主选举的形式,"励志团主任二人由本团公举","安步团主任一人由本团公举"。③

在民主选举职员的基础上,精武体育会选出相当于国会性质的理事会(大约 20 世纪 20 年代初改为参事会)管理会务。精武体育会会务管理实行理事会制,理事会对会长及会董负责,具体执行会中大小事务的管理。这种会长负责下的理事会管理制度突出了会长个人及理事会的权力。从 20 年代开始,精武体育会的正副会长及董事变为名誉职,只起监察会务的责任,并不实际管理会务。由全体会员大会投票选举产生的理事会,代替原来会长、副会长的职能,担任会务管理之职。理事会设理事 15 人,内设正副理事长及七科科长各一人,由理事会成员中相互选举产生。理事会负责审议及执行一切会务。各科科员名额不定,由科长根据各科工作需要予以委任,推举出的人选只要经理事会通过即可。④

---

① 《精武本纪》,上海档案馆,卷宗号 Q401-10-48,SC0296。
② 《精武杂志》,上海档案馆,卷宗号 Q401-10-31,SC0102。
③ 《精武本纪》,上海档案馆,卷宗号 Q401-10-48,SC0296。
④ 《上海精武体育会概括与委员》,上海档案馆,卷宗号 Q401-10-1,01。

其次,受三权分立思想影响,精武体育会采用三会制商讨会务,进行会务管理。

精武体育会通过全体会员大会、参事会及事务会议商讨会务,进行会务管理。五四前后,欧洲各国出现了一股代议制改造思潮,而中国在代议制移植过程中也遇到了种种问题,于是国人纷纷根据最新出现的西方政治思想,对代议制在我国现实应用中出现的弊端提出批评。尽管代议制存在诸多缺陷,毕竟能够在一定程度上代表民意,因此国人大多倾向于对其进行改良,并在原来代议制实践的基础上提出一些新的改革方案,如职能代表制、一院制、普选与直选制等,孙中山甚至还提出"直接民权制"思想,并据此设计了一套权能分治的五权宪法方案。在这种改革代议制浪潮中,精武体育会从三权分立思想中得到启示,并结合上海精武体育会的实际情况,开始执行具有一定分权性质的三会管理制度。以下我们主要以 1924 年、1925 年为例①,探求精武体育会进行三会管理的组织模式。

一、会员大会,是上海精武体育会进行职员民主选举和商讨表决参事会所拟定章程的权力机构。

上海精武体育会成立后,会内担任各种职务的职员、参事会中参事皆由全体会员民主推荐产生。上海精武体育会每年春季召开会员大会,选举职员一次,根据精武体育会的选举法规定:凡会员皆有被选举权,入会满 2 年者,有选举权;由旧职员向大会提议,某人可担任某项职务,经得某人同意后有被选举权,未经旧职员向大会提议,如确有管理某项职位的能力,经本人同意后,亦有被选举之权力;选举

---

① 20 世纪 20 年代中期是精武体育会发展进程中的鼎盛时期,这一时期,精武体育会的各项管理制度都达到了相当完善的程度,而且其文字记录十分全面、完整。20 年代中期之后,随着"精武三公司"的破产,陈公哲离开精武会,加之 1927 年上海特别市政府成立后,加强对各社会团体的控制,精武体育会的管理制度逐渐松弛。因此本书取 1924 年、1925 年为例。

日期,除通信外,并登报声明,大会当天无论到会人数多少,都依法进行选举,不到者作为默认处理。① 精武体育会参事也是在每年一度的全体会员大会上经过全体投票选举产生。以 1925 年度的参事会选举为例,1925 年 1 月 4 日,上海精武体育会在中央大会堂举行春季会员大会,并选举民国十四年(1925)年度参事。当天上午 8 时会议开始,即席推举陈善为监察,简世铿为检票员,郁瘦梅唱票人,另外推举记票员十人,依法开选。当天,参选者得票情况如下:郑灼辰 68 票,陈善 61 票,崔聘西 56 票,薛巩初 56 票,姚蟾伯 51 票,翁耀衡 49 票,卢炜昌 49 票,简世铿 47 票,连炎川 42 票,陈铁生 41 票,佘树人 41 票,郁瘦梅 35 票,黄维庆 35 票,劳伯视 34 票,陈展璞 32 票,梁树棠 28 票,陈公哲 25 票;候补者 12 人,程镜川 24 票,李明德 23 票,施德之 21 票,老燕林 20 票,周锡三 20 票,郑福良 19 票,黄培生 17 票,谭海穣 14 票,盛竹书 13 票,郑经伯 12 票,霍守华 12 票,吴耀庭 11 票,朱穣呕 11 票。选举结束,由主席宣布选举结果。取得票数最多的前 15 名为参事。

会员大会对精武体育会所制订的各项章程有表决权。当参事选举出来之后,在会议主席的主持下,由全体会员参与,讨论关于精武体育会的"兴革事宜"及所拟定的各项章程,并针对会员的提议进行讨论。1925 年 1 月的春季会员大会上,郁瘦梅就提出精武参事会设置参事长及将原有文牍、教育两科合并为一科的意见,得到劳伯视、薛巩初的和议。随后,陈铁生提议,文牍、教育两科,改为文事科,郁瘦梅和议,经过在场会员的讨论后,大会通过了郁瘦梅、陈铁生二人的提议。随后,会员大会就精武体育会的参事会章程问题进行讨论,薛巩初首先提议,将参事会章程附入精武会章程内,以保障参事会章程的合法实施,此提议得到郁瘦梅的和议,经过讨论后,大会通过了这一提议。之后,郁瘦梅又提议,修改参事会章程第四条,由参事中

① 《精武杂志》,上海档案馆,卷宗号 Q401-10-31,SC0102。

互选参事长一人，副参事长一人，书记一人，得到黄维庆的和议，经过到会会员的举手表决后，大会通过了该提议。①

二、参事会议，是上海精武体育会具有一定评议性质的管理机构。

参事互选是精武体育会实行精英管理的主要体现。有幸被会员大会选举出来的参事们，一般都是对精武体育会支持最多、贡献最大的一部分中坚力量。由他们组成参事会后，在当年第一次正式的参事会召开之前，一般都会举行参事互选会，讨论决定参事会内部人员的任职情况。以 1925 年 1 月 10 日的参事互选会为例，1 月 4 日春季会员大会上选举出参事后，随之新选举出的参事于 10 日举行参事互选会议，会议由郁瘦梅担任主席，黄维庆做记录。经过 15 名参事员的互相选举，最后决定参事长由卢炜昌担任，副参事长由郁瘦梅担任，秘书为黄维庆，总务科长是郑灼辰，国操科长为姚蟾伯，文事科长为陈铁生，经济科长为翁耀衡，音乐科长为陈善，游艺科长为简世铿，交际科长为劳伯视。互选任职结束后，陈铁生提议，仍照往常惯例，定于每月的第二个星期六晚上 8 时至 10 时举行参事常会，该提议得到一致表决通过。②

精武参事会首先负责精武体育会内一般事务性的管理。对于精武体育会内一应大小事项，精武参事会都会进行集体讨论和表决。1925 年 1 月 19 日，上海精武参事会召开当年第一次常务会议。会议一开始，黄维庆即提议，要求每位在参事会议席上发言的人，都讲"国语"，而不是用各自的家乡方言，劳伯视当即表示赞同，与会众参事也一致认可。黄维庆还提出，精武会各科需将其办事细则、各科主任及其科员名单，限期于下期常会召开时提交，会上音乐科长陈善和议，于是交由参事会各成员进行表决并通过。之后，黄维庆、陈善、崔

---

① 《精武杂志》，上海档案馆，卷宗号 Q401-10-31，SC0205。

② 《精武月刊》，上海档案馆，卷宗号 Q401-10-37，SC0045。

聘西等人又分别针对各地精武体育会会员证的统一问题、参事会设置布告牌问题、设置议事厅问题等提出各自的建议,并当场进行讨论表决,有的当即通过,有的则视情况再做考虑。1925 年 2 月 7 日,上海精武体育会召开了 1925 年度第 2 届参事常会。会上,陈善提议将精武总会会所后楼的化装室改为音乐室,并提出由总会支付 15 元的公款作为装修费。通过各参事员讨论,会议通过了该议题。

　　其次,参事会负责审议和通过参事会议细则的修订及精武各科科员的当选资格。1925 年 1 月的参事会上,陈善提议组织委员会,修改参事会议细则,得到郑灼辰的附和,大家一致同意通过投票的方式选举修改会议细则委员会,经过投票,最后从参事员中选出陈铁生、简世铿、郁瘦梅三人,为修改会议细则委员。① 参事会章程规定,各科科长有权根据各科工作的需要推荐适当人选充当科员,被推举出的人选需要经过理事会的通过。在第二次参事常会上,按照第一次常会上的决定,各科根据本年度的工作需要将推选出的科员名单提交给参事会进行讨论,会上各科科长纷纷提交科员名单:交际科长劳伯视提出连炎川、崔聘西、郁瘦梅、陈善、姚蟾伯、陈敏、郑福良、程镜川、李世戡、陈子学、简贻孙、李明德为交际科科员;简世铿提出黄维庆为弹子主任,吴茂枝为乒乓主任,莫甘棠为溜冰主任,翁耀衡为游泳主任,姚蟾伯为杠子、平台、木马主任,杨仲绰为摄影主任,李佩弦为舞蹈主任,郑灼辰为新剧主任,陈贵立为新游戏主任;陈善提出劳伯视为京乐主任,陈铁生、郑灼辰为粤乐主任,陈展璞、陈剑明、林侣衡、宋金润为粤乐科员;陈铁生提出简世铿为书法及书报主任。参事会随后就各科科长所提人选进行表决,提议皆被通过。②

　　精武体育会召开的参事会,除正常性的每月举行的一次常会外,还有非常态下召开的特别会议。《精武杂志》第 41 期记载有《上海精

---

① 《精武月刊》,上海档案馆,卷宗号 Q401-10-37,SC0044、SC0045。
② 同上,SC0045。

武参事特别会议记》，这次会议于 1925 年 5 月 4 日召开，根据会议临时公推的主席郑福良的话说，"系根据上届常会议定，专为修订参事会会议细则，及审定本会是年预算案"而召开的特别会议。① 本次会议共有 12 位参事到会，针对参事会大纲的修改，大会争论激烈。薛巩初认为，参事会大纲曾登载于《中央杂志》第 37 期上，应根据原稿进行修改。② 为避免修改内容与原大纲有抵触，薛巩初在会议上将原案宣读了一遍。参事会大纲起草委员连炎川认为，既有大纲起草在前，则参事会议细则，不应与原案相抵触，最多只应对大纲提出修改。劳伯视作为原草案起草员之一，也提议"将该案逐条再付讨论修正之"。薛巩初认为"此细则须改为参事会章程"，以便"办事有所依据"。讨论中，陈善认为参事受会员付托，故所订章程也应征求会众的意见，因此他主张先推举数人起草，然后召集全体会员会议进行表决，也算是公示于众人。这个提议得到郁瘦梅、张俊庭的赞成。临时主席郑福良将陈善的提议付表决③，大会一致通过。于是用投票的方式，在参事中选举委员 3 人，郁瘦梅、陈善、连炎川以多数当选为起草委员。同时，会议还决定于此次会议的下周三再次召集特别会议，讨论草案。④

由此可见，精武体育会的参事会涉及的管理内容包括一般的事务性问题、精武会参事会议细则的修订、年度预算决算的审订等，是精武体育会的一个民主决策和管理的权利机构，带有一定的评议机构的性质。

三、事务会议，是在参事会之外设置的一个相当于执行和决策性质的权利机构。

精武体育会事务部的设置是精武体育会对参事制管理模式的进

---

① 《精武杂志》，上海档案馆，卷宗号 Q401-10-30，SC0235—SC236。

② 《精武杂志》，上海档案馆，卷宗号 Q401-10-31，SC0102。

③ 此处原文为"主席将薛巩初提议付表决"，应为笔误，薛巩初应为陈善。

④ 《精武杂志》，上海档案馆，卷宗号 Q401-10-30，SC0236。

一步改革。在参事会议之外,精武体育会设置有事务部,并通过召开事务会议进行会务管理。究其原因,一方面,因参事会中各参事皆有自己的固定职业,担任参事属于义务服务,因职业所系,每次开会参事们基本上都不能全部到会;另一方面,因平日负责精武具体事务管理的是各科的科长、主任及其他职员,那些未能担任具体职务的参事就某些具体事务讨论时,因不清楚事情的具体情况,遇问题难免产生误解,甚至在解决一些关键问题时相互掣肘。因此,改革参事会,举行事务会议,扩大会议代表人数和范围成为精武体育会改革民主管理制度的内容之一。与之同时,社会各界兴起的改革代议制的民主思想对精武体育会影响很大,在对精武体育会管理制度进行检讨后,精武会认为"凡团体必有机关,多设评议、执行两部",这是西方代议制在中国的应用,但代议制在当时"已根本动摇,渐有捉襟见肘之势",因此决定摈弃"此相互牵扯、转动不灵之代议制","参酌世界最新制度,设事务部"。① 对于事务部的运行模式,精武会制订了事务部章程如下:

> 甲、部中有参事、有科长,科员由科长自择,提出于事务会议通过之。科员人数,视其繁简,另有规定。参事从选举会产出,由参事互选科长;
>
> 乙、参事非常驻,遇有每月规定之事务会议,或临时召集之会议则列席;
>
> 丙、科长常驻,遇事务会议同列席;
>
> 丁、参事及科长,于事务会议,咸有表决权;
>
> 戊、事务会议,在到场人员中推举临时议长;
>
> 己、科长除日行公事可自决外,遇有特别事故,须招集事务会议,乃能执行;惟遇非常事变,得请求中央精武主任命令,或该

---

① 《精武杂志》,上海档案馆,卷宗号 Q401-10-31,SC0103。

处会长命令执行;但由该处会长命令执行者,仍须报告于事务会议承认;

　　庚、有参事或科长一人以上提议者,即可由秘书处通告,召集临时会议;

　　辛、事务会议有职员五分之一,即可开会。

　　(此事务部章程俟开职员会议通过执行)(办事细则另定之)①

　　从这个事务部章程中可以看出,事务部是在参事会之外新生的一个相当于执行和决策性质的权利机构,是精武体育会鉴于已有的参事会制度中出现的弊端而进行的改良。参事部成员的涵盖面远远大于参事会,不仅包括全体参事会成员,还基本将精武体育会内各科科长及各职位的工作人员都包括了在内。根据章程的规定,精武体育会每月召开事务会议处理会务。事务会议是由全体职员参与的,相当于今天的"全体职工"大会,不过事务会议有职员五分之一,即可开会。事务会议也如同参事会的召开一样,每月定期举行常会,按照规定,事务会议一般应与参事会一样,安排在每月第二个星期的周六晚上,在参事会结束之后召开常规性的事务会议,因两个会议安排在同一天晚上举行,时间很长,故实际上开会的时间很少有同一天进行的。尤其是当时战争频仍,会议时间尤其短促。如1924年9月7日召开的当年第9次参事会,因江浙战争的影响,上海全城戒严,"华界九时断绝交通",因时间不允许两会同晚举行,不得已将原定于当晚的事务会议取消,另择时间进行。② 总之,精武体育会事务会议所涉及的内容包括制定章程,选举干事部总负责人,讨论征求中央精武、上海总会、分会的财政统一问题,技击教员薪俸问题,财政预算问题,

---

　　① 《精武杂志》,上海档案馆,卷宗号 Q401-10-31,SC0102、SC0103。
　　② 《精武杂志》,上海档案馆,卷宗号 Q401-10-29,062。

以及精武日常事务管理等一系列问题。实际上,事务会议的职权范围基本取代了参事会,而且还有所扩大,除各科科长日常事务能够自行处理之外,几乎所有大小事情皆需交由事务会议讨论决定。

参事会与事务会议的职权范围,一直是困扰上海精武体育会的一个大问题,本来事务会议是对参事会不足的一种改进,但两会同时并存,责权分野不清,理所当然产生更多的分歧和相互之间的牵制。他们之间势力此消彼长,也在不停地发生着转换。尽管精武体育会的上述管理模式存在着这样那样的不足,但其民主管理模式还是对近代精武体育会的发展起到了至关重要的作用,它不仅保证了精武体育会用人惟贤的原则,也对精武事业的推广起到了推波助澜的作用。大批有才能的人士被推荐出来,并在各自最擅长的领域担任职务,引领着精武体育会一直走在时代的最前沿。响应精武体育会的民主管理模式,当时沪上一大批体育闻人也纷纷投入精武麾下,在精武会的冶炼下,成为发展上海体育事业的带头羊。

最后,精武体育会通过制定章程确保其管理制度的实施。

精武体育会通过制定章程的形式作为完善和巩固其管理的保障。上海精武体育会成立初期,即制定了《中国精武会章程》,章程共分14章,29条,通过制定章程,将精武体育会从名字的订定,到办会宗旨、招收会员的准则、会内教职员工的工作任务和责任、会费收缴、毕业文凭的发放、设置项目种类及会员练习的时间安排等,一一详细地罗列出来(章程见本书附页)。① 从1915年第一个精武体育会章程制定开始,虽然随着年代的推移,章程略有修补,但章程的核心内容从不曾改变。章程的制定,使精武体育会有了发展的指南,在精武体育会章程的指导下,精武体育会进一步细化各种规章制度。直到今天,精武体育会章程依然是其发展的基本依据。

---

① 《精武本纪》,上海档案馆,卷宗号Q401-10-48,SC0295、SC0296、SC0297、SC0298、SC0299、SC0300、SC0301。

除了总章程外,精武体育会几乎凡事即以章程的形式规范下来。精武体育会干事部是精武体育会内较为重要的一个部门,相当于精武会的行政办公室。根据资料可以知道,精武体育会参事会管辖下的干事部,设有总干事一人、干事员若干。干事部章程规定:"总干事商承参事会命令,统率各干事员办理会中一切事务,并按日编入记事录",章程将各部门分担的工作责任和职能——分列出来,职责清晰,任务明确。① 精武体育会有召开征求会的制度,自 1920 年精武体育会召开第 1 届征求会,之后,为了"发展会务、普及体育",并谋"人才""物力"及"精神"之相助,精武体育会每年都有"一度之征求"。② 为了更好完成征求任务,每届征求会都制订有征求章程。1925 年,精武体育会召开第 6 届征求会员大会,其征求章程将体育会举办征求会的日期、目的、分队、组织、奖励、报告、缴费、利益及附则说明等——详尽地列进章程内。另外,精武体育会内部根据需要设立有不同的体育运动项目,一些项目又成立有专门的项目队伍,如精武体育会内的排球项目和篮球项目,就有专门的排球队和篮球队,根据不同队伍的组建情况,精武会在其成立时也分别制定有篮球队章程、排球队章程等。③

精武体育会还就体育会内部成立的各类小团体订定章程。如精武会员在练习技击的过程中,根据各自需要组成不同的小团体,这些小团体也往往制订各自的规章,对会员起到了一定的约束作用,诸如励志团、惜阴团、健儿团、模范团等组织的建立,他们各自制定有一套规章制度,以示规范会员的行动。另外,精武体育会内还成立了一些武术研究团,这些小团体同样通过制订规章的形式,保证活动的正常进行,如太极拳长者班简章、国术班简章、技击班(即西洋拳术)简章、

① 《精武月刊》,上海档案馆,卷宗号 Q401-10-37,SC0159、SC0160。

② 《上海精武体育会征求特刊》,上海档案馆,卷宗号 Q401-10-27,031。

③ 《精武杂志》,上海档案馆,卷宗号 Q401-10-30,SC0174。

太极拳研究团简章、教员拳术研究会章程等,涉及其他项目的则有乒乓队简章、游泳班简章、摄影研究班简章、旅行团简章、网球队简章、救护班简章、京剧部简章等。

精武体育会上述章程,并不是一成不变的,根据实际需要,一旦发现有未尽妥善之处,即随时修改。这种既民主又有集中的管理模式,直到今天仍有可借鉴之处。精武体育会各种章程的制订,成为其管理职能有效实施的保障,通过一系列章程,一方面规范了精武体育会各项活动的内容,另一方面给各项活动提供了规章和程序方面的依据。正因为它有着自身较为严密的民主管理制度建设,精武事业在近代中国的体育发展史上的地位显得尤其突出。

第四章　精武体育的社会化

　　上海精武体育会成立后，为了进一步发展精武事业，实现"大精武主义"的理想，精武体育会一方面在国内外建立分会，组织北游，并创办中央精武，作为管理各地精武体育会的中央机构，另一方面倡导妇女解放，大力发展女子体育，指导成立国内外精武女子体育会。同时，通过与社会各界所搭建的良好社会关系网络，将精武体育推广和传播到社会的各个角落、各个层面。

第一节　创办国内外精武分会

　　上海精武体育会通过创建分会的形式，促进近代体育的社会化进程。上海精武体育会自创办以来，经"历届运动会之宣传，会员之示范"，可谓在"沪埠风靡一时"，"报纸宣传，远闻各省"，除上海分会成立外，汉口、广州、香港等地纷纷建立分会。1920年，美国议员观光团曾到上海，参观精武体育会后，"许为中国第一优美之事业"。① 20世纪20年代初，精武"五特使"遍游南洋群岛，所到之处，"咸受欢迎"。② 在上海精武体育会的宣传和倡导下，各地纷纷"定章程，谋注册"，数年之间，先后设立的分会，"国内则有九龙、肇庆、佛山、南昌、澳门、会同、小榄、无锡、武昌，国外则有新加坡、芙蓉、金宝、吉隆坡、西贡、庇能等男女分会"。③ 为了统一管理，上海精武体育会又成立中央精武，作为全

---

① 《上海精武体育会内传与章程》，上海档案馆，卷宗号 Q401-10-2，SC0017。
② 同上。
③ 同上。

国精武体育会的管理机关,同时,积极向乡村扩展分会组织。一时之间,精武体育会会务得到蓬勃发展,国内外精武分会达 40 余所,精武体育会迅速成为遍布世界各地的具有华人特色的民间体育社团,对中国传统武术的保存及传统文化的传播起到了极大推动作用。

首先,国内分会的建立,使精武体育向南方城市及乡村扩散。

上海精武体育会首先在国内建立精武分会。根据史料记载,临近上海的南浔、绍兴是最早挂起精武体育会分会的牌子,并进行武术教学活动的地方。南浔、绍兴两地的上海精武体育会会员回到故乡后,接受乡邻邀请,响应上海精武体育会普及技击术的号召,挂出精武分会的牌子,按照上海精武会的模式进行武术教授活动。实际上,这两个分会并未得到上海精武体育会的正式承认。但因其以分会自称,《精武本纪》中也将这两个习武组织按照分会进行记录,并有"前南浔分会之军乐队"图片一张以记之。① 我们可以从以下几点具体了解精武体育会国内分会的建立情况。

第一、上海精武分会的建立为上海市民习练体育提供了便利。

上海精武体育会正式成立的早期分会当属上海的三个分会。自 1916 年精武体育会迁到杨树浦提篮桥倍开尔路 73 号后,会员日众。倍开尔路地处租界,属于当时上海的东区,离市中心区较远,会中人"以途远,未够时间往返,多感向隅"。② 当时有很多精武会员居住在北四川路(今四川北路),该处为当时虹口商场的中心点,来往人员很多。1917 年,有会员在北四川路寻到位于横滨桥桥畔福德里内的一幢房屋,可作为设立分会会所之用。经过商议,上海精武体育会决定在此建立分会,作为上海的北区分会,由此,上海精武体育会第一分会成立。上海精武体育会从总会中抽调教员及高级毕业会员,分班到第一分会授课。第一分会的开设,不仅方便了在此居住的会员到

---

① 《精武本纪》,上海档案馆,卷宗号 Q401-10-48,SC0230。
② 陈公哲:《精武会五十年》,春风文艺出版社,2001 年版,第 41 页。

会练习，而且吸引了更多的人加入精武，上海增加了一个可以习练体育的场所。①

在上海第一分会的影响下，上海精武体育会第二、第三分会相继成立。当时上海南市中国商团成员很多都曾加入精武会为会员，其中会员薛培坤、刘永康、曹永康三人倡议在沪城新北门成立一个分会。在三人努力筹划下，上海精武体育会借煤炭公所作为会址，开辟了上海精武体育会第二分会，是为南区分会。当时担任技击部长的卢炜昌任命霍元甲之子霍东阁主持第二会所的会务。② 上海法租界内建有山东会馆，会馆"馆舍广大，建筑雅致"，馆内建有面积达五亩之多的园林，是一处适宜娱乐休憩的好场所。1917 年，在山东籍会员宁竹亭的联络下，经山东会馆主事者同意，上海精武体育会借山东会馆的地方成立了第三个分会，是为上海西区分会，由王绍坡任分会会长。③ 自此，上海精武体育会在上海拥有了东南西北四区分会，"训练沪人，称盛一时"。④ 除此之外，在上个世纪 30 年代，上海精武体育会还在南京路大陆商场创建有上海特区分会，为热闹的南京路附近的居民提供了一个休憩锻炼的场所。

第二、汉口及广州分会的建立，推动了中国近代体育在南方的发展。

汉口精武体育会是由汉口地方绅商发起，上海精武体育会派员亲临指导而成立的规模较大，成立较早的地方分会之一。上海精武体育会成立初期，正是各种社会思潮涌入，国人"体育救国""强身强种"思想涌动之际，而国内政局不稳、军阀混战的局面，使各地有志之士，"既未参加革命，满身热血，无从发泄"，纷纷参加精武体育会。⑤

---

① 《精武本纪》，上海档案馆，卷宗号 Q401-10-48，SC0282。

② 《精武本纪》，上海档案馆，卷宗号 Q401-10-48，SC0047；陈公哲：《精武会五十年》，春风文艺出版社，2001 年版，第 42 页。

③ 《精武本纪》，上海档案馆，卷宗号 Q401-10-48，SC0049。

④ 陈公哲：《精武会五十年》，春风文艺出版社，2001 年版，第 42 页。

⑤ 同上。

随着精武会员的流动,精武体育会所宣传的精武精神也随之被带到各地。位于中国心脏的汉口首先响应,来函要求在汉建立分会。1918年6月,上海精武体育会总干事陈公哲偕妻子卢雪英,同姚蟾伯一起赴汉口,汉口绅商劳用宏、曾务初、唐鼎祥、唐定祥等人在汉口的金星保险公司宴请陈公哲一行。宴会中,双方就精武会宗旨、青年习练体育的重要性等问题进行交流。会后,由曾务初、劳用宏发起成立汉口精武体育会,得到汉上各界要人名流的支持和赞助,汉口金星公司也借出其侧旁一块土地作为建造操场之用。1918年7月7日,汉口精武体育会正式成立。当天,汉口精武体育会仿照上海精武体育会的办法选举职员,唐善礎被推举为正会长,曾务初为副会长,劳用宏为总干事。当天即有六七十人加入为会员。上海精武体育会委派教员李健民来汉担任教授。①

汉口精武体育会推动了武汉地区体育的发展。汉口精武体育会成立后,仿照总会每年召开征求会员大会,借以宣传精武主旨、扩大会员规模。为了促进会员之间的沟通和交流,一方面,在征求会召开前夕,汉口精武体育会召开"征求讨论会",研讨新一届征求会员的方法和策略,另一方面,在征求会结束后,召集全体会员举行"恳亲会",作为增进会员之间相互"联络"的渠道。② 汉口精武会举办的征求会员大会提高了武汉人们参与精武的兴趣,汉口精武体育会会员最多时达8000多人,遍及武汉三镇。随着会员的不断增加,为了弥补武汉地区体育师资不足的状况,汉口精武体育会还仿照上海总会创办精武体育专科学校,学校设置有一年制童子军教育训练班、从事体育研究工作特别班、二年制体育专科班和三年制高中体育科等,为当地乃至全国培养了一批优秀的体育人才。③ 汉口精武体育会在武汉地

---

①　《精武本纪》,上海档案馆,卷宗号Q401-10-48,SC0230。

②　《中央杂志》,上海档案馆,卷宗号Q401-10-36,SC0158。

③　武汉方志网:http://www.whfz.gov.cn/shownews.asp?id=15602,2009.12.11.

区多次举办武术比赛和表演,举办联欢会等,其中1923年举行的汉口精武会成立五周年纪念大会、纪念蔡锷云南起义纪念日活动,以及1935年举办的赈灾游泳活动,影响较大,尤其是1935年的赈灾游泳活动中邀请全国著名游泳女明星杨秀琼来汉表演,一度引起轰动。汉口精武体育会的活动一直到武汉解放时才停止,为武汉地区体育的发展起到了很大作用。

广东精武体育会是由广东政界牵头,商学各界积极响应下,由上海精武体育会派员指导而成立的近代规模较大的精武分会组织。卢炜昌、陈铁生在《开办广东精武体育会实纪》一文中记载,1918年冬,广惠镇守使李福林对上海精武体育会的办会宗旨深有同感,派人前往上海商谈成立分会之事。受上海精武体育会委派,1919年3月,担任上海精武体育会书记一职的陈铁生,与会员杨琛伦、教员李占风、李连春一起,乘船南下到达广东。广惠镇守使李福林遂发柬邀请广东商界的简琴石、简照南、陈廉伯、谭礼庭、黄砺海,学界的教育会会长、高等师范学校校长金曾澄,军界的杨达三,警界的警察处长魏邦平、秘书陈恭受等人,一起商议广东精武分会设立事宜。简琴石本来就担任上海精武体育会会董,首先表示赞同,在座诸人也纷纷表示愿意为精武分会的创建"分任其劳"。① 会后,广东各界暂借广州海幢寺设立广东精武体育会筹备处,陈铁生向上海精武体育会发电报,要求派人前来指导。1919年3月24日下午,上海精武体育会位于倍开尔路的本部会所内举行欢送会,欢送陈公哲、卢炜昌、姚蟾伯、沈季修、黄汉佳5人前往广州组织精武分会。② 陈公哲等人到达广州后,与在此等候的上海精武体育会教员叶凤岐、李占风、李连村、陈铁生,以及广东精武会发起人李福林、杨达三、简琴石等人会面,商榷筹办广东精武分会的事情,经过多次协商,众人决定暂借广州西瓜园商

---

① 《精武本纪》,上海档案馆,卷宗号 Q401-10-48,SC0242。

② 同上,SC0243。

团公所为广东精武体育会的办事处。随后,简琴石、李福林宴请广东各界要人,商讨召开成立大会的问题。最后议定,由简琴石出面租借长堤海珠戏院作为广东精武体育会成立大会会场,于4月9日开会,并印发了广东精武体育会临时简章。

上海精武体育会派员指导广州精武分会的成立,是对上海精武事业的一次推广和宣传。广州精武体育分会的成立使上海精武体育会"强种、救国"的宗旨在广州名噪一时,当地报界对此活动十分重视。4月5日,在真光公司召开的晚宴上,广东各报记者纷纷前往,并邀请杨达三代表李福林向到会的上海精武体育会诸人介绍他们。会上,卢炜昌、陈公哲先后为到场记者解释上海精武会的宗旨及其"提倡技击、增进道德、改良游戏"等方面的内容,记者们对精武会所提倡的思想大表赞成,遂决议团体加入精武会为会员,当场加入的记者就有《中华新报》记者荣伯挺、陈口生,《安雅报》记者黎佩诗,《天游报》记者邓叔裕,《共和报》记者宋季辑,《国华报》记者梁质庵、王泽民,《七十二行商报》记者罗啸敖、陈宝尊,《羊城报》记者梁怀丹、赵秀石、何杰三,《新报》记者李大醒、李抗希,《天声报》记者陆见如、甘六持、冯伯砺,《平民报》记者邓警亚、雷恨生,《新民国报》记者田达人,《商权报》记者刘少平、张镜藜等20余人。随后,广东各报对4月9日举行的广东精武体育会成立大会纷纷登载,其中《七十二行商报》刊登的《广东精武体育会叙言》,将广东精武体育会的简章全文登载如下:

　　定名:本会命名为广东精武体育会。

　　宗旨:本会专以维持国技精神、改良国民体魄为主旨,概不敢预闻政治,尤不争门户短长。

　　会员:凡品行端方,执业正当,得本会会董、会员之介绍者,皆得为会员,年龄无限。

　　职员:本会设会董若干人,以有维持实力者任之,设总干事一员,技击主任一员,由会员中素有经验者推任之,另由会中聘用庶务兼会计一员,技击教员若干员,办事细则另定之。

地址:本会择适中地点筹建会所,以资持久,现为速成起见,暂拟租借长堤嘉属会馆为临时开办地点。

经费:本会开办及建筑经费由发起人筹集,经常费用由会员公共维持,其细则另定之。

发起人:李福林、魏邦平、陈廉伯、简照南、简琴石、杨梅宾、陈恭受、金曾澄、熊长卿、李明杨、黄砺海、卓仁机、杨达三。

赞成人:李烈钧、谭学衡、莫荣新、翟汪、林虎。①

广东精武体育会成立大会前后情形除有中文报纸登载外,广东英文《时报》亦逐日刊登。广东精武体育会的成立甚至吸引了香港租界内的英人,他们派人前往,邀请精武体育会会员到租界表演武术,精武会以无暇分身为由辞却。

为了鼓励更多的人加入,广东精武体育会仿照上海精武体育会召开毕业典礼的做法,举行广东精武体育会成立运动大会。根据《七十二行商报》记载,4月9日当天,成立运动会的秩序表如下:(甲)开幕,(乙)军乐,(丙)报告,(丁)演说,(戊)行授盾礼,(己)第一节教员会员运动,(庚)熊长卿家族运动,(辛)广惠镇守使署技击教员运动、福军技击团运动,(壬)来宾运动,(癸)小国民运动,(子)第二节教员会员运动,(丑)军乐,(寅)闭幕。② 从秩序表中可以看出,这次成立大会上,不仅广州各界名流云集,上海精武体育会领导亲自上台表演,就连发起人之一,在当时颇有声誉的熊长卿,也在成立运动大会上带领家族子女分别表演拳术、棍棒等节目,他的家庭教师温伟琴(温生才之子)也登台表演拳术。广东精武体育会成立大会到会军、

---

① 《精武本纪》,上海档案馆,卷宗号 Q401-10-48,SC0244。

② 同上,SC0245、SC0246。

政、学、商各界男女达数千人，对鼓励国人习武强身起到了积极的推动作用。

广东精武体育会成立后，仿照上海精武体育会在管理上采用分部法。广东精武体育会分为三部管理会务。一为董事部，对会务发展起着管理、监督和决策的作用，成员有发起人李福林、魏邦平、简琴石、简照南、金曾澄、杨梅宾，及各界赞助人如莫荣新、翟汪、林虎、李烈钧诸人；二为干事部，处理会中日常事务。成员有罗啸敖、郭仙舟、黄砺海、黄焕庭等，及干事诸人；三是技击部，由上海派驻粤会会员沈季修、杨琛伦主任，教授由叶凤岐、李占风担任，仍受上海精武体育会节制，是广东精武体育会内专门负责"国技"发展的一个部门，也是广东精武体育会遵照"以技击为根本"的重要表现。

广东精武体育会的成立，进一步推动了近代体育事业在南方的发展。首先，广东精武分会成立后，各界人士尤其广州商学两界，如广州南武中学、广州商团、广州女子体育学校、广东全省教育会等，相继举行欢迎会，邀请上海与广东精武体育会领导人到会指导体育，加上新闻媒体的大力宣传，精武体育会的宗旨和精神得到广泛的传播。广州南武中学的校长何剑吾，1905 年曾在上海旅沪粤人中创办人镜学社，进行反清活动，1906 年创办广州南武学堂，出任校长，开男女同校风气之先。陈公哲、卢炜昌早年都曾参加人镜学社，为人镜学社的会员，因此二人到达广州后，受南武中学之邀，向学校师生讲述上海精武体育会的宗旨及历史，对"体育"的理解等，对精武体育的宗旨和精神进行了广泛的宣传和推广。其次，在汉口和广东精武体育会的宣传下，南方精武分会纷纷建立，如汕头分会于 1920 年成立，次年，佛山、香港精武会成立。以后，又成立了香山、肇庆、南昌、新会、厦门、南宁、梧州、桂平、澳门、武昌、九龙、四川涪陵、及广州女子精武会等 30 余所。南方的精武事业呈现欣欣向荣的局面，对近代国民身体素质的提高及中国体育事业的推广和发展起到了积极的推动作用。

第三、中央精武的创建及乡村精武的开设。

中央精武是上海精武体育会为统一指导和管理各地精武会而成立的具有全国性质的管理机关。自 1910 年至 1920 年的十年间,全国各地相继建立起精武体育分会,南洋地区也有分会建立。由于海内外精武体育会都是在上海精武体育会的直接推动和指导下建立起来的,并都以上海精武体育会的模式开展会务,加之各分会的技击部主任与武术教员最初都是由上海精武体育会委派,可以说上海精武体育会与各地分会有着密不可分的关系。但另一方面,上海精武会又明确规定,"精武分会暨各省之精武会皆独立者",[1]这就是说,各地精武分会在创建时虽然有上海精武体育会的指导,实际上并非是上海精武体育会的下属分支机构,其运作和发展具有很大的独立性。为了推进精武事业的发展,精武体育会决定建立具有全国性质的管理机关——中央精武,作为指导国内外精武体育会的总机关,同时将注意力投向中国广大的乡村,发展乡村精武分会。

中央精武正式创建于 1921 年。早在 1910 年代后期,精武体育会的领导人陈公哲、姚蟾伯等人就有组建全国精武体育协会的意图。陈公哲还以提议人的身份发表宣言,呼吁上海精武体育会另设专部,定名为"全国精武体育协会","凡属于提倡及协助诸事宜,归全国精武协会任之,其隶于上海范围内者,归上海精武会任之",认为这样做可以达到"名称既定,责任自专","将来各省精武会不名上海为总会,上海亦不以各省为分会,彼此平等,不相统属,其维持各省各县数十百精武会者乃全国精武协会之责任"。[2]经过筹划,1921 年,中央精武正式在上海成立,在中央大会堂未建成之前,其办公地点主要在倍开尔路的东区分会内。

中央精武有专门的管理机构。中央精武最初设立有主任及参

---

① 《精武本纪》,上海档案馆,卷宗号 Q401-10-48,SC0034。
② 同上,SC0280。

事,皆由上海及各地精武体育会负责人担任或兼任。其中,中央精武主任主要由上海精武体育会的负责人担任,他们分别为姚蟾伯、郑灼辰、陈公哲、陈铁生、卢炜昌5人。参事则从各地精武负责人中推选而出,经过民主选举,最后确定由宁竹亭、陈善、余笑常、罗啸敖、邓次乾、张文德等人担任。随着精武事业日益扩张,五位主任及参事不能胜任繁忙的工作任务,且他们各有自己的工作,参事又多散居各省,平时只有遇到重要事务时他们才到会处理,给精武工作带来很多困难。后来经过参事会议多次讨论,决定另增添一部分职员,根据记载,1924年1月1日起,中央精武添设了国文秘书黄维庆、薛巩初,英文秘书翁耀衡,以及交际科周锡三、连炎川等人。① 此后,中央精武职员根据精武体育会发展进程的不同,时有增减。

中央精武成立后,明确的规定了其职权范围。根据分工,中央精武为海内外各处精武的总机关,凡各处精武的国操主任及教员,均由中央精武委任;来往的函件也直接更改为"中央精武收";上海精武体育会"只为一省区之分机关",即"上海精武体育总会",其最初设在倍开尔路会所内的管理机关,1923年迁往北四川路横浜桥第一分会内。② 据记载,中央精武成立后,派出或亲自委任的各地国操主任或国术教员有广东精武体育会的沈季修、香港的张俊庭、佛山的李佩弦、江西的胡昆放、梧州的林君选、澳门的卢衡浦、厦门的卢吉明、汉口的庞宜之、上海精武会的卢炜昌、南洋七州府主任罗克己、渣华(今印度尼西亚)全岛主任霍东阁、星州(今新加坡)女主任吴秀媛、吉隆坡女主任冯琼珊、庇能(槟城的旧称,今马来西亚)女主任李志羲、西贡(今越南)陈启英、上海精武第三分会国操主任张子扬。另外直接由上海精武总会选派的教师还有:叶凤歧(即叶凤池)到广州,叶书田、叶书绅、叶书香服务于吉隆坡(三人被尊称为"精武叶氏三雄"),

---

① 《精武杂志》,上海档案馆,卷宗号Q401-10-31,SC0103。
② 《精武月刊》第52期,1926年8月15日《中央精武布告》。

赵连城到新加坡、森美兰芙蓉，李瑞标到新加坡，王成章到吉隆坡，刘法孟到槟城，唐文伍到新加坡、吉隆坡，姚电侠到吉隆坡，欧阳少烈到怡保，罗克己到金马，刘清桂到槟城、芙蓉、新加坡，刘致祥、张德纯到槟城，夏启芳到新加坡、吉隆坡，王坟琴到槟城，卢苏丽到新加坡，李少林到槟城，王凤岗到西贡、新加坡等等。①

在上海精武体育会派到海外精武执教武术的人员中，颇有建树的有霍东阁、黄强亚、魏元峰等。霍东阁是霍元甲的次子，1919 年受上海精武体育会选派到广东精武会任教。1922 年，霍东阁受广州海军总司令温树德邀请，担任广州海军国技教练。不久，在讨伐陈炯明叛乱中，温树德背叛孙中山，并归附北洋军阀。温树德叛离后，霍东阁拒绝了温树德的挽留离开广州。1923 年 6 月 24 日，霍东阁由香港赴爪哇岛的泗水，在南洋烟草公司总经理陈英三、副经理李洛畴、泗水前领事贾文燕、安达银行经理叶壬水等人帮助下，于 1924 年 8 月创办泗水精武会，1925 年又协助开办巴城精武总会，之后芝利群、巨港、西朗、三宝垄等地精武体育会相继成立，史称"一年之间，得会员千，成立会六"。② 黄强亚是精武传播南洋的先行者，首任怡保中国精武体育会技击主任，曾创建南洋精武分会多所。魏元峰原是上海精武总会拳师，1924 年，受中央精武委派前往新马地区发展精武分会组织，当时年仅 18 岁。后任新马精武总会总教练、总评议员。

中央大会堂是中央精武的办公场所，同时也是上海及海内外精武体育会进行室内运动和会务交流的场所。随着精武体育会组织的扩张，其活动日益频繁，凡开大会，必须租借舞台方能举行，为了便于精武事业的长久发展，精武体育会遂决定建造精武中央大会堂。经过努力，陈公哲在上海北区横浜桥福德里内，寻觅到本属于广肇公所

---

① 卢丽娟：《上海精武体育总会会史(1910 年 10 月—1996 年 12 月)》(未付印)，第 29—30 页。

② 《南溟精武大事记》，上海档案馆，卷宗号 Q401-10-53，SC0015-SC0024，SC0074，SC0102。

产业的一块空地,经过协商,通过订立租约的形式,租给精武会建筑中央大会堂用。中央大会堂的建筑设计由陈公哲亲自绘图,1922年动工,1923年大会堂竣工。中央大会堂的设计采取宫殿式,会堂大厅两侧有8个半圆柱,皆髹红色,壁上悬挂有盾形反光灯。大会堂的中间为堂座,后为舞台,撤去堂座座椅,可作为运动场,阔2丈多,舞台后有化妆及演员休息室。堂座后为楼座,全堂上下可放800个座位。堂前入门处设有大走廊及办公室,上有映雪楼藏书室。1924年,中央精武迁入中央大会堂办公。中央大会堂的建造和使用,成为上海精武体育会发展进程的一个重要标志。

中央精武建立后,开始指导精武分会向乡村地区扩展。首先建立的乡村精武体育会为广东中山县第六区的会同精武体育会。1923年3月,卢炜昌陪同其父母到达广东,在参加广东精武体育会四周年纪念会及中级毕业典礼之后,卢炜昌陪同父母返回家乡香山上栅。卢炜昌每到一地即发放《精武本纪》等书籍,宣传精武主义,得到各乡村人士的欢迎,他们纷纷要求组织精武分会。在卢炜昌、罗啸敖等人的帮助下,会同精武体育会成立,并推举莫庆锵任会长。[1] 一年后,会长莫庆锵为了发展会务,委派教员张同运成立下栅精武体育会,兼任会务,随后唐家镇的鸡山、东岸、官塘、上栅等地,因路途遥远不便求学的人,皆加入下栅精武体育会为会员。[2] 在上海精武体育会的协助下,广东香山小榄镇也在1923年成立精武体育会。根据记载,小榄镇精武成立时,会长为张家颐,副会长为卢肇萧,技击教员则由广东精武技击主任沈季修指派。[3]

乡村精武体育会的成立促进了中国农村地区的体育发展。上海老会员蔡匹志在其返回家乡枫泾期间,组织了枫溪体育会,1924年

---

① 《上海精武体育会内传与章程》,上海档案馆,卷宗号 Q401-10-2,SC0139。
② 《精武杂志》,上海档案馆,卷宗号 Q401-10-31,SC0299。
③ 《上海精武体育会内传与章程》,上海档案馆,卷宗号 Q401-10-2,SC0139。

元旦正式改名为枫泾精武体育会。枫溪体育会成立后，内部组织完全依照上海精武体育会的组织模式进行管理。1923 年 10 月，枫溪体育会曾函请上海精武体育会派人到枫泾参观，并举行国操表演，很受当地人士欢迎。中央精武成立后，本有推广乡村精武之意，对于枫溪体育会的邀请，欣然接受，先后委派会员杨琛伦、马信忠、张俊庭三人前往教授武术。1923 年 12 月，上海精武体育会举行精武游艺会，蔡匹志等人趁回沪之机，与中央精武领导人接洽更名成立精武分会之事。12 月 24 日，陈铁生复函枫溪体育会，正式承认其为枫泾精武体育会。1924 年元旦，枫泾精武体育会举行成立大会，依据中央精武的会章，并斟酌当地情形，商定章程 20 条，将内部组织分为 4 个部门，即技击部、音乐部、网球部、划船部，各部设主任一人。继又遵照章程，选举了第一届职员。① 受枫溪体育会更名枫泾精武体育会之启发，1924 年 8 月 10 日，新胜体育会也发函到上海中央精武，恳请中央精武"依例承认"其为新胜精武体育会，并得到中央精武的首肯。② 此后，广东北海、厦门、新会等地也建立起多所乡村精武分会，对中国传统武术及近代体育项目在中国广大农村的推广起到了很大的推动作用。

其次，北游将精武体育会所倡导的体育活动宣传至中国北方津京地区。

精武体育会组织"北游"是其完成精武体育普及计划的组成部分之一。民国七八年间，汉口、广东相继成立精武体育会，成绩显著，精武事业发展迅速。1919 年正是上海精武体育会成立十周年的时间，会众建议"于国中设立四总会，曰上海、曰汉口、曰广东、曰天津"。③ 随精武体育会扩展至南洋，建立四总会，北游天津的呼声高涨，他们

---

① 《精武杂志》，上海档案馆，卷宗号 Q401-10-29,033。
② 同上，072。
③ 同上，102。

认为"会中事业已向国外发展,不可不谋国内之普及",呼吁将精武事业向北方扩展。① 当时在上海及南方发展的会员认为,北方虽然是中国技击术的出产地,但是,自义和团运动后,武术运动在北方销声匿迹;而精武体育会依据科学原理,对中国传统技击术进行研究,已经"使之确定为中国之一种体育科学",因此完全有向北方推广的必要。② 1922 年,中央精武组织了精武北游旅行团(又称"北行游艺团""精武旅行游艺团"),先后抵达天津、北京,并绕道武汉,力图使精武体育会在北方得到进一步发展。

根据精武体育会资料记载,精武体育会组织旅行团北游的原因可归结为以下三个方面。一是宣传精武宗旨,在北方建立精武分会。李我生在《泰晤士报》中刊发《欢送精武团晋京》一文,认为精武分会的种子已布满长江、珠江流域,甚至南洋地区亦有分会七八处,精武体育会的声势"已伸张及于国外"。作为汉族文化发源地的黄河流域,惟独没有精武会组织的建立,上海精武体育会如要把会务普及到全国范围内,则在黄河流域设立分会为当务之急。而黄河流域各商埠中,以天津最为繁盛,若想在黄河流域谋发展,天津不啻为天然的根据地。故"表暴精武主义及其成绩",在条件成熟时"设立分会",成为精武体育会北游津京的"普通之事业"。精武旅行团北游的第二个原因,也是此次北游的"特殊任务",是向当时的北京政府请愿,要求以政府的名义确立精武体育会所创编的中国式"体操"为国操,即"晋京请愿甄定国操"。③ 原因三则是为中央精武大会堂筹措建筑经费。如上所述,为了发展精武事业,中央精武决定建筑中央大会堂,宣传发出后,一个月内即筹集了 2 万 2 千多元,但这仅仅够建造大会堂之用,对于大会堂的装修及设备的配备,尚需 2 万 8 千多元。为了筹备

---

① 《上海精武体育会内传与章程》,上海档案馆,卷宗号 Q401-10-2,SC0016。
② 同上。
③ 同上,SC0088。

经费,上海精武体育会一方面号召南洋各分会进行筹募,一方面决定前往北方筹款,并借为中央大会堂筹款之事,宣传精武事业,筹设北方分会。

中央精武专门设立了筹备处,为北游之行做好充分的准备工作。1922年9月下旬,中央精武体育会为北游京津特别举行会员大会,经过民主选举推选出37人作为此次北游的成员。之后37名北游成员召开会议,选举此次北游的各负责人,经过民主选举,确定北游队筹备长为罗啸敖和陈公哲;交际长为连炎川、翁耀衡;财政长为卢炜昌,因卢炜昌忙于会事,无暇分身,遂由陈善代替;姚蟾伯为国操部长;陈铁生为国乐部长;郑灼辰、陈善为游艺部长;程子培为摄影部长;除此之外,37人中还包括国操、乐舞、游艺各项中的佼佼者。在北行游艺团成员确定之后,于中央精武设筹备处,并由筹备长罗啸敖兼任秘书。随后陈公哲、罗啸敖与陈铁生、姚蟾伯、郑灼辰等一起商讨编列到达北方之后的表演秩序表,分撰宣言及各种跳舞术说明书,并附以影片、乐曲、新创影画、演讲稿等内容,花费了20天才将上述一系列内容编成册,统统交由精武中央印刷厂印刷,装裱一万册(封面有美术国画内容,并插有电影画面多张,共58页),广告一万张(广告形式用五彩石印),做好了出发的准备工作。同时,精武北游旅行团还挑选精武体育会较为重要且比较实用的期刊著述十余种,即《精武》《广东精武报告》《精武本纪》《精武外传》《测光捷径》《开会手续》《宣言演说之资料》《教员条例》《精武医说》《潭腿精义》《武铎》《精武各埠住址录》《精武之回顾及今后之希望》《西文精武概要》共十四种,"悉付捆载"。[1]

精武北游旅行团将此次活动划分为津、京、汉三方,尤其在津京地区广为结交和宣传。1922年10月26日,陈公哲、罗啸敖、连炎川、翁耀衡四人作为此次行动的先导,先行到达天津车站,受到广东

---

① 《上海精武体育会内传与章程》,上海档案馆,卷宗号 Q401-10-2,SC0024。

精武体育会会员李伯贤的好友包寿饮的接待。包寿饮为江西人，"向慕精武"，与上海精武体育会会长聂云台为世交，经常往来，对上海精武体育会有深入的了解，此次精武旅行团北游，包寿饮安排罗啸敖、陈公哲四人先暂居其府中。此后数天，陈公哲等人相继拜访了驻津会员黄汉佳、唐琼相、冯伯濂，同乡麦次尹、简韵初等人，旅津公学校吴幼舫，旅津音乐会麦鉴泉、郑振鹏，及广东会馆陈泽霖等人，并为即将到来的大队人马"得借（广东）会馆为寓所"。① 他们还造访南开大学校长张百苓，并在南开大学教务长张辑五的带领下，参观了南开大学校园。另外，陈公哲、罗啸敖等人还会晤了天津汉文《泰晤士报》社长熊少豪，赠以《精武本纪》《精武外传》等书。在熊少豪的引荐下，罗啸敖等人又认识了天津报界的李我生、胡稼秋等人，并与天津报界全体人员会晤。1922 年 10 月 30 日，精武团全队抵达天津招商局码头，天津招商局总办麦次尹率领在津的广东商界、报界及广东旅津公学学生数百人，亲至码头迎接，一时码头交通断绝，极为轰动。

　　精武北游旅行团在北方宣传和推广技击术，使南北方进行了一次难得的武术交流。精武旅行团到达天津后，即受到天津籍的精武会员、广东会馆、广东旅津公学、南开大学、天津青年会等天津各界的欢迎，他们纷纷召开欢迎会，双方各派员进行武术上、体育上的节目表演，交流经验。其中，在天津青年会举行的欢迎会上，精武会会员表演了潭腿、燕形拳、柔伶拳、四六拳、猴壁拳、六和拳、黑虎拳、少林拳等，而青年会中的武士会会员则表演了八卦拳、形意拳、五行拳等。会上天津青年会体育科干事董守义还针对时人"文重武轻"的传统思想观念给予抨击，要求 1000 多名到会者仿照精武体育会，锻炼强壮健康的身体，纠正人们把精武旅行团的演出当作一种"游艺"即娱乐杂耍的错误看法。在北京精武旅行团也同样受

---

① 《上海精武体育会内传与章程》，上海档案馆，卷宗号 Q401-10-2，SC0056。

到北京报界、广东旅京音乐会、北京学界等各团体的盛情接待和邀请。陈公哲、翁耀衡等先后赴北京平民大学、怀幼学校、体育研究会等团体,进行技术交流和表演,将各自所创编的"跳舞术"展示给大家。在北京怀幼学校,总董李庆芳因"有感于国家之现象",对体育尤其中国传统武术十分重视,当精武旅行团在该校表演国操时,该校男女教职员工及男女学生也相继进行表演,"有女教员表演八卦刀,其步武敏捷,手法娴熟,不亚男员",而该校女子跳舞队表演的新式舞蹈,同精武"新武化"相似,也以中国传统音乐相拍和,二者有同工异曲之妙。①

精武旅行团通过访问的形式,加强与北方体育社团之间的学习和交流。陈铁生在《北游纪略》中曾谈到,精武北行,"以北方为技击名家出产地",此行"欲访寻名手,归任教员"。② 为此,精武旅行团在天津时,曾三访天津武士会,在北京也访问北京体育研究会,通过与两团体相互表演国技,发现北方"太极、形意、八卦三门"较为出色。通过交流,还发现南北武术各门类虽然名称不尽相同,但都有共通之处。如北京体育研究会的学员以三年为毕业期限,学员的课程表中列有主要课程"六家式",而精武体育会中则有"溜脚势",根据中国人语言习惯,当时国语"以京音为正",而精武体育会的教员多是河北北部及山东一带的人士,虽然同为北方,但语言与北京仍略有差异,在广东人听来,"六家式"与"溜脚势",其发音是相同的。另一方面,精武有"节拳",北京有"捷拳";精武有"潭腿",北方有"弹腿";精武有"插拳",北方有"茶拳"等。可惜精武旅行团此次北行,时间仓促,未能完成聘请名家担任教练的目的,甚至无暇——校对南北方拳术之间的异同,但至少认识到二者之间是有着密不可分的联系。从后人的研究中我们可以看出,有些拳术虽然在当时名称不尽相同,实则同

---

① 《上海精武体育会内传与章程》,上海档案馆,卷宗号 Q401-10-2,SC0114。
② 同上,SC0107。

属一脉。①

　　筹款是精武旅行团此次北行的目的之一,旅行团在天津通过举办游艺会的形式为中央大会堂和天津旅津公学筹集款项。精武旅行团到达天津后,受到旅津公学的热情款待,在与旅津公学的交往中,精武旅行团认为该校"办理极有精神",而其"年中经费,全恃学董捐集支持,实属不易",于是旅行团决定为其特别举行乐舞大会,以所收门券费捐助该校。而针对旅行团此次北游筹措经费之事,则另定日期召开游艺会进行筹募。② 经过商议和协调,精武旅行团决定在 11月 6 日、8 日晚上在广东会馆举行游艺会。为了扩大宣传,11 月 6日,天津汉文《泰晤士报》刊发特刊,对精武北游旅行团举办乐舞大会的原因、目的、宣言及精武体育会的摄影等进行报道,同时印发 1000余张宣传单赴会场发送。此次筹款,"公学得券款约 2000 余元,中央大会堂得券款约 400 余元"。③

　　为了宣传精武宗旨、筹备中央大会堂建筑经费,精武旅行团在北京特别举行了国操乐舞大会。在北京,经过陈公哲、罗啸敖等人商定,决定于 11 月 17、18 两日在北京召开"国操乐舞大会",在燕京大学学生郑直臣、北京农商银行行长伍少垣等人的策划下,17、18 两日

---

① 据王菊蓉的研究,"弹腿"亦称"潭腿"、"谭腿",有十路与十二路之分(一般十二路的称潭腿),盛行于山东、河北、河南等地。传习弹腿中有影响的著名拳师,上个世纪前半叶有山东济南武术传习所的杨鸿修、张学生,及杨鸿修的学生王子平等人;20 世纪 30 年代中央国术馆中的张英振、马裕甫、杨法武、张英健等均擅长弹腿。张学生的弟子于振声、马锦标等均南下传拳,其中于振声曾任教于上海精武体育会。王子平在上海创建国武社,精通弹腿,被国内外公认为擅长弹腿的名家之一。其他如山东马永贞也擅长此道。马从山东蒋文英习查拳及教门弹腿。蒋文英得自山东杨学德。自此,十路弹腿及查拳不仅在北方,也流行于江南。精武体育会对十二路潭腿的传播和推广影响最大,十二路潭腿中有代表性的拳师为河北景县赵连和,继霍元甲之后任教于上海精武体育会,教授弹腿,并整理成《潭腿》一书。当代武术界许多著名人士亦擅长这种拳艺,出自精武体育会的学员都传习十二路潭腿。参见王菊蓉:《一路一法的弹腿》,《武术拳种和拳家》,上海教育出版社,1985 年版,第 69～70 页。

② 《上海精武体育会内传与章程》,上海档案馆,卷宗号 Q401-10-2,SC0081。

③ 同上,SC0086。

上海精武旅行团借北京真光电影院为舞台,召开"国操乐舞大会",当时各报所发广告如下:

> 精武国操乐舞大会
> 准阴历 29、30 阳历 17、18 两日
> 下午二时开会
> 假座东安门大街真光电影院剧场
> 入场券一元五毫(十七日送券不收分文)
> 会场蒙真光院主捐助所得券资尽充上海中央大会堂建筑经费①

根据北京《舆论报》的报道,11 月 17 日的精武国操乐舞大会,"各界参观者极众",当时任北洋政府总统的黎元洪和国务总理王宠惠均派代表到会发表演讲,并认购次日的乐舞大会不少入场券。精武国操乐舞大会吸引了不少西方人士的参观,甚至还有一名善弹钢琴的洋人,当即登台表示愿与陈公哲小提琴进行合奏,引起观众掌声震天。在大会上,精武体育会将其所创编的女子舞"蜜蜂"、男子舞"武化"、"滑稽跳舞"、"解放运动"等集各种拳术手法编成的新武术——进行表演,得到极好的反响。大会结束,为中央大会堂筹款 600 元。

精武体育会在北方建立分会的努力因条件尚未成熟而夭折。为了实现建立国内四总会的愿望,1922 年 11 月 7 日,旅行团联合天津商学各界人士,在广东会馆召开了天津精武发起人筹备会,推选罗啸敖为筹备主席,经过讨论,全体参会人员皆赞成组立天津精武分会。在筹备会上,选出麦次尹(广东)为筹备正主任,熊少豪(广东)、包寿饮(江西)、宋则久(天津)为筹备处副主任,在场 50 余人皆列名为发

---

① 《上海精武体育会内传与章程》,上海档案馆,卷宗号 Q401-10-2,SC0098、SC0099。

起人,随后发起人又陆续增加至130余人。因11月8日,精武旅行团屡次接到汉口精武体育会电报,催促旅行团绕道汉口参加11月11日举行的纪念游艺会。出于行期考虑,上海精武旅行团未能等待天津分会建立即行离开天津赴北京情愿。上海精武团离开天津后,因多种原因,天津精武分会筹备会即无形瓦解,在北方成立精武分会的愿望未能实现。

要求立精武体操为国操是精武旅行团北游所肩负的一项特殊任务。精武体育会所创编的"中国式体操",虽然在南方的沪、粤、港各处学校中代替西方兵式体操被广泛应用,但唯一缺憾的是精武"国操"一直未能得到政府的正式承认。1922年11月,精武旅行团抵达北京后晋谒黎元洪总统,希望北京政府能够将精武体操立为"国操"。但由于北洋军阀政府根本无心提倡体育,对精武体育会国操立案之事一再搪塞,致使立案之事未能成功。尽管如此,精武体育会的国操立案之举却在北京引起社会各界的广泛关注,无疑是对精武体育的推广和宣传。

赴汉参加汉口精武体育会五周年纪念大会是精武北游旅行团的第三站,也是上海精武体育会扩大宣传和影响、促进武术交流的又一举措。按照原定计划,汉口精武体育会五周年纪念大会在11月11日举行,因精武旅行团逗留京津,延期举办。1922年11月21日,在北京陆军部(陆军部张绍曾为陈铁生的旧交好友)的护送下,精武旅行团乘京汉列车离京,至23日下午抵汉口,受到汉口精武体育会、广东公校辅德中学、致忠学校、华商商团等商学各界人士的欢迎。精武旅行团在汉口停留的12天,除赴汉口精武会五周年纪念会三天外,参加各种欢迎会或宴会共达9次之多。其中汉口报界11月26日假汉口精武体育会举办宴会之机,各报记者如王春先、王郁之、郭聘帛、黄趾端、钱介盘、王华轩等相继发表演说,对精武体育会的精神和宗旨极力称赞。28日汉口华商商团及青年会招开欢迎会,商团领袖曾务初、王伯年、林咏池等人经过与上海精武体育会磋商,也确定了日期与北游旅行团进行会操表演。汉口青年会则以精武体育会"提倡中国式体育",与青年会宗旨相同,开会欢迎,并引导精武旅行团到青年会观摩其活动内容。①

汉口精武体育会五周年纪念大会使精武事业在中国的中心地区再次得到扩展。1922 年 12 月 1 日,汉口精武体育会举行五周年纪念大会兼初、中两级毕业典礼。当天赴会者数千人,除汉口精武体育会全体职员参加外,湖北督军兼省长萧耀南也派出代表参加大会,湖北教育厅厅长宗彝亲临会场,汉口慈善会长蔡辅卿、中华大学校长陈淑澄、国民学校代表郑惠吾、民生学校校长任松如、全国商联会代表冯少山等皆参加大会。会上各代表相继发言后,由汉口毕业会员表演国操,到会所有团体及个人或徒手或器械各种操法。上海精武主任陈公哲、张文德用西方弦乐演奏粤曲《霸王别姬》、小提琴独奏粤乐《昭君怨》,汉口精武会会员及旅行团联袂表演精武中国式体操,另外有女会员表演跳舞,男会员表演滑稽舞等。经过 3 天汉口五周年纪念大会的宣传,精武体育会在武汉地区的影响进一步扩大。汉口中华大学校长陈淑澄专门设宴款待精武旅行团,提出组设武昌分会的愿望,同时他还联合文华大学校及武昌青年会,召开欢迎会,邀请中央精武旅行团放映精武电影,并遍请武昌各界及各学校师生,前往参观。不久武昌精武分会建立。

精武旅行团由汉口返回上海,顺利完成了"北游"的任务。12 月 6 日是精武旅行团返沪的日子。当天,旅行团的行李先行被运到江安轮,大队人马则分为两部分,一部分参加当晚广东同乡会,160 多人为旅行团举行的饯别会,另一部分则参加在维多利西剧场举行的游艺会。维多利游艺会是上海精武旅行团与汉口精武体育会所举办的演出活动,其目的一是为了两会之间的武术交流,二是借演出为汉口精武体育会筹备资金。待一切活动结束后,次日凌晨 2 时,汉口精

---

① 《上海精武体育会内传与章程》,上海档案馆,卷宗号 Q401-10-2,SC0127。

武体育会负责人才陪同精武旅行团抵达江安轮启程返沪。① 12 月 9
日,精武旅行团抵达上海,至此结束了北游的整个行程。整个北游共
筹款 1 千余元,虽"不及诸团员旅行费之半",但对于精武体育会以及
中国传统武术在北方的传播起到积极的推动作用。

再次,南游及南洋分会的创建,使精武体育走出国门向海外
播散。

20 世纪 20 年代初期,精武分会开始扩展到南洋各地。上海精
武会鉴于国内各派军阀你争我夺,连年混战局面,决定"先图海外之
发展"。② 广州为通达南洋的门户,自广东精武体育会成立后,经过
报纸宣传,远届海外。南洋侨商曾发函到广东精武体育会,询问成立
精武体育会情况。1919 年 12 月,罗啸敖为了广州坤维女子学校重
建的事情来到马来西亚,了解到南洋华侨有建立精武体育会的渴望,
罗啸敖回到上海后即建议派员到南洋各埠指导成立精武体育分会。
1920 年 8 月 17 日,陈公哲、罗啸敖、陈士超、叶书田、黎惠生五人组
成访问团,以"五特使"的名义访问南洋。"五特使"南洋之行共 73
天,遍布 9 个地区,作了 30 次演讲和播放精武影片,深入 10 所学校
传授武术,教授体操人数 224 人,参观学校、工厂 29 次,会见人数
400 人,赈灾卖画 2 张 10500 元,赈灾收入五万余元。此次出访南洋
推广精武事业的活动,在精武历史上被称为"南游"。在上海精武体
育会"五特使"的指导下,新加坡、马来西亚各地精武体育会相继成
立。1922 年,越南西贡与印尼的爪哇、泗水、雅加达等地精武会亦分
别成立。③

南洋首先成立分会的是新加坡。1920 年 8 月底,精武"五特使"
到达新加坡,住在华侨黄兆珪、黄兆源家中,连日受到当地华侨领袖

① 《上海精武体育会内传与章程》,上海档案馆,卷宗号 Q401-10-2,SC0131、SC0132、SC0135。

② 《精武杂志》,上海档案馆,卷宗号 Q401-10-29,101。

③ 卢丽娟:《上海精武体育总会会史》(1910 年 10 月—1996 年 12 月),第 28 页。

设宴欢迎。随即,黄兆珪等人邀集新加坡的绅商伍瑄、林文庆、林义顺等共 9 人发起组织精武会,并在 9 月 7、8 两日假华英戏院开欢迎会,欢迎会上陈公哲演讲"精武会之组织与强健国民之要义",并放映精武影片,使新加坡华侨大受激励。此后,伍瑄、林文庆、林义顺等九位绅商具名发起成立精武体育会,并向当局申请注册。南洋第一个精武体育分会出现。① 在新加坡,陈公哲等五人还受到青年道德会、养正学校、华侨女学等团体的热烈欢迎,并由陈公哲、陈士超亲自教授这些团体选派出的人员潭腿十二路,新加坡华侨学校有武术训练课程由此开始。

"五特使"南游吉隆坡,为吉隆坡地方精武体育会的建立奠定了基础。1920 年 9 月 10 日,"五特使"由新加坡抵达吉隆坡,当时马来西亚报纸还不是很发达,社会消息以新加坡报纸的报道为主。陈公哲等人抵达新加坡的一切活动早已悉数登载在新加坡各大小报纸中,新加坡报界对上海精武体育会的宣传引起了吉隆坡各界人士的注意。"五特使"到达吉隆坡后,以社交仪式,先后拜会文苑公馆(南洋称俱乐部为公馆)、青年益赛会、尊孔学校等,并受到当地的社团、华侨领袖的欢迎。借此机会,"五特使"大力宣传精武体育会的宗旨,播放所带的精武影片,使地方人士对精武体育会有了更进一步的了解。在当地侨绅梁顺玲、辛百卉、张郁才、叶隆兴等人的共同发起下,地方华侨借吉隆坡苏丹街同庆戏院召开欢迎上海精武体育会"五特使"的大会,会后联名发起组织雪兰莪精武体育会,"定期开会,通过章程",并"由朱嘉炳负责向政府申请注册"。②

吉隆坡地方精武体育会的筹建是在各种阻力下进行的。在近代,旅外华侨并非人人留心时事,其原因,一是自义和团运动之后,民众受殃,"'拳'之一字,已受忌讳,人多畏之,恐累身家也",另一方面,

---

① 陈公哲:《精武会五十年》,春风文艺出版社,2001 年版,第 50 页。
② 同上,第 53 页。

"当马来亚开埠之初,华侨常受侵袭",为了自保,"由洪门之分化,流为帮会之结社",但"帮会与帮会时有龃龉,竟至打斗,自相残杀",为了杜绝流血事件发生,吉隆坡治安当局,"凡涉及拳械之事,向多顾忌"。① 鉴于上述原因,吉隆坡各界人士对于精武事业大多抱有怀疑的态度,而对于在吉隆坡成立精武分会之事,安分的商人更是"不甚热心",更甚者,对于发起人朱嘉炳的精武注册申请,当地英政府也未予立即批准,因此"人方栗栗危惧,未敢接近精武人物"。② 尽管有重重阻力,一些有志组织精武会的华侨,如发起人梁顺玲等,毅然将其寓所附近的空地,捐献出来作为教授国操的场所,为吉隆坡地方精武分会的建立做出不懈的努力。

除吉隆坡精武体育会积极申请地方政府立案注册外,吉隆坡女界也积极筹办精武女会。在吉隆坡,每有聚会,女会员陈士超一如男儿般登场表演武术,陈士超健美的体魄,敏捷的身手,"胜于未练武术之斯文男子",陈士超的行动使该地"女界大受感动",于是该埠"名闺淑媛"在吉隆坡华商总会发起召开女子欢迎会。③ 会上陈士超论述了女子练习体育对于女子生理的影响,以及男女平等的意义等问题,使在座的女士对国内妇女体育运动的开展及男女平等思想有了进一步的了解,她们纷纷要求即日成立吉隆坡女子精武体育会筹备委员会。经过会议讨论,大会诸人即席推举谭振权、吴雪华、李巧眉、邓瑞琴、尹志伊等人为筹备员,进行吉隆坡女会的筹备工作。④

"五特使"推广精武事业的努力,使精武分会逐步遍及南洋。继吉隆坡之后,"五特使"先后到达马来西亚的槟榔屿、印度尼西亚的雅加达、爪哇的泗水等地,每到一处不仅作演讲,介绍精武会的宗旨及发展,进行武术表演、放映精武电影,还通过访问、联络等方式与当地

① 陈公哲:《精武会五十年》,春风文艺出版社,2001年版,第52页。
② 《精武月刊》,上海档案馆,卷宗号 Q401-10-37,SC0043。
③ 陈公哲:《精武会五十年》,春风文艺出版社,2001年版,第55页。
④ 同上。

华侨领袖、商学两界有影响的代表人物座谈，并深入学校及社会各团体传授精武武术。1920年，中国国内天灾人祸，河南、山东、直隶（现河北）、山西等省发生严重旱灾，而浙江、福建、湖南、广东等省则发生水灾，新加坡侨胞为此特组织赈灾筹款会，并邀请精武"五特使"参加。为了进一步扩大影响，"五特使"应新加坡绅商之约，参加当地侨胞组织的赈灾筹款活动。在赈灾募款会上，陈公哲等人发表演说，表演精武武术，放映精武影片。上海精武体育会的这些工作，赢得了南洋各地侨商的赞许。1921年，张郁才、辛伯卉、黄处达、何锦棠等人组织成立吉隆坡精武分会，1922年3月由朱戟门等组织成立南洋芙蓉精武分会，梁德权等组织成立槟城精武分会，①随后越南西贡、印尼爪哇、泗水、雅加达等地男女精武分会亦相继成立，②欧洲的荷兰、意大利等国和美国也有精武体育会会员的活动。到1929年底，精武体育会会员已达到40余万众，建立海外分会10多个。精武主义通过华侨华人的传播，开辟了东方体育文化向西方有组织有计划的传播，精武体育会成为东方体育文化向西方传播的领袖与旗帜。③

总之，在近代一二十年间，上海精武体育会内联外扩，建立了40多个分会组织，有力促进了体育的社会化进程。随着临近上海的南浔、绍兴精武体育会分会牌子的挂起，上海精武分会组织正式建立，之后汉口和广州精武体育会，在上海精武体育总会的指导下相继出现，并迅速成长为区域性总会。中央精武的创建更是使各地精武有了一个统一指导和管理的全国性机构，同时，精武体育组织也开始向中国广大农村蔓延。为了实现在国内成立"四总会"的设想，精武体育会在20世纪20年代初组织"北游旅行团"，前往天津、北京地区宣传和扩展精武分会组织，并作出"国操"立案的尝试。尽管在北方建

---

① 《中央杂志》，上海档案馆，卷宗号Q401-10-33，SC0004。
② 《精武杂志》，上海档案馆，卷宗号Q401-10-29，102。
③ 易剑东：《精武主义和奥林匹克主义的比较研究——19世纪末至二战前的东、西方体育文化》，《成都体育学院学报》，1997年第4期，第5页。

立分会以及通过北京政府确定精武体操为国操的计划皆未能实现，但上海精武体育会所组织的"北游"活动却将其所倡导的体育思想和活动宣传至北中国。20 世纪 20 年代初期南洋各地精武分会的创建，使精武体育走出国门开始向海外散播，新加坡、马来西亚、印度尼西亚、越南等地男女精武分会的出现，使带有浓郁中国色彩的体育文化在国外开始生根发芽。

第二节　推动女子体育社会化

　　上海精武体育会推动了近代女子体育运动的开展。上海精武体育会积极倡导妇女解放，打破传统思想的禁锢，鼓励女子参加体育运动。为此，精武体育会结合西方科学知识对武术进行深入研究，论证女子习练武术的可行性和必要性，同时积极派出教练深入上海各女子学校和社会团体，教授武术体操，推广体育运动。上海精武体育会还接收女子加入精武会为会员，并帮助女会员成立精武女子体育会，为上海妇女体育运动的开展提供了一个较好的组织支撑。精武女会员不仅在中国传统武术的继承和发展上巾帼不让须眉，而且还积极参加到现代体育赛事中，为中国竞技体育的发展做出了应有的贡献。此后凡有精武分会建立，该地热爱体育运动的妇女们就会仿照上海精武女会的模式，要求创建女子精武体育会。至抗战爆发，国内外建立的精武女子体育会达十几所，大大推动了近代女子体育运动的开展。我们可以从以下几个方面了解精武体育会在女子体育发展方面所做贡献。

　　首先，通过武术研究倡导女子参加体育锻炼。

　　近代社会对中国传统武术的需要，推动了精武体育会对武术的发展和研究。自精武体育会成立后，会务日渐发达，随着社会上提倡"国术"的呼声日益高涨，加之政府对体育尤其是中国传统武术大力提倡，不仅上海各社会团体纷纷邀请精武会派员教授武术和体操，社会各界邀请精武会员表演武术的情况也日益增加。从 1925 年《精武

上海精武体育会体育现代化研究

月刊》公布的精武体育会"会务报告"中,我们可以知道,近代精武会"国操科"的武术活动十分频繁,"(国操科)本会自征求结束后会员骤增,计每日男女会员练拳者二百余人。3月8日全体国操教员到'友声旅行团'表演国技;27日应浦东同人会之请,到宁波同乡会表演国技;28日国操科长卢炜昌君在政治大学演讲,并有会员表演国技;30日上宝两县闸北保卫团函请本会派员教授国技"。① 精武武术以"国粹"的身份受到社会青睐。

1927年7月上海特别市政府成立后,精武体育会更加得到社会各界的关注,邀约不断。1927年之前,上海的行政权一直不统一,租界与华界互不统属,华界区域军阀势力互争地盘。上海华界行政的统一,直到国民党上海市政府成立后才实现。南京国民政府建立后,因上海是江浙的中心,又是南京的门户,国民政府主要的财政税收也依靠上海,国民政府决定设上海为特别市,直接隶属中央政府。7月7日,上海特别市政府成立,上海成为国民政府进行现代化建设的实验区,全国的模范城市。② 体育作为现代化大都市发展的重要组成部分,上海历届市长都十分重视体育的发展,尤其加强了对民众体育的提倡。上海精武体育会以提倡中国传统体育,推广西方现代体育得到社会的关注,社会各团体的邀约持续不断。1936年《精武丛刊》"会务纪略"中记载:"本会国操班及粤乐班应泰和兴银公司举行一周纪念之约,于1月11日下午在新亚大礼堂表演,来宾五六百人。"③"22日,国术班赴正谊社表演,系应中华国货销产合作会欢联会之约,是日坐无空地,观者眉飞色舞,咸认国货国术有同等重要,非积极提倡不可云。"④武术作为中国本土体育内容被越来越多的人所

① 《精武月刊》,上海档案馆,卷宗号Q401-10-37,SC0160、SC0161。
② 熊月之、周武主编:《上海:一座现代化都市的编年史》,上海书店出版社,2007年版,第243—244页。
③ 《精武丛报》,上海档案馆,卷宗号Q401-10-41,008。
④ 同上,009。

接受。

　　为了适应社会对武术的需求,精武体育会结合当时世界上先进的科学知识对中国传统武术进行研究,并在此基础上论证女子练习武术的可行性和必要性。卢炜昌作为精武体育会主要负责人之一,有着深厚的武学造诣,他通过多种途径阐释对武术的理解。他在《精武本纪》中发表《我的武术见解》一文,驳斥了拳术"只配粗人学"、"习拳者必好动而喜闹事,致为德性之玷"、"老年及稚年人均不宜练拳,否则必受其害"、拳术"不适合各界人士"等谬论,提出拳术"非心思极缜密者不能学",拳术可划除"浮躁之积习",养成"沉毅之美德"的观点。他从老年人和青年人生理发育的角度论证,老年及未成年人练拳"尤为重要",纠正了时人对于武术的诸多误解。① 卢炜昌还在各类期刊上公开发表探讨武术的文章,如《我之拳术意见百则》连续登载在《精武杂志》上,受到武术爱好者欢迎。② 精武会教员黄维庆立足生理学原理,对国技与外国体操的异同进行比较,认为中国传统武术相对于西方体操来说,既可作单人运动,亦可作群体运动,既能随时随地进行运动,又不分男女老少皆可习练,因此称得上是一种"良好的运动",是实现"体育救国""体育强国"的重要工具。③ 通过对武术的研究,精武体育会在一定程度上廓清了人们对习武的一些偏见,促进了中国传统技击术的发展。

　　根据会员的不同爱好,精武体育会组织各种武术研究团体,进行武术理论及技艺方面的探讨。上海精武体育会成立不久,精武会技击部内,就有会员根据不同的目标自由结合在一起,组成以习练武术为主的小团体,诸如"励志团""惜阴团""健儿团""模范团""安步团""毅勇团"等。④ 这些小团体一方面相约习练武术,另一方面通过相

---

① 《精武本纪》,上海档案馆,卷宗号 Q401-10-48,SC0166。

② 《精武杂志》,上海档案馆,卷宗号 Q401-10-29,025。

③ 同上,091。

④ 《精武本纪》,上海档案馆,卷宗号 Q401-10-48,SC0031、SC0032。

互观摩,增进对武术的研究。随着练习武术的会员人数日益增多,精武体育会国术科认为有必要组织小团体,对武术进行分门别类的研究,并发布信息"有志加入者,无论男女已习未习者,均可报名"。①20 年代中期成立的"义勇团"就是精武会内专门研究武术的团体。之后,精武体育会又相继成立有鹰爪拳星期研究社、西洋拳术研究班等武术研究团体。前者以练习和研究鹰爪拳为主,②后者则以研究西方"武术"为主,是对中西方武术的异同进行深入探讨的一个内部小团体。精武体育会通过组织武术研究社团,大大激励了学员练习和研究中国传统技击术的兴趣。

其次,宣传男女平等思想,推动上海女子体育的开展。

上海精武体育会宣传男女平等思想,积极倡导妇女参加体育锻炼。新文化运动主张"妇女解放""男女平等",有力的冲击了束缚妇女参加体育运动的旧思想、旧势力,女子开始突破原有的禁锢,参加到体育运动中。首先是上海、北京、广州等大城市中,开始有女子学校的学生参加体育活动,之后随着"女禁"的开放和体育课程的改革,妇女体育才得到较为广泛的传播。精武体育会领导者大都受过高等教育,有着强烈的时代责任感,他们对妇女解放,争取男女平等尤其重视,认为"生当乱世,弱女子尤应锻炼国术"。③ 陈铁生在不同场合都曾表达过男女平等、女子应自立的思想。在其《解放运动说明》一文中,陈铁生还鼓励女性自我解放,他认为男子不该束缚女子,女子也不该依赖男子,主张通过提高女性知识水平和提高女性身体素质两种途径,教会女性们"成功地做一位自立之人",最终实现女子自我解放、自立、自强的目的。④ 精武女会员黄畹香在《女子与技击之关系》一文中,呼吁女子通过主动练习技击术、"精研技击",改善体质,

---

① 《精武丛报》,上海档案馆,卷宗号 Q401-10-40,002。

② 同上,003。

③ 《精武本纪》,上海档案馆,卷宗号 Q401-10-48,SC0171。

④ 《上海精武体育会内传与章程》,上海档案馆,卷宗号 Q401-10-2,SC0041。

实现"强种""强国"的愿望。①

　　自成立初期开始,几乎遍历整个民国时期,精武体育会委派教员到社会各团体及学校任武术及其他体育项目义务教授,这一举措成为它服务社会的一个重要组成部分。当时上海很多学校及团体,如南洋公学、南市商团、水产学校、甲种商业学校、中国体操学校、惜阴公会中学校、工界青年励志会等,"均聘精武会员授艺",精武会的各派拳师也纷纷走出精武大门,深入到社会各界教授武术。② 任职于岭南中学的黄维庆记载了他自民国元年(1912)始相继与陈公哲、赵连城、姚蟾伯等人共同担任技击教练的经历。工界青年励志会是上海商务印书馆工人于 1913 年 4 月发起成立的职工组织,会员最初仅 60 余人,后发展到 430 余人,该组织虽然设有体育部,但因缺乏武术人才,成立当年便聘上海精武体育会的黎惠生担任技击义务教授,而精武会武术教员郁鼎铭则任其长江派拳术教授。精武会主要负责人陈铁生曾任教于松江江苏省立第三中学,在他之前一直由张富猷在该校任教习多年,致使该中学成为当时有技击这一学科之"得风气先者"。1919 年,应圣约翰大学邀请,霍元甲之子霍东阁任该校武术教员,并成立技击团,成绩显著。近代民族危机的不断加深,使武术健身强国的意识一直为社会所关注和接受。当时无论是大学、中学、小学、工厂还是团体,皆以聘请武术教师、训练强毅国民为己任,而精武体育会以其新式的教学模式,先进的教育理念赢得了众多团体和学校的青睐,仅 1919 年前后,"以上海一隅言之,各学堂、各学会、各团体由本会担任教授者,已不下 20 余处。此外各外埠函请派员,复纷至沓来",以致其负责人陈公哲发出"求过于供,势难应命"的感慨。③

----

① 《精武本纪》,上海档案馆,卷宗号 Q401-10-48,SC0276。
② 同上,SC0032。
③ 同上,SC0248、SC0093、SC0091、SC0281、SC0280。

表 4-1　1919 年上海精武体育会派往各团体担任技击教练名单

团体名称	教练	团体名称	教练	团体名称	教练
汉口精武体育会	李建民	上海震亚中学	邱亮	上海广肇女学	简伟卿
广东精武体育会	杨琛伦 叶凤歧 李占风	上海培本小学	黎惠生 王松龄	上海晏摩氏女学	陈士超 简玉鹏
广东省商团	赵连城	上海青年会	卢炜昌 翁耀衡 黄汉佳	女子模范团	陈公哲 卢炜昌
香港弼志书室	李振江	上海商务印书馆工界青年励志会	黎惠生	靖港技击团	赵观永
上海广东小学	郑灼辰 霍东阁	上海郇光学校	承金培	上海圣约翰大学	霍东阁
上海中华工业专门学校（原名中华铁路学校）	赵连和	上海浴德学校	冯兰皋	上海中国公学	刘致祥 罗克己
松江第三中学	张富猷	上海爱国女学	宁竹亭 卢炜昌	上海启贤学校	郑福良
上海培德两等学校	卢炜昌 霍东阁	上海中国女子体操学校	卢炜昌	上海第十三队童子军	程子英
上海澄衷中学	赵连和	上海崇德女校	陈士超	上海民生学校	程子英
上海复旦大学	赵连和	上海青年俱乐部	刘日暄 金刚耀	上海中华义务小学	健儿团分任
上海岭南中学	姚蟾伯 陈善 黄维庆	上海东亚体育学校	姚蟾伯 叶书田		

资料来源：《精武本纪》，上海档案馆，Q401-10-48，SC0204。

表4－2　1924年精武体育会派往各团体教授表

团体名称	授课时间	教授者
复旦大学	每星期一三五下午三时至五时	赵连和
中国女体师	每星期二四上午十时至十一时	赵连和
两江女体师	每星期五上午九时至十一时	赵连和
东南女体师	每星期四下午二时至四时	赵连和
大夏大学	每星期二四六下午七时至九时	赵连和
上宝两县保卫团	每星期二上午六时至七时 每星期四下午五时至六时	赵连和、王凤岗、李世森
政治大学	每星期二三四五下午五时至六时	陈子正
广肇女学	每星期二三四五下午三时三十分至四时五十分	沈默毅
广肇夜学	每星期下午六时至八时	黎湛泉、何杰卿
中山学院	每星期二六下午四时至五时半	陈子正
广东公学	每星期二四六上午九时半至十时半	林伯炎、郑灼辰
青年会	每星期二四六下午五时半至七时	余树仁、翁耀衡
新胜精武	每月十天由初一起至初十	林伯炎
关福和堂	每日下午五时半至六时半	薛巩初
王云衢公馆	每星期一三五下午四时至五时	黄维庆
胡云秋公馆	每日下午四时半至五时半	蒋忠
吴瑞元公馆	每星期二四六上午七时半至九时	葛荣先
董璇生、董栽生公馆	每星期一三五上午七时至八时	葛荣先

资料来源:《精武月刊》,上海档案馆,Q401-10-37,SC0162。

为了推动女子体育运动的开展,精武会把接受妇女解放思潮之先的女子学校列为重要辅导目标。当各团体纷纷要求精武体育会派教员担任体育教师时,精武体育会就把女子学校列为首要辅导对象,从女学生入手逐步扩大女子习武范围。陶志超曾是崇德女校教师,后加入精武为会员,在她的《崇德女校体育科记》中,我们了解到,在崇德女校创办的十余年中,各科具备,惟独缺乏体育这一科目。1919年春,该校打算增设体育课程,同学们纷纷推举陶志超担任体育科主任,但陶志超建议学校另请当时担任精武女子模范团主任的陈士超,出任技击教授,并由毕业于爱国女校体育专科的简玉鹏担任其它各类体育运动项目的教授。崇德女校采纳了陶志超的意见,仅仅一学期,崇德女校的体育成绩得到大大改观,得到校方和社会的好评。① 广肇公所设有女子学校,由精武女会员陈士超担任校长,女会员蔡志楠任教务主任,教员则为精武女会员陈美秀、李志羲、冯琼珊等。她们在校内设立女子武术班,训练女生。② 上海爱国女学设有体操专科,聘请精武体育会的卢炜昌与宁竹亭担任技击教练,1916、1917年,爱国女学在江苏全省中校(学)联合运动会女子学校的比赛中皆列榜首,以致在1918年的联合运动会上,主办方以爱国女校列为模范学校为由,规定其不得参与诸女校之间的较量。③

再次,成立精武女子体育会,推动女子体育发展。上海精武体育会成立后,倚重女会员,在精武会内部掀起男女平等、女子习练体育的运动。陈士超是陈公哲的妹妹,受哥哥的影响,陈士超思想开放,成为最先加入精武会学习精武武术的女士之一。在陈士超看来,男女天生就是平等的,所谓"天之生人也,头同是圆,趾同是方,无稍判别",女子在后天的行动中处处受制的原因,则是因为女子自甘承认自己的体质柔弱,又不进行体育锻炼、不求自立的缘故。④ 为了提高女子地位,改善女子体质,推动妇女界体育运动的开展,1917年陈士超联合当时沪上较为开放的女性张湘纹、黄畹香、周素君、张香素、卢雪英(即陈士超的六嫂、陈公哲的妻子)诸女士,仿照上海精武体育会创办了上海精武女子模范团。在《精武女子模范团纪略》中陈士超明

① 《精武本纪》,上海档案馆,卷宗号 Q401-10-48,SC0097。
② 陈公哲:《精武会五十年》,春风文艺出版社,2001年版,第42页。
③ 《精武本纪》,上海档案馆,卷宗号 Q401-10-48,SC0094。
④ 同上,SC0075。

确指出:"精武女子模范团之设,欲提倡女界体育也"。[1] 精武女子模范团的建立提高了精武女会员们参加体育锻炼的积极性。

在上海精武女子体育会成立之前,精武女子模范团成为精武会内女性参加体育锻炼的组织保障。上海精武女子模范团成立后,聘请陈公哲出任模范团武术教练,在陈公哲的精心指导下,女团员们习武仅半年时间,体力明显得到改善。如陈士超自幼瘦弱多病,"常患心悸",虽"遍延泰西名手","亦复徒然",习武仅 6 个多月后,原有的病症逐渐消失。女团员黄畹香,"瘁于求学,体质最弱,不敢以风",经过习武锻炼,虽"严寒且御夹衣",前后判若两人。[2] 看到女子习武之后体质明显改善,加入精武女子模范团的人"踵趾相接",人数大增。[3] 为严格纪律,1918 年 6 月,精武女子模范团召开全体会议,"议定约章及选举职员,严定赏罚",在纪律的约束下,团员踊跃练习,风雨不间,身体素质大大提高,甚至"不让彼自命昂藏七尺之男儿"。[4] 上海一时间"幼女亦谈技击"。[5]

上精武女子体育会是在精武女子模范团基础上成立的以女性为主导的精武分会组织。为了体现男女平等,陈士超等人决定将精武女子模范团改造成具有一定独立性的精武分会组织。经过筹划和准备,1920 年 5 月 1 日,上海精武女子体育会正式成立,由于上海精武女子体育会并未脱离上海总会另外设立分会机构,因此常被称为上海精武体育会女子部,女子部第一任主持是陈士超,之后历任主持为蔡志楠、陈丽璇、吴秀婉等人。精武女会以"体育为纲,智育为用,道德为根",规定只有女子才能加入本会,使得众多女子被团结在组织的周围,并在会务活动中得以大显身手。担任女子部主任的陈士超,

---

① 《精武本纪》,上海档案馆,卷宗号 Q401-10-48,SC0075。
② 《上海精武体育会内传与章程》,上海档案馆,卷宗号 Q401-10-2,SC0036。
③ 同上。
④ 《精武本纪》,上海档案馆,卷宗号 Q401-10-48,SC0075。
⑤ 《上海精武体育会内传与章程》,上海档案馆,卷宗号 Q401-10-2,SC0036。

不仅具有卓越的组织能力,而且武艺出众,她所主持下的精武女子模范团及精武女会,促进了上海女界体育的发展。精武女会员李志义,曾在上海崇德女中学习武术,后来经过努力获得精武体育会高级毕业证书和师资班毕业证书,留精武会担任武术教练,成为精武女会的中坚力量。1921 年李志义被选派到吉隆坡,在雪兰莪女子精武会服务,之后又前往槟城精武会服务,一生奉献给精武体育事业,被时人尊称为"精武圣女"。

上海精武女会推动了会内女子体育运动的开展。上海精武女子体育会成立后,处处以独立的分会组织自居,寻求与男会的平等权利。为了与男部竞争,体现女会的独立性,精武女子部仿照男会每年召开征求会员大会,发表征求宣言,倡导妇女参加体育锻炼,鼓吹女子解放,吸引了不少开明女士的向往。[1] 上海精武女子体育会还仿照总会成立"精勤""模范""励志"等小团体,相约学习、习武,这些小团体还联合在一起,组成一个大团体,与精武男会员组成的团体竞争。从《中央精武》所记载"上海精武女会消息"中可知,1922 年上海精武女会举行毕业典礼时,初级毕业者多为精武女会中的"精勤团"团员,而当年中级毕业者均属"模范团"团员。[2] 另外,上海精武女子部还配合精武体育会创编"跳舞术",专门编制适合女子练习的舞蹈,如女子"凤舞",作为学校教育中使用的舞蹈,编制男女合演的对手剑舞,如"虬龙舞",作为社会交际舞。另外,它们还习练"武化舞""蝶舞""蜜蜂舞"等内容为精武会所举办的各种宣讲会服务等。[3]

为了推动女子体育运动的发展,精武女子体育会鼓励会员积极参加现代运动会。受封建思想的禁锢,中国女性很少参加体育比赛,直到 1921 年在上海举行的第 5 届远东运动会上,才开始有中国女子

---

[1]《上海精武体育会征求特刊》,上海档案馆,卷宗号 Q401-10-27,002。

[2]《中央杂志》,上海档案馆,卷宗号 Q401-10-33,SC0003。

[3]《上海精武体育会内传与章程》,上海档案馆,卷宗号 Q401-10-2,SC0029。

团体游艺表演;1923年,在第10届华北运动会上,开始有女子田径和篮球竞赛项目等。在旧中国举办的全国运动会中,前两届均无女子参赛。1924年第3届全国运动会在武汉召开,为"谋女界体育起见",全运会筹备委员会发函邀请全国女界积极参与运动会,上海精武体育会女子部麦樾鑫、邓越澜、高素廉、刘英、卢铠廉五位女士在精武女会的推动下踊跃参与其中,为近代女子体育运动的发展贡献了自己的力量。①

除发展上海精武女会外,上海精武体育会还积极推动各地女会的发展。为了推动女子体育的发展,上海精武体育会一方面积极提携和指导上海精武女子体育会的成立,另一方面也鼓励国内外精武女会的创办。在上海精武会的推动和影响下,各地精武分会纷纷建立女会,几乎是精武体育会组织发展至哪里,哪里就有女子分会要求建立。至1937年,上海精武女会、汉口精武女会、广东精武女会、广东精武女会分会、香港精武女会、九龙精武女会、澳门精武女会、星架坡(新加坡)精武女会、吉隆坡精武女会、雪兰莪精武女会、庇能精武女会、佛山精武女会、江西精武女会、汉口精武女会等各地精武女子体育会十几所已相继成立。各地精武女子体育会的创建对于改善当地妇女体质、推动女子解放起到了积极的作用。

各地精武女会的成立,一定程度上促成了近代女子人才的流动。根据精武总会的要求,各地精武体育会的技击部主任及教员皆由总会派员兼任,精武女会也不例外,这样就为各地精武人才的流动提供了便利。应汉口精武会之请,1923年朱重三女士由中央精武委为汉口女会技击主任。临行时,中华女子公学、绍兴旅沪公学等校召开欢送会,到会者三百余人,会上朱重三在致答谢词时强调其赴汉服务精武女会,主要任务在于提倡武术,考察教育,并说明练习武术的目的

① 廖建林:《社会变迁与近代体育的发展——对旧中国第三届全国运动会的历史考察》,《求索》,2004年第4期,第235页。

在于涵养德性、启发智识,将精武体育会的"三育"思想用于实践中,欢送会演变成一场学术交流会议。① 同年,江西精武女子体育会因会务发展,也致函中央精武,要求选派江西精武女子部的熊恬女士为女子部的助教员,熊恬曾留学日本,当时正担任江西女中的体育教师,利用暑假期间不远千里来到上海精武体育会练习"跳舞术",中央精武领导人鉴于其成绩优秀,于是委任她为江西精武女子部助教员。② 中央精武还委派李佩贤担任佛山精武女子体育会的会务,1924 年 11 月李佩贤因事来申,受到上海精武体育会的欢迎,并召开专门会议,就两地精武状况进行交流。③

除上述内容外,精武体育会还创办精武体育师范学校、干事养成班、国技速成科等,招收女学员参加培训,为社会培养了大批体育人才。1923 年春,中央精武在上海创办了精武体育师范学校,任命卢炜昌为校长。根据规定,精武师范学校学制 2 年,以中等学校毕业或具有同等学力,年龄 18—25 周岁的男女学生,且身体健壮、品行优良者为招生对象。学校开办不久,因经费不足而停办。根据《中央杂志》记载,精武体育师范学校于 1923 年 7 月 8 日在北四川路精武第一分会举行了休业典礼。精武体育师范学校虽然仅开办一个学期,但在这半年内,入学的男女学生们却初步学习了人体解剖学及绘制人体解剖图,采集大量人体骨骼模型,为学员了解人体结构与运动之间的关系打下了良好的基础。④

总之,上海精武体育会在推动女子体育的社会化进程中,近代妇女解放运动为其提供了发展的契机,而女子体育的发展又反过来推动了近代妇女运动的开展。在近代妇女解放运动大潮中,上海精武体育会将中国传统武术置于西方科学知识基础之上进行研究,通过研究,

---

① 《精武杂志》,上海档案馆,卷宗号 Q401-10-29,102。
② 同上,071。
③ 同上,102。
④ 《中央杂志》,上海档案馆,卷宗号 Q401-10-34,SC0051、SC0052。

论证了武术适用于包括男女老幼在内的社会各阶层,尤其对女性身体素质的提高具有重要的作用。在上海精武体育会内部,会员根据不同的兴趣和爱好还组成不同的体育社团,这些团体不分男女皆可加入,成员既相约习武观摩,又进行不同项目的研究和交流,激励了会员研习中国传统武术的兴趣。上海精武体育会宣传男女平等,委派男女教员深入沪上各社会团体、女子学校担任体育教师,积极鼓励女性参加体育锻炼,大大扩展了女子参加体育锻炼的范围。在近代社会风气未开的情况下,上海精武体育会是最早成立女子体育团体的组织之一,精武女会的成立为女子参加体育锻炼提供了组织保障。此后在上海精武女子体育会的影响下,国内外各地精武女会纷纷创建成立,大大促进了近代女子体育运动的发展,也推动妇女解放运动的开展。上海精武体育在近代女子体育的社会化进程中占有重要一席。

第三节　扩大精武体育宣传范围

上海精武体育会通过建立与社会各界的友好关系,扩大精武体育的社会影响范围。上海精武体育会十分重视与各界的联络,政界、商界、新闻传媒、社会各团体等都有精武会千丝万缕的联系网络,可以说精武体育会会员涵盖的范围,无不为精武体育会所结交。精武体育会应时代需要而产生,并随时代变迁而发展,但无论其如何扩展与变革,都无法摆脱时代带给它的局限和约束。一方面,它作为民间组织在政治夹缝中求生存,虽标榜不涉政治,终归无法摆脱政治的左右,为此不得不与政界人物上下联通,甚至一度要求国立精武,以求生存。另一方面,作为纯粹的民间体育社团,经费得不到政府资助,为了经营和发展,不得不倚重自身实业的发展和商界人物的支持。在经济拮据中奋力挣扎,成为那个时代民间社团的宿命。近代报纸是人们了解外界的新式和普遍的工具,上海自晚清始就已成为中国新闻出版业最发达的地方。精武体育会深知宣传的重要性,从建立之初就积极建立与报界的关系，通过报纸宣传，精武体育活动和思想远播海内外。精武体育会通过与各界的交往，拓宽了自己的生存空间，扩大了精武体育的影响范围，进而推动了体育社会化进程。

首先，上海精武体育会与政界保持一定的联系。

上海精武体育会在政治夹缝中求生存，通过与政界各色人物的交往，扩大精武体育的影响范围。近代的中国，外强环伺，国内政局不稳。上海精武体育会成立之时，正是中国革命风雨欲来，清末立宪骗局愈演愈烈之时。随着立宪骗局被揭穿，陈其美等革命党人联合上海地方绅商响应武昌革命，发动上海起义，成立沪军都督府，实行共和。1912 年 1 月 1 日，中华民国临时政府成立，但好景不长，民主革命的成果很快为袁世凯所窃取，上海再次落入北洋军阀的手里，战争再起。此后上海成为各派军阀争权夺利、连年混战的场所，这种状况一直延续到蒋介石国民政府统治上海。国民政府在上海建立国际大都市的计划尚未实现，中日之间的交锋再起。加之，近代上海又处在公共租界、法租界、华界一市三治的特殊政治环境中，三方势力交织于一地。在此形势下，上海精武体育会不得不利用各种关系，努力与政界人物交结，以实现政治夹缝中的生存和发展。

精武体育会的创建与政界有着不可分割的联系。中国精武体操会（精武体育会的前身）是在清末民初军国民思潮影响下，以陈其美为首的爱国人士为培训反清革命志士而设置的具有学校性质的军事训练机构。虽然随霍元甲的去世，陈其美的军事训练计划未能如愿进行，但早期精武体育会的生存和发展仍然得到了陈其美等人的暗中支持和保护。1912 年，上海精武体育会会员在绍兴挂起精武分会的牌子，进行武术教授活动。当时刚刚取得绍兴政权的革命党人王金发并不清楚精武会的来历，下令取缔之，"幸前沪督陈英士函电纷驰，始保无恙"。[①] 广东精武体育会得到地方军政各界的大力支持，

---

① 《精武本纪》，上海档案馆，卷宗号 Q401-10-48，SC0248。

杨达三、陈廉伯、李烈钧等人在广东精武分会的成立和早期发展上出力不少。①

　　精武体育会十分注意经营与政界的关系。上海精武体育会利用早期革命网络所带来的社会资源,借每年举办毕业典礼及运动会之机,常常邀请孙中山、汪精卫、吴稚晖等政界闻人到会发表演说,借以联络感情等。孙中山与陈其美关系非同一般,对于由陈其美等人发起成立的上海精武体育会十分重视,不仅多次出席精武体育会举办的各类庆典活动,屡次在精武技击运动会上发表演说,而且在精武体育会成立十周年纪念之际,应邀为精武会亲笔题词"尚武精神"四个大字,并为《精武本纪》作序。20世纪二三十年代,邀请政界人物出席运动会、各种游艺会及征求会员开幕典礼等活动是很常见的事。1936年2月16日,在精武会所举行的第17届征求开幕典礼上,上海精武体育会曾邀请当时上海市长吴铁城(李大超代)、当时任国民政府行政院秘书长的褚民谊等参加,二人相继代表上海官方致辞和发言。② 邀请政界人物出席各种活动,既是精武会扩大自身影响的手段,也是联络与政界感情的较好方式之一,通过领导人物发言,一方面借以宣传体育,号召更多人参加到运动中来,另一方面也扩大了自己的影响,寻求到一种政治保护。

　　精武会通过私人与政界人物的关系,扩大自己的社会影响力。陈公哲曾回忆他与孙中山的一段交往:1911年12月,辛亥革命胜利后,孙中山由香港回到上海,为了庆祝胜利,"上海香山同乡会同仁首开欢迎会于老靶子路宸红园",陈公哲之父陈升堂是上海粤瑞祥五金号老板,作为孙中山的同乡也参加了此次欢迎会,陈公哲由于随其父同往,因此"获识总理"。③ 精武体操会改组为体育会后,尤其是主要

① 《精武本纪》,上海档案馆,卷宗号 Q401-10-48,SC0245。
② 《精武丛报》,上海档案馆,卷宗号 Q401-10-41,009。
③ 陈公哲:《精武会五十年》,春风文艺出版社,2001年版,第89页。

创办人陈其美去世后，精武体育会改革宗旨，强调"不许预闻政治"，由于一直"不肯参加孙总理（孙中山）政治活动"，"常受彼部下指责"。① 1922年陈炯明炮轰广州总统府，孙中山偕胡汉民、汪精卫、黄惠龙等人离粤乘轮赴沪，刚好与从香港返回上海的陈公哲同乘一船。在船上，陈公哲与孙中山相遇，谈到精武体育会与革命事业问题，陈公哲当面向孙中山申述了精武体育会的政治立场，陈公哲道："先生（孙中山）遭陈炯明之反叛，殊属不幸，本人甚表同情。先生提倡革命，为国勤劳，素所敬佩，历年以来，精武开会，屡蒙莅临，发表言论，提倡体育，精武会与公哲个人既荷垂注，但未尝参加革命工作者，盖欲建立为一纯粹社会团体，提倡武术。若一旦参加政治，各处分会，易遭地方不同派系之官厅禁阻，所以洁会自好，非不赞成革命也。以处境关系，为求成事，不得不尔，今幸同舟，借此一申积愫，且先生之革命成功，党员已众，亦不在乎多精武一团之参与。先生向革命一途迈进，余则向体育一途建设，未敢谓为分道扬镳，然彼此相得而益彰。"②孙中山认为人各有志，对上海精武体育会远离政治的立场予以鼓励。1927年后，国民政府加强对民间各类社团的监控和清查，精武体育会一方面凭借初创时期积累的革命关系网络，另一方面因为有着与国父孙中山论证政治志向的特殊交往经历，最终逃脱了被取缔的命运。

汪精卫也是与精武体育会关系颇深的人物之一。汪精卫为精武体育会重要教学内容之一的技击术"潭腿"作有《潭腿序》，序中对精武会改革中国传统技击术，并将其作为教学内容之一进行普及的情况大加赞扬，鼓励人们通过练习技击术这种"国粹"，实现强身、强种、强国的目的。汪精卫曾聘请上海精武体育会会员佘树人担任他的家庭教师。佘树人曾任职于元芳洋行，刚入会时有着很多不良嗜好，而

---

① 陈公哲：《精武会五十年》，春风文艺出版社，2001年版，第90页。

② 同上，第89—90页。

且身体"弱不禁风",自入会后戒掉了以往的坏习惯,坚持利用工余时间练习武术,并参加励志团,屡次得到精武会的奖励,因此名声大噪。上海工界协进会听说了佘树人的经历后,派人到上海精武体育会,邀请佘树人担任协进会的武术教员。在华西人听闻其名后,"莫不重之"。在当时属于政治名人的汪精卫(兆铭)"重其技兼重其人也","特延其教授家属",并允许佘树人自由出入其家庭。① 佘树人与汪精卫之间的关系,拉近了精武体育会与政界的联系。

邀请政界人物担任精武体育会的各类职务,是精武会保持与政界友好关系的主要策略之一。虽然精武体育会的历届领导人一再强调该会避免谈论政治,并将"概不许预闻政治,尤不争门户短长"作为精武体育会的宗旨之一,②但为了生存的需要,在实际的情况中,却不得不与政界保持一定的联系。国民政府统治上海之前,精武体育会通过各种关系联络孙中山、汪精卫、蒋介石等当时一些政界名人,并加强与英美租借的关系,以取得其生存优势地位。1927 年南京国民政府名义上统治全国之后,为了与政府保持良好的关系,精武体育会聘请上海市政府高级官员担任名誉会长,以取得当权者的肯定和优待。

30 年代之前,担任上海精武体育会会长的周金箴、朱庆澜、吴耀庭等人虽然名誉上与政治无关,但实际上却与政界有着某种联系。周金箴在 1914—1915 年间担任上海精武体育会第三任会长,在任期间曾于 1915 年 10 月被任命为沪海道道尹。1919 年担任会长的朱庆澜,早年曾与同盟会员程潜等人在四川编练新军。辛亥武昌起义后,朱庆澜响应革命,宣布四川独立,一度被推为四川大汉军政府副都督。1912 年朱庆澜被任命为黑龙江督署参谋长,后改任护军使兼署民政长、巡按使、黑龙江省将军。1916 年 7 月,朱庆澜受段祺瑞任

---

① 《精武杂志》,上海档案馆,卷宗号 Q401-10-29,064。

② 《精武本纪》,上海档案馆,卷宗号 Q401-10-48,SC0295。

命,担任广东省长,翌年7月,任广东新军司令。张勋复辟,朱庆澜首先通电声讨,响应孙中山的"护法"主张,并电请孙中山来粤主持大计。1917年7月17日,孙中山率起义海军及部分国会议员抵达广东后,受到朱庆澜的欢迎与支持,并从省长警卫军中拨出二十营改编为护法军。段祺瑞对朱庆澜的行为大为不满,逼其离开广州。之后朱庆澜寓居上海,被上海精武体育会聘为会长,一直与孙中山领导下的革命党人保持着密切联系。再如当时上海商界名流吴耀庭,曾在1921—1925年间担任上海精武体育会的会长。吴耀庭虽是商界人物,由于其20年代初曾帮助蒋介石发起成立"上海证券物品交易所",因此与蒋介石等人一直保持着较好的私人关系。

上海特别市政府成立后,在当时政界、教育界均享有一定声誉的褚民谊于1930—1937年间一直担任上海精武总会会长。褚民谊是国民党的元老,著名业余昆曲家,年轻时曾留学日本,后随同乡张静江赴法国,途经新加坡时参加同盟会。在法国巴黎,褚民谊与吴稚晖、李石曾、蔡元培等人创办中国印书局,发行《新世纪月刊》《世界画报》等,宣传反满革命。1911年11月上海光复后,褚民谊返回上海,在此期间结识了汪精卫和陈璧君,并由汪、陈介绍,结识陈璧君母亲的养女陈舜贞,与其结婚,成为汪精卫的连襟。此后褚民谊辗转中国与欧洲之间,从事教育工作。1926年1月,在中国国民党第二次全国代表大会上,褚民谊被选为中央候补执行委员,嗣后递升为执行委员,7月北伐时任国民革命军总司令部后方军医处处长,留守广州。1928年褚民谊任上海中法工业专门学校校长,同年与李景林一起创办中华国术协会。1930年,接受上海精武体育会的聘请,正式担任上海精武体育总会会长。1932年1月,汪精卫任国民政府行政院院长,褚民谊任国民政府行政院秘书长。1937年上海沦陷后,褚民谊并未西撤,仍留在上海。1939年,褚民谊参加了汪精卫一伙的"和平"运动,积极与日本勾结,进行卖国活动,成为汪伪政府核心人物之一。随后,在伪国民党六届一中全会上,褚民谊任秘书长,成为汪伪国民党的"总管家"。抗战胜利后,褚民谊在广州被军统局诱捕,1946年8月23日,以汉奸罪在苏州狮子口监狱刑场被执行枪决。① 从褚民谊的简单经历看,他任精武体育会会长期间,是其在上海政坛上、教育界炙手可热之时。

1943年任精武会长的闻兰亭,名义上虽然是商界人物,但其与当时政界各方人士交好,为老上海"海上三老"之首。闻兰亭,名汉章,字兰亭,原籍江苏武进,1870年出生于泰兴靖江,因家道中落,少年时便到靖江一家棉布店当学徒,积攒了一些棉纱业方面的经营经验后,到上海发展。1912年前后,他在上海纱业商人中组织了纱业竞智团,经营棉纱交易。经过数年努力,闻兰亭在上海工商业界声誉鹊起,成为纱号业巨头。1920年,为了与日商争利,闻兰亭与虞洽卿等发起组织上海第一家华商交易所"上海证券物品交易所",担任常务理事,后因上海一些纱厂业主另组华商纱布交易所相抵制,交易未获正式批准。1935年,闻兰亭出任纱布交易所的常务董事,后升为理事长,此后相继担任交易所联合会会长、上海市商业联合会常委、全国商会联合会执行委员等职,重登纱业巨头宝座。

闻兰亭身份复杂,与中共、国民党、日伪都有一定的关系。闻兰亭曾加入青帮,自1915年丧妻后,开始信佛,热心参加各种慈善活动,担任了许多孤儿院、残疾院、教养院的院长或董事。"一·二八"事变后,他负责上海市民地方维持会红十字会的救济伤兵工作。抗战爆发后,他担任上海慈善团体联合救济会董事等职,先后办起四五十个难民收容所。中共曾利用他的影响力成立难民教育中心和难民学校,教育和动员难民参加中共领导的各种抗日斗争。太平洋战争爆发后,日伪成立上海特别市商会,在日本人的威逼利诱下,闻兰亭以70岁的衰老身躯担任日伪商会监事长,后又任纱厂联合会理事长、纱布交易所理事长、棉花统制委员会主任委员等职。1944年又

---

① http://baike.baidu.com/view/48688.html.

担任汪伪中国实业协会监事长、全国商业统制总会理事长,为日伪统制上海物资奔波。他与袁履登、林康侯时称"海上三老"。不仅与日汪关系密切,闻兰亭还曾让国民党军统在家中安置秘密电台,发送日汪情报;同时他还向中共地下工作者提供一些敌伪经济活动情况,并出面保释过一些被捕的中共地下党员。① 就是这样一个与中共、国民党、日伪三方政治力量皆有关系的人物,担任上海精武体育会的会长,无疑使精武体育会这个民间体育组织避免了在抗战时期被完全摧毁的命运。

上海精武体育会十分注意与租界及各国领事馆搞好关系。近代的上海分属华界、公共租界、法租界三方管理,在上海一市三治的管理中,租界向来就是不可小觑的政治力量。为了联络感情,上海精武体育会不仅多次邀请工部局弦乐班到会演出,有时还邀请英美领事到会"捧场"。② 据上海《广肇周报》记载,1919 年为筹建精武公园经费在北四川路虹江路上海大戏院召开游艺会。三天游艺会热闹非常,不仅所演武术大受欢迎,而且"名人到观者甚多",游艺会第二日"有孙中山先生","第三日有美领事"。③ 二三十年代,上海各类比赛繁多,上海精武体育会常常派团参加租界西侨组织的各种篮球、排球、长跑比赛,借机增进与上海各外国比赛团体的关系。尤其 1936 年 6 月,精武体育会更是联合中华体育会、中华武术馆假上海基督教青年会八仙桥会所,欢送我国出席世运会的选手,这次欢送会共有100 余人受邀参加,德国总领事克里拜(Kriebell)也受邀参加了此次欢送会。会上,精武体育会会长褚民谊致辞,德国领事、国民政府教育部体育督察郝更生、上海市党部童行白等分别发表演说。④

---

① 新华网上海频道:http://www.china.com.cn/chinese/zhuanti/06msh/1182405. html.

② 《精武本纪》,上海档案馆,卷宗号 Q401-10-48,SC0292。

③ 同上,SC0294。

④ 《精武丛报》,上海档案馆,卷宗号 Q401-10-41,033。

　　其次，精武体育会与上海商界有着密不可分的联系。

　　上海精武体育会作为民间组织，它的运作资金不是来自政府，而是通过资金资助、会费收入及精武实业的支撑等多种途径获得。上海精武体育会会长常常由上海总商会的会长、会董担任，不仅带动了商界人物参加精武会的热情，直接促成精武体育会的资金筹集渠道，而且扩大了上海精武体育会在工商界的影响范围。上海精武体育会早期的三个主要领导人，本身即拥有一定的实业，有"三公司"的称号。精武体育会还通过开办实业的方式，发展会内经济，用以支撑随精武事业不断发展而日益庞大的经费支出，精武实业成为上海经济发展的重要组成部分。具体来说，上海精武体育会通过以下途径扩大了其在上海商界的社会影响力。

　　第一、聘请上海商界名流担任会长、会董等职务，扩大精武体育会在商界的影响。上海精武体育会在 30 年代之前大部分时间里，会长是由当时上海商界名流担任的。体操会成立不久，霍元甲遇害，陈其美等人忙于光复上海、经营新政权，上海精武体育会处于风雨飘摇之中。此时，既是体操会的筹备者，又是体操会的第一批会员，同时具有商界背景的陈公哲、卢炜昌、姚蟾伯等人，利用广肇公所会董的身份，先后聘请袁恒之、陈止澜、聂云台、王阁臣、霍守华、吴耀庭等商界人士担任精武会会长或副会长之职，以获得地方政府与租界管理部门的信任，从此上海精武体育会开始与商界联系在一起，并成为精武会发展中的一种重要模式。① 据统计，1911 至 1941 年的 30 年间（其中六年无会长），商人会长主持精武会长达 22 年，而精武会前十年中 6 位副会长都为商界人士。上海精武体育会第一任会长农劲荪虽曾追随孙中山进行革命，其对外也是以商人的身份出现的。从第二任会长开始，一直到褚民谊之前基本都是商界人物担任会长、副

----

　　① 刘帅：《精武会社会网络之研究(1909—1941)》，上海体育学院 2009 年硕士论文，第 18 页。

会长。

出任上海精武会第二任会长的袁恒之,曾是花旗银行买办,与当时上海商界名人虞洽卿等人发起组织华商体操会(即上海义勇队中华队之前身)。1911—1913 年袁恒之担任精武体育会会长期间,正是霍元甲遇害,精武体操会处在风雨飘摇之时,每日入不敷出,经济困顿。此时"由各职员之惨淡经营,然出于会长袁恒之实力赞助为多"。① 在袁恒之的资助和带领下,上海精武体育会艰难走出低谷。之后,袁恒之于 1916—1918 年间担任上海总商会会董,一直对上海精武体育会给予资金赞助。继袁恒之担任精武会会长的是周金箴,他曾连续多年担任上海总商会会长、会董等职;1914 年 4 月 10 日,周金箴升任沪海道道尹,方辞去总商会会长之职,补为会董。

表 4-3 上海精武体育会历任会长、副会长和理事长人员名单

任职年份	会 长	副会长	理事长
1910	农劲荪		
1911—1912	袁恒之		卢炜昌(坐办)
1913	袁恒之	农劲荪	陈公哲(总干事)
1914—1915	周金箴	陈止澜	陈公哲(坐办)
1916—1917	王阁臣	陈止澜	陈公哲(庶务长)
1918	聂云台	穆藕初	陈公哲
1919	朱庆澜	聂云台、王阁臣	陈公哲(总务主任)
1920	霍守华	袁恒之、朱庆澜	陈公哲
1921—1922	吴耀庭	沈金泰、施德之	
1923—1924	吴耀庭	梁树棠	
1925	吴耀庭	施德之、卢炜昌	
1926	施德之	欧阳鸿钧	卢炜昌
1927—1928			

---

① 《精武本纪》,上海档案馆,卷宗号 Q401-10-48,SC0200-SC0248。

（续表）

任职年份	会　长	副会长	理事长
1929	施德之	褚民谊、吴耀庭	
1930—1933	褚民谊	吴耀庭	
1934—1936	褚民谊	吴耀庭、施德之	徐致一
1937	褚民谊	林炳炎	徐致一
1938—1940			
1941			徐致一
1942	吴耀庭		张文魁
1943	闻兰亭	奚玉书	张文魁
1944	张文魁	朱廉湘	
1945—1947	王晓籁	吴涵秋	张文魁
1948			张文魁
1949	徐致一	翁耀衡	

资料参见：卢丽娟主编：《上海精武体育总会会史（1910 年 7 月—1996 年 12 月）》（未付印），第 82—83 页；《精武本纪》，上海档案馆，Q401-10-48，SC0200-SC0202，及其他资料。

1918 年担任精武体育会会长的聂云台是对精武体育会赞助最多的商界人物之一。聂云台是曾国藩的外孙，少年时随父聂缉椝住上海。聂云台年轻时曾赴美国留学，归国后一直从事商业活动。1904年聂云台任复泰公司经理。1908 年又改组华新纺织新局为恒丰纺织新局，出任总经理。1917 年与黄炎培等人在上海发起成立中华职业教育社，任临时干事。1919 年聂云台兴建恒丰二厂及织布厂、筹建大中华纱厂，任董事长兼总经理。翌年，当选上海总商会会长、全国纱厂联合会副会长。此后，他还与人共同创办大通纺织股份有限公司、华丰纺织公司、中国铁工厂、中美贸易公司及上海纱布交易所，分别任董事长、董事和总经理等。聂云台凭借个人雄厚的经济实力及在商界的影响力，成为早期赞助精武体育会最多的会长之一。①

---

① 《精武本纪》，上海档案馆，卷宗号 Q401-10-48，SC0200-SC0294。

1920 年担任上海精武体育会会长的霍守华,也是当时商界名流。霍守华,广东南海人,家道殷实,在芜湖开设有顺泰成米号,并且作为副业与地方士绅共同组织了同丰机器碾米公司,在上海开办有租赁轮船公司。民国元年,曾经与桐城人叶鸣銮合伙开办宣城保民银矿,失败后,于 1913 年集资注册开办了长龙山铁矿即裕繁铁矿,成立了裕繁公司,霍守华自任总经理,总公司设在上海广东路 56 号,另在芜湖设立分公司,在桃冲设矿厂。同时他还曾担任上海各马路商界总联合会会长、上海国民大会策进会主席。霍守华与陈公哲等人同为广肇公所董事,二人曾商议以匿名形式为精武体育会捐赠金钱,筹建精武公园,所谓匿名氏捐赠 3 万金之事,事后据陈公哲回忆捐赠人即为霍守华。

继霍守华任精武体育会会长的是吴耀庭,也是当时上海工商界中知名人士。1920 年中国第一家综合性交易所的成立即有他的一份功劳。上海证券物品交易所由孙中山发起创办,蒋介石、张静江、戴季陶、虞洽卿和陈果夫等人皆参与其中,蒋介石也是最早的一批入市者。孙中山为了筹措革命经费,1916 年派朱执信写了一份申请书交给北洋政府农商部,申请在上海创设证券物品交易所,经营证券、花纱、金银、杂粮、皮毛等,资金总额定为当时国币 500 万元。对于孙中山的要求,北洋政府心有余悸,对孙中山的呈文不予批准。在蒋介石、张静江等人的策划下,由虞洽卿等联合当时上海工商界中知名人士温宗尧、闻兰亭、李云书、吴耀庭等共任发起人,草具文书,提出申请,并递交给北京的农商部,申请创设"上海证券物品交易所"。经虞洽卿、闻兰亭的多方疏通,特别是上海工商界的鼎力支持,上海证券物品交易所最终获得农商部正式颁发的营业执照。1920 年 2 月 1日,上海证券物品交易所在总商会开创立会。吴耀庭作为证券交易所的发起人之一,与政界人物联系密切。

20 世纪 20 年代后半期任会长的施德之,1861 年生于香港,曾毕业于皇仁书院,年轻时只身来沪发展,"经营商业,多至十余种"。其中最著名的是医药事业,他所经营耀华药厂出品的神功济众水,曾一度风行国内外,救人无数。施德之喜欢字画,尤其爱好古董,收藏之富,在当时"沪上无出其右者"。① 1923 年,由人介绍,施德之到精武体育会参观。参观结束后,施德之认为"精武事业,以提倡体育为主旨,救人于未病之先",与其医药事业可谓"殊途同归",于是"尽力赞助","慨然加入会籍"。仅加入精武一年,即被推举为会长,并一直为精武会效力"凡十二年"。② 施德之任精武体育会会长及会董的十多年里,基本每年都"捐助巨资",而且"凡有大举,莫不慨然以为之倡",如在精武体育会筹建中央大会堂、装修横浜桥新会所、建筑篮球房、举行国内外精武代表大会、举办精武义学、设立特区分会等重大活动中,"皆赖公之输助,得以早日完成"。③

上海精武体育会的会董多数由商界人物担任。精武体育会建立后经过数年发展,会员日众,会务日繁,自 1916 年春开始,上海精武体育会开始设立董事会,"董事无定额,凡满任会长及热心赞助本会者,得举任之",④凡遇有大事董事会有权讨论议决。简琴石、袁恒之、简照南、霍守华、温钦甫、谭海秋、胡耀庭、汤节之等人都曾是精武体育会的董事。⑤ 其中简照南就是名重一时的人物。他所创办的"南洋兄弟烟草公司"在与外国资本的激烈竞争中脱颖而出,该厂所生产的"双喜"牌和"飞马"牌香烟畅销中外;他的业绩,在中国烟草工业发展史上都是居于首屈一指的地位。⑥ 谭海秋 1918 年曾经担任广东省银行行长,之前与胡耀庭、霍守华、温钦甫等皆为上海广肇公所董事,这些人皆为上海商界名人。他们通过对精武体育会的赞助

① 《精武丛报》,上海档案馆,卷宗号 Q401-10-41,002。
② 同上。
③ 同上。
④ 《精武本纪》,上海档案馆,卷宗号 Q401-10-48,SC0296。
⑤ 同上,SC0248。
⑥ 《广州工商经济史料》第 36 辑,简照南与南洋兄弟烟草公司。见广州文史网:ht-tp://www.gzzxws.gov.cn/gzws/gzws/ml/36/200809/t20080916_8008_2.html。

得以委任为董事。

由商界人物担任会长、会董是一种双赢的策略。一方面聘请商界领袖担任会长、副会长、会董等职务,会长、会董们以会员的身份捐助巨额款项,支持精武会的运作;同时这些会长、会董与政商两界的密切关系,又为精武会的生存撑起一把遮风挡雨的保护伞。从另一面来看,商界名人愿意支持精武体育会,出面担任职务,这即有利于他们抬高身价,又可以将他们经营的商业宣传到这个庞大的群体中,可谓一举两得。如曾任会长的施德之将其药厂所制的施德之神功济众水以"自救之最上策"的广告名,在精武体育会所创办出版的刊物上登载,并署施德之本人之名于后。① 这样,借助精武体育会这一组织宣传自己的产品,无形扩大了知名度和销路。

第二、"精武三公司"是上海精武体育会早期发展的主要财政来源之一。"精武三公司"又称"精武三友"是指陈公哲、卢炜昌、姚蟾伯三人,他们是精武体育会前15年得以发展和繁荣的核心人物。陈公哲,广东中山人,出生于上海,其父陈升堂为"上海五金业巨富",因此,陈公哲得以就读上海守真书院这一有名的西方教会学校,毕业后继续苦读于上海复旦大学。其父去世后,陈公哲中途辍学,子继父业,经理"粤瑞祥"五金商号。陈公哲在文史、理化、音乐、舞蹈、医药、机械、摄影、狩猎、数学、外语等方面均有涉猎,且"每学必求其精,必有所成"。② 因学得一口流利的英语,在霍元甲来沪与西洋大力士比武时曾充当霍元甲的英文翻译,年仅20岁的时候,就已被聘为上海留美预备学校的英语教授。在医学方面,陈公哲研制出的"白花油"可与当时胡文虎的"万金油"相抗衡。摄影上,除拍摄出具有保存价值的《三潭印月》外,还出版了《哲氏计光表》《测光捷径》等著述。③

① 《精武杂志》,上海档案馆,卷宗号 Q401-10-29,074。
② 陈公哲:《精武会五十年》,春风文艺出版社,2001年版,《新版代序》第3页。
③ 同上,第2页。

陈公哲自 1910 年加入中国精武体操会习拳开始,先后在精武会担任过总干事、坐办、庶务长、理事长、技击部的技击主任、文事部的摄影学教授、游艺部的畋猎主任等职。① 陈公哲热心精武事业,将其父位于上海倍开尔路地段的产业捐献出来,前半段兴建精武体育会的会所,后半段则建屋自居。由于对精武体育会的特殊贡献,陈公哲成为精武会的重要领军人物。

卢炜昌、姚蟾伯二人一直是上海精武体育会发展的重要支柱。卢炜昌,广东省香山县人,比陈公哲年长 8 岁,其"父业建筑,出身于上海汉堡黎英文书院,能中英文,为人沉毅,身躯健伟",最初在上海德国礼和洋行做英文秘书,后出任新瑞祥五金号经理。② 卢炜昌精通音律,其治乐之道"举中外冶为一炉",曾先后出任精武会的会计、书记、技击部的武器主任等职,有"精武会元勋"之称。③ 姚蟾伯,江苏吴县人,比陈公哲小 1 岁,是上海颜料业巨子,"出身于上海万竹小学,人极和善,身体修美,有经济力量",按照陈公哲的评价,其属于"一纯粹和平无心机之人物"。④ 在精武体育会担任过会计、总务主任、技击部的技击主任、游艺部部长等职。陈公哲、姚蟾伯、卢炜昌三人皆接受最新式教育,受到新文化的影响,具有强烈的爱国热情。三人通过自己的经济力量资助精武事业的发展,人们将三人比做当时上海的永安、先施、新新三大公司,因此有"三公司"的称号。

陈、姚、卢三人献身精武事业,为精武会的发展倾尽心力和财力。在精武体育会初创阶段,"精武三公司"成为精武会的经济支柱,不仅上海精武体育会会所用地、建筑费用大部分由"三公司"捐赠和出资承担,就是体育会日常的运作管理费用,也由三人资助。他们三人都

①　《精武体育会史料选》,《档案与史学》1998 年第 1 期,第 21 页。
②　陈公哲:《精武会五十年》,春风文艺出版社,2001 年版,第 20 页。
③　《上海精武体育会内传与章程》,上海档案馆,卷宗号 Q401-10-2,SC0156。
④　陈公哲:《精武会五十年》,春风文艺出版社,2001 年版,第 20 页。

是精武体操会创建时的筹备人,也是霍元甲的第一批学生,陈公哲的会员证是 344 号,卢炜昌的会员证是 341 号,姚蟾伯的会员证是 345号。三人入会跟随霍元甲、刘振声学习拳术,成绩出众,陈公哲、卢炜昌于 1912 年初级毕业,又经过两年的修练和学习,1914 年中级毕业;姚蟾伯经过精武体育会会议讨论,特许于 1914 年"超级毕业"为中级毕业学员;三人同时于 1916 年获得高级毕业会员文凭。① 1915年 7 月,精武会会所遭受飓风所毁,精武体育会处于风雨飘摇之中,"陈公哲、姚蟾伯、卢炜昌之三子乃窃议于大观楼",陈公哲将位于杨树浦倍开尔路自家的私宅捐赠出来作为精武会会所,"合姚、卢之力同任建筑",重建新会址。② 1916 年 4 月 6 日,中国精武体操会搬迁至倍开尔路新会所内,考虑到"体操两字未能完满",将体操会易名为"精武体育会","扩充学科改良形式",③将上海精武体育会的发展推向新的阶段。

中央大会堂的设计建筑,陈公哲功不可没。如前所述,1922 年开始动工建筑的中央大会堂,是由陈公哲亲自绘图设计的,中央大会堂建筑及会堂布置共花费 5 万元。④ 前期建筑经费 2 万 2 千余元皆来自会员募捐及个人捐款,其中陈公哲个人就捐款 5 千元,简照南捐款 5 千元,并代为募集资金 2 千元。⑤ 中央大会堂的映雪楼藏书室,是为了纪念陈公哲的夫人卢雪英女士而命名,陈公哲的夫人卢雪英是上海精武女子体育会的主要成员,1919 年因病去世,按照她的遗嘱,将其去世后所有赠礼 2700 元,移捐大会堂作为建筑经费。卢雪英去世后还将其遗饰金器 30 两捐于上海精武体育会,熔铸于精武体育会的大铜钟,精武体育会将这个大铜钟命名为黄钟,意为"欲唤醒

---

① 《精武本纪》,上海档案馆,卷宗号 Q401-10-48,SC0064、SC0067。

② 同上,SC0033。

③ 同上。

④ 《上海精武体育会内传与章程》,上海档案馆,卷宗号 Q401-10-2,SC0018。

⑤ 陈公哲:《精武会五十年》,春风文艺出版社,2001 年版,第 40 页。

黄魂,注重武术,保存国粹"。黄钟悬于精武公园中,后迁于中央大会堂,1928年为日本人所毁。① 正如罗啸敖在《精武内传》中所说:"吾会自创立至今(1923),会中最得力之桢干仅十数人耳,坚毅如炜昌,勇鸷如公哲,沈潜如蟾伯,聚合于一炉,以铸就此宏大之事业,其所耗金钱与精力实不可以数计"。② 正是因其为精武事业所献身的精神与行动,三人被大家尊称为"精武三公司",后来很多学者将此三人视为精武体育会的创始人。

其实,在精武体育会内,除陈公哲三人外,汇聚着一批与陈、卢、姚"三友"相类似的受过新式高等教育又有一定经济实力的中坚人物,陈铁生就是其中之一。陈铁生担任上海昌记兴经理、上海利兴号经理,与陈公哲、卢炜昌、姚蟾伯三人关系很好,有"精武四杰""精武四友"之称。陈铁生(又名陈卓梅)1864年出生,广东新会人,自幼好文,"旧学修养甚佳,尤长书法"。③ 陈铁生早年曾加入同盟会,参与反清活动,后跟随陈其美进行革命工作。陈铁生作为陈其美进行革命的得力助手,从精武体操会筹备时即参与其工作,1916年陈其美被害后,陈铁生"矢志不谈政治",正式义务服务精武会,为精武事业的繁荣和发展呕心沥血,直到1941年6月病逝。④ 陈铁生热心于各种武术挖掘工作,在武术界有很大影响的《少林拳术秘诀》,就是他根据民间秘密会党"洪门海底"的反清资料融合武术内容而成,并以"尊我斋主"的笔名出版专书。陈铁生任精武体育会书刊编辑部的总编辑,整理出大量的中国传统武术遗产,为精武会甚至中国武术史留下大量文字资料,有精武会"文胆"之称。⑤ 按照罗啸敖的说法,在中央

---

① 陈公哲:《精武会五十年》,春风文艺出版社,2001年版,第40页。

② 《上海精武体育会内传与章程》,上海档案馆,卷宗号 Q401-10-2,SC0019。

③ 郑光路:《中国近代体育史上一段重要的史实——鲁迅与武术、气功》,《体育文化导刊》2003年第11期,第68页。

④ 卢丽娟主编:《上海精武体育总会会史(1910年7月—1996年12月)》(未付印),第42页。

⑤ 郑光路:《中国近代体育史上一段重要的史实——鲁迅与武术、气功》,《体育文化导刊》2003年第11期,第68页。

精武成立后,工作最劳烦者为卢炜昌,而在中央精武执行部,"除炜昌君外,其重要者为陈铁生君",他编著《精武拳经》及国乐曲谱可谓达到了"心力交瘁"的地步。[1]

罗啸敖曾任广东《七十二行商报》社长,为精武事业的发展不辞劳苦。罗啸敖在广东精武体育会的筹备和成立过程中结识陈公哲、卢炜昌等人,之后投身精武体育会,"为精武事连年南北奔驰,不知劳苦",澳门精武体育会会长卢廉若称其为"精武牧师"。[2] 罗啸敖"崇尚音乐",除主张"武术救国"外,甚至发出"音乐救国"之论,他与"精武四杰"有着深厚的友谊,对精武事业予以资金上的资助和宣传,不遗余力,又被人称为"精武宣传大使"。[3] 罗啸敖与郑灼辰、李佩贤等人凭借各自对中国传统文化及武术的深厚造诣,与陈公哲、陈铁生、宁竹亭、翁耀衡等精武会一批骨干力量,对精武体育会的宗旨、性质、精神等进行阐发,并将精武精神向商界推广和传播。

第三、上海精武体育会会员以工商界人士居多。

精武体育会实行会员制,会费收入是精武体育会的主要经费来源之一。精武体育会制定的章程中有明确的会费征收标准。根据《中国精武会章程》的规定,"特别会员每月收费2元,每半年收费8元,每年收费12元;16岁以下之会员年月费均减半;通常会员每半年收费2元,夏季会员每40天收费1元,均于入会时缴交会计处"。[4] 1924年修订的《上海精武体育会章程》也有同样的规定,只是会费收入根据时代不同而有所更改而已。根据规定,"通常会员年纳12元,不满16岁减半;赞助会员年纳25元以上;维持会员年纳50元;名誉会员不限"。[5] 根据目前保留下来的一份20世纪30年代末

---

[1] 《上海精武体育会内传与章程》,上海档案馆,卷宗号Q401-10-2,SC0148。
[2] 同上,SC0016。
[3] 同上,SC0156。
[4] 《精武本纪》,上海档案馆,卷宗号Q401-10-48,SC0297。
[5] 《上海精武体育会章程》,上海档案馆,卷宗号Q401-10-2。

的《上海精武体育会章程》的规定,普通男会员需交纳年费 5 万元;12
岁以下童子会员交纳年费 4 万元;女会员交纳年费 3 万元,赞助会员
交纳 10 万元;永久会员一次交纳 50 万元;而捐款在 100 万元以上者
则聘请为会董。①

　　上海精武体育会由工、商、学、医、政各界人员组成,以工商两界
居多数。根据上海精武体育会年报记录,可以看出 20 世纪二三十年
代精武会会员人数及职业构成的大致情况:

表 4－4　1925—1934 年上海精武体育会会员人数

年份(年)	会员人数(人)	年份(年)	会员人数(人)
1925	601	1930	1608
1926	936	1931	1738
1927	905	1932	92
1928	1183	1933	1771
1929	1267	1934	2690

　　资料来源:《上海精武体育会第十六届征求纪念》,上海档案馆,Q401-10-129,018;《精
武年报》,上海档案馆,Q401-10-38,019。

　　从上表可以看出,1925—1934 年 10 年间,加入上海精武体育会
的会员人数基本呈上升趋势,只有 1932 年,因受"一·二八"淞沪战
争的影响,加入会员人数大大减少。在加入的会员中,以工商学三个
领域的人数最多,以 1929 年、1930 年为例,1929 年加入上海精武体
育会的会员总数 1276 人,其中工商界 974 人,占会员人数的
76.4%;学界 229 人,占 17.9%;政界 8 人,占 0.6%;其它领域 65
人,占 5.1%。② 1930 年,加入上海精武体育会的会员总数为 1608
人,其中工商界占总人数比例为 70%,学界占 24.4%;医界占 4%;
其它占 1.6%。③ 精武体育会会员以广东籍、江苏籍人数最多,1929

　　① 《上海精武体育会概括与委员》,上海档案馆,卷宗号 Q401-10-1,01。

　　② 《精武年报》,上海档案馆,卷宗号 Q401-10-38,020。

　　③ 同上,062。

年,上海精武体育会有来自河北、山东、江苏、浙江等 13 个省籍的会员加入,其中广东籍的有 640 人,江苏籍的有 252 人,占总人数的 69.9%;①1934 年,来自全国 15 个省籍的会员中,广东籍 951 人,江苏籍 711 人,占总人数的 61.8%。② 从现有资料看,加入精武体育会为会员者,多数皆有一份较为稳定的收入,或具有一定的经济地位。这可以从 1922 年秋被选派参加北游天津、北京的精武旅行游艺团职员名表中大致看出,37 名被选职员中,除 2 人为在校学生,9 人职业不明外,其他 26 人都有自己的工作单位,甚至身居要职。

表4-5　精武旅行游艺团职员名表

姓　名	职　务	单　位	地　址
罗啸敖	筹备主任	七十二行商报总理兼总编辑	广东广州第 7 甫 99 号
陈公哲	筹备主任	中央印刷公司总理	营业所:南京路 425 号 工厂:塘山路 39 号
卢炜昌	财政主任	屈臣氏汽水公司总理 新瑞祥五金号总经理	北四川路 134 号 河南路 548 号
姚蟾伯	国操主任	瑞康颜料行	山东路 274 号
陈铁生	国乐主任	上海昌记兴经理 上海利兴号经理	天潼路 998 号 北四川路 918 号
郑灼辰	游艺主任	中华全国齿科学会主任 灼辰齿科医院院长	汉口路 254 号
陈　善	游艺主任	同孚行	北京路 4 号
程子培	影片主任	中央印刷摄学部主任	南京路 425 号
翁耀衡	交际主任	大中华纺织股份有限公司	江西路 58 号
连炎川	交际主任	华商银行	宁波路 10 号
吴应彪	交际主任	屈臣氏汽水厂经理	北四川路 134 号

---

① 《精武年报》,上海档案馆,卷宗号 Q401-10-38,019。

② 《上海精武体育会第十六届征求纪念》,上海档案馆,卷宗号 Q401-10-129,017。

（续表）

姓　名	职　务	单　位	地　址
杨森伦	庶务主任	广州坤维女子师范学校教员 广东精武主任	多宝大街 广州浆栏街
陈启英	国操游艺员	上海精武书记	倍开尔路73号
郑福良	国操游艺员	精武学校校长	北四川路横浜桥
郁瘦梅	国操游艺员	毓英学校校长	肇丰路281号
黄培生	国操游艺员	内科医生	东西华德路394号
李佩贤	国操游艺员	华英照相公司总理	西华德路2504号
蔡志楠	国操游艺员	上海广肇女学主任	北四川路福德里
陈倔璇	国操舞蹈员	上海广肇女学主任	北四川路福德里
卓佩芳	国操舞蹈员	崇德女学教员	七浦路291号
吴秀婉	国操舞蹈员	精武女会书记	横浜桥福德里
宋金润	国操舞蹈员	广肇女学学生	横浜桥福德里
莫阮文英	音乐游艺员	精武女会会员	虹江路三元里
钱广仁	音乐游艺员	上海国货银行司库	天津路42号
黄桂辰	音乐游艺员	哈定根大律师翻译	仁记路6号
杨祖永	音乐游艺员	上海中华音乐会教授	北四川路6号
甘时雨	音乐游艺员	上海中华音乐会教授	北四川路6号
吴学元	音乐游艺员	上海中华音乐会会员	北四川路6号
吕文成	音乐游艺员	上海中华音乐会教授	北四川路6号
何芳南	音乐游艺员	中央报书记	北四川路6号
尹自重	音乐游艺员	上海广肇学校学生	北四川路精武一分会
赵振群	国操教练	上海精武总会教员	倍开尔路73号
刘占五	国操教练	上海精武一分会教员	北四川路横浜桥
罗光玉	国操教练	上海精武三分会教员	吕班路
李宝英	国操教练	上海精武一分会教员	北四川路横浜桥
翁德备	庶务	写真图书师	上海
唐少华	庶务	丰盛实业公司	上海

资料来源：《上海精武体育会内传与章程》，上海档案馆，Q401-10-2，SC0025、SC0026、SC0027。

第四、精武体育会通过创办实业,扩大精武会的影响。

精武体育会创建有自己的实业。在精武体育会创建的初期,其经费支出来源于领导层的经济资助和会员会费收入,但随着精武体育会的不断发展壮大,经济支出数额越来越庞大,仅靠会费收入及几位领导人的个人资助已经不能维持体育会的正常运作。为了增加体育会的经济收入,扩展经济来源渠道,精武体育会领导人除利用自身已有的经济基础外,开始创办各种实业,发展会中经济,并将精武事业的发达与精武实业的成功与否紧密联系在一起,委派有能力的人才担任重要职位。如前所述,陈公哲承袭父业,在上海百老汇路经营粤瑞祥五金号,后来他又在河南路棋盘街开办新瑞祥五金号,由卢炜昌担任经理。之后,陈公哲继续在无锡开振源号,在汉口开瑞源号,全部用以安置精武义务职员。

屈臣氏汽水厂、中央印刷公司是上海精武体育会开办的较为成功的实业之一。1919 年,陈公哲听闻英商屈臣氏药房所属之屈臣氏汽水厂要盘出的消息后,迅速联合郭唯一合资以 6 万元的价值顶下屈臣氏汽水厂进行重组和经营,该厂设在当时北四川路横浜桥。为了"应付工部局人事上之便利",聘陈公哲的私人英文教师英国人片士(Pians)为业务经理,任命卢炜昌为总务经理。陈公哲与郭唯一时常到厂检查,处理各项问题。在陈公哲、卢炜昌等人的经营下,精武屈臣氏汽水厂(时人称之为荷兰水)1919 年获利润 3 万余元,1920 年获利润达 6 万余元。1919、1920 年上海精武体育会发展汉口、广州、香港精武分会,以及旅行南洋的费用,皆是从该利润中支取,精武屈臣氏汽水厂成为上海精武经费的重要来源。[①] 上海精武体育会经营的屈臣氏汽水厂一直经营到 1932 年,该年"一·二八"淞沪战争爆发,汽水厂厂房被毁,之后精武体育会再也无力重建汽水厂。另外,为了发展实业,经过筹划,1921 年上海精武体育会正式成立了中央

---

① 陈公哲:《精武会五十年》,春风文艺出版社,2001 年版,第 87 页。

印刷公司,由陈公哲任印刷公司总理。公司成立初期,曾接受南洋兄弟烟草公司宝塔牌香烟盒的印刷订单,每月经营印务达15万元,为上海精武体育会的发展提供了充足的资金保障。

　　随着各地精武分会的建立,精武体育会扩展了精武实业的发展范围。20世纪20年代初,鉴于精武分会已经在广东、武汉及南洋等地建立,精武体育会决定扩大现有的实业规模,并推荐卢炜昌、熊长卿二人筹划此事。因卢炜昌担任职责较多,"每有外出,非十数人不能代其职务",精武体育会内各骨干力量纷纷表示愿意暂代卢炜昌职务,为精武分忧。为了增加帮手,熊长卿令其正在读书女儿熊富珠及孙女熊可欣二人留在上海,加入上海精武体育会。熊长卿还将其所经营的实业收入充做广东精武会会务经费之用,以消除上海精武会扩展实业的后顾之忧。1923年,根据讨论决定,卢炜昌、罗啸敖代表上海精武总会"巡视汉会,且谋实业推广"。① 7月,卢炜昌、罗啸敖到达武汉汉口后,考察了汉口精武会及汉口当地的实际情况,提出在汉口建立屈臣氏汽水厂支厂的计划,收益作为各分会的常用经费。这一提议得到汉口精武体育会的赞同。屈臣氏汽水厂汉口支厂成立后,附属于上海总厂,"均其利益,以固巩固"。② 通过扩展精武实业,精武体育的影响进一步向各地商界深入。

　　再次,上海精武体育会十分注意利用报界做宣传,扩大社会影响。

　　上海精武体育会十分注意建立与报界之间的良好关系。上海早在晚清时就已成为中国新闻出版业最发达的地方,民国建立后,新闻出版业更加繁荣起来。20世纪二三十年代,报纸成为人们了解外界的新式和普遍的工具,《申报》《新闻报》及各类小报、晚报等迅速发展

---

　　①　《上海精武体育会内传与章程》,上海档案馆,卷宗号 Q401-10-2,SC0148、SC0149、SC0150。

　　②　同上,SC0152。

起来，报纸中的论说、报道，成为城市居民获得各种信息的主要来源之一。远自世界大事、国家大事、天气预报，近至物价涨落、市政管理、赛马、看戏，人们都可从报纸中获得最新消息，看报纸成为近代上海市民生活的重要组成部分，报纸逐渐改变着城市人的生活方式。[1]精武体育会领导人深知宣传的重要性，从开始便与报界建立了一种良好的互动关系。一方面，精武会领导层内很多人本身就是当时中国报界的精英人物，如精武会董事罗啸敖为《广东七十二行商报》社长，长期担任精武会书记的陈铁生是上海《广肇周报》的重要撰稿人；另一方面，精武会利用当时享誉国内的报章如《时报》《益世报》《大中华商报》《河北日报》《大公报》《泰晤士报》《时闻报》等关注中国体育事业的特点，大力报道和宣传精武体育会的活动。

粤人创办的报纸是近代宣传上海精武体育会较多新闻媒体之一。上海精武体育会虽然由陈其美、霍元甲等人创办，并奉霍元甲为宗师，但在霍元甲去世后，精武会实际上由广东和上海两地的商人主导，其中又以粤人为主。上海精武体育会与粤商之间的关系十分密切。如前所述，在长年主持精武会的三位核心成员——陈公哲、卢炜昌、姚蟾伯——当中，陈和卢都是广东中山人，广东精武体育会开办之时，经过广州当地绅商的引荐，广东报界结识了陈公哲、卢炜昌等人，并集体加入精武会为会员，从此各地精武会的大小活动都得到上海和广东两地报界的大力宣传。当时，广东的《天声日报》《国华报》《广东七十二行商报》等都对广东精武分会的成立进行了详细的跟踪报道。[2]

《广东七十二行商报》是与精武体育会有密切关系的一份报纸。《广东七十二行商报》创刊于1906年9月15日，是民国时期在广州创办的时间最长的一份经济类报纸，创办人为黄景棠，总经理兼发行

① 熊月之、周武主编：《上海：一座现代化都市的编年史》，上海书店出版社，2007年版，第153页。

② 《精武本纪》，上海档案馆，卷宗号 Q401-10-48，SC0242。

人为罗啸敖,该报曾改名为《七十二行商报》。罗啸敖自 1919 年起全权负责该报的社务及采编工作,直至 1935 年 7 月逝世。《广东七十二行商报》自诩"以爱国之热诚,为强国之基本","有监督商人之责任,亦有监督政府之义务",是近代广州商会的"喉舌",也是广州商界各行各业观点的集散地。罗啸敖既是广东精武体育会的主要发起人之一,又以上海总会会董的身份成为上海总会的主要负责人之一,因此《七十二行商报》对精武体育会的活动宣传尤其卖力,对精武体育会尤其是广东精武分会的成立和发展自始至终十分关注,皆大力宣传和报道,事无巨细,《精武本纪》对广东精武体育会的编写基本就是以引用该报刊的报道为主的。通过该报,精武体育会将其办会宗旨和精神、具体活动等宣传给民众。① 陈铁生曾为霍元甲被害一事写挽联悼念,挽联精辟概括了霍元甲的一生,其内容据称最早就是在《七十二行商报》上登出。由于史料缺乏,具体刊发日期现已无从考证。该联后被文史掌故大家郑逸梅收藏。

挽联:

瞻仰昂昂金刚汉,力巨出神,拳精入化,飞龙踞虎,尚武精神,浩气鹏鹏贯牛斗;

讴歌堂堂勇大侠,胆坚铁石,志烈秋霜,爱国忧民,强我民族,大义凛凛满乾坤。

《广肇周报》是另一份与精武会关系紧密的报纸。《广肇周报》成立于 1919 年 3 月,是由广东旅沪人士创办的以报道广东地方消息,刊登知识性、趣味性文章,及登载小说、游记为主要内容的同乡会刊物,因其站在商人的立场反对军阀混战,主张国家统一,呼吁发展民族经济、抵御外侮,故在时人的心目中地位突出。② 《广肇周报》对宣

---

① 《精武本纪》,上海档案馆,卷宗号 Q401-10-48,SC0035、SC0036。

② 郭绪印:《老上海的同乡团体》,文汇出版社 2003 年版,第 467 页。

传"尚武""强种""强国",且以粤人为主的上海精武体育会非常关注，对上海精武体育会的活动积极报道。1919 年 12 月 19—21 日，精武体育会为建设精武公园，特别召开游艺会，筹集经费，《广肇周报》对此进行详细报道，并对精武体育会所奉行的精武精神大力宣传，扩大了精武体育会在上海市民心中的影响。①

在精武体育会的发展过程中，各地报纸的宣传起到了助推器的作用。不仅各地精武会建立时报界大肆宣传，每有重大外事活动，上海的《申报》《新闻报》等多家报纸，也纷纷派其驻外记者，密切关注精武体育会的动向，"每有行动，辄发电报告"。② 另外，西方报纸对于中国的体育发展情况也非常关注，对极力推崇中国国产体育的精武体育会的大小活动皆予报道。1916 年 11 月 5 日，精武体育会举行第 4 届毕业运动会暨第 1 届高级会员毕业典礼。此次毕业典礼，孙中山亲自出席，并有勉励国人习练技击的演说。为了增加观众对精武体育的理解，运动会上增加"武术释义"一节。该次毕业典礼吸引了上海中西各报新闻记者的关注，随后各报纷纷发表评论，"多奖励语"。③ 1917 年 11 月，精武体育会第 5 届技击毕业典礼上进行的"技击军用实施法"表演，被时人认为是最新式的军事操练，倍受国内外人士关注。该次活动除了"国文报纸多奖借语"外，"英人之字林报，美人之大陆报，皆表同情"，"字林报于会医林锦华之科学证明尤多赞美，大陆报长篇大论记载更详"。④

精武体育会发展到哪里，与报界的关系链条便扩展到哪里。以精武体育会北游天津、北京为例，精武体育会借助《广东七十二行商报》主编罗啸敖与两地报界相熟的关系，建立了与报界的联系。筹备阶段即得到京津报界联合会朱季箴及《舆论报》主任侯雪农的欢迎函。北游团

① 《精武本纪》，上海档案馆，卷宗号 Q401-10-48，SC0292、SC0293、SC0294。
② 《上海精武体育会内传与章程》，上海档案馆，卷宗号 Q401-10-2，SC0135。
③ 《精武本纪》，上海档案馆，卷宗号 Q401-10-48，SC0056。
④ 同上，SC0057。

队到达天津后,即得到京津汉文《泰晤士报》总理熊少豪款待。1921 年熊少豪作为天津汉文《泰晤士报》社长参加北京全国报界联合大会时,罗啸敖以广东《七十二行商报》主席的身份与之结识。当罗啸敖带领精武旅行团到达天津后,熊少豪即将其报社同事李我生、胡稼秋二人介绍给精武会。① 旅行团在天津、北京期间,熊少豪代表北方报界宴请精武代表团,并将他们介绍给新闻界,使北游旅行团得以结识《益世报》陶荷亭、《大中华商报》萧润波、《河北日报》许润民、《华北新闻》周拂尘、《大公报》陈伯益、《时闻报》李秋岩,及新闻记者季敏如、姚敬轩等人,使北方新闻界对精武体育会这一民间体育组织的"强国强种""保存国粹""创立体操"等宗旨和"利国利民"的作用有了充分的了解。在报界的努力下,北方各大报纸皆登载了精武会代表北来之事,对精武宗旨、特点、精神、目的等予以全面解读和宣传,并跟踪报道了上海精武体育会在天津、北京两地的大小活动。② 陈铁生在《上海精武体育会内传》中评价:"广东有啸敖主任之《七十二行商报》,天津有熊少豪主任之京津《泰晤士报》,北京有侯雪农主任之《舆论报》,皆精武之护法军也。"③这句话道破了精武体育会与当时界界之间的密切关系。

最后,精武会与社会团体保持着良好的关系。

上海精武体育会与上海各社会团体有着密切关系,有些组织与精武会在人员方面互有重叠。广肇公所是近代上海最具代表性的同乡会馆之一,也是广州、肇庆两府人士在上海最有势力的商人组织,它与上海精武体育会有着非常亲密的关系。广肇公所的董事陈公哲、卢炜昌、霍守华等,同时也是上海精武体育会的董事。四川北路横浜桥广肇公所约 15 亩房地产中,就有小部分用地为精武体育会中央大会堂所用。1917 年,广肇公学增授国技科,其武术教员即是由

① 《上海精武体育会内传与章程》,上海档案馆,卷宗号 Q401-10-2,SC0056。
② 同上,SC0060、SC0061、SC0062、SC0063。
③ 同上,SC0056。

精武体育会所派教授担任。曾担任上海精武会会长、副会长职务的霍守华也是广肇公所的核心人物之一。1924 年,广肇公学假精武中央大会堂举行同学会,余兴节目就包括精武会成员司徒梦岩和吕文成演出的梵铃线琴合奏。① 而为《广肇周报》长期提供粤曲曲谱的笔名"铁腥"的撰稿人则是长年任精武会国文书记的陈铁生。②

上海工界协进会、中华音乐会都是与上海精武体育会关系紧密的社会组织。上海工界协进会(又称中华全国工界协进会)是 1919 年 9 月在上海成立的工界团体,据称该会成立前曾召开茶话会讨论筹备工作,国民党人胡汉民、戴季陶、廖仲恺、朱执信等人应邀到会演说。上海工界协进会成立后,会长即是中华爱国公司发起人、时任广肇公所董事、又被称作"精武三公司"之一的卢炜昌。③ 工界协进会会址曾屡次搬迁,曾一度迁入精武一分会。精武书记陈铁生在上海精武粤乐部宣言中记载了精武会与上海工界协进会的关系。陈铁生在工界协进会工作时,曾与卢炜昌、姚蟾伯、陈公哲、连炎川、翁耀衡、郑灼辰等人,组织工界音乐部。数年来,陈铁生与卢炜昌、姚蟾伯、翁耀衡、郑灼辰等精武会各阶层领导人,担任工界音乐会的不同职务。在工界音乐部的影响下,1923 年,上海精武体育会也创立了粤乐部,陈铁生担任粤乐部主任。陈铁生聘请甘时雨、吕文成、杨祖永三位为精武粤乐部教员,这三人都曾是中华音乐会的音乐教员。④ "中华音乐会"1919 年在上海成立,创始人就是陈铁生。⑤ 1924 年《申报》有

---

① 《各学校之毕业礼》,《申报》上海书店 1983 年影印本,1924 年 7 月 15 日(旧历甲子六月十四日,本埠增刊第 2 版),第[204]344 页。

② 程美宝:《近代地方文化的跨地域性——20 世纪二三十年代粤剧、粤乐和粤曲在上海》,《近代史研究》,2007 年第 2 期,第 3 页。

③ 《工运志》,上海市总工会网站:http://www.shzgh.org/renda/node5902/node6752/userobject1ai1267597.html。

④ 《精武杂志》,上海档案馆,卷宗号 Q401-10-29,010。

⑤ 广东炎黄文化研究会编:《粤韵香飘——吕文成与广东音乐论集》,澳门出版社 2004 年版,第 50 页。

关中华音乐会演出新剧的报道中，提到中华音乐会会员皆有职业，以工余之暇，研究音乐，并从事新剧创作，该会赞助者中"多粤帮会员"，其中"粤绅"梁树棠和卢炜昌即是其主要的支持者。①

　　与社会各团体保持良好的关系是精武体育会推广体育、扩大影响的重要手段之一。上海精武体育会成立后，应社会各界的要求，积极派教员到各团体尤其南方各学校教授体操和武术，使精武会所创编的中国式体操遍布大江南北。上海精武旅行团北游天津、北京时，一方面接受社会各团体的盛情接待，积极经营与各社会团体之间的关系，另一方面主动前往各团体参观，进行表演和交流，大大促进了北方对精武体育的认识和了解。此外，上海精武体育会也十分注意保持与基督教青年会、中国体育会、中国武术研究会、中央国术馆等团体的联系。1916—1917年任精武体育会会长的王阁臣，曾担任过上海基督教青年会（董事会中国籍）会长，对近代体育组织的管理和运作十分熟悉。② 担任精武体育会会长后，加强了体育会与基督教青年会之间的联系。陈公哲曾参与中央国术馆的筹备和建设，作为国民政府成立的官方武术传播机构，中央国术馆可以通过行政力量在全国各省市县建立分支机构，向全国推广武术。精武体育会尽量利用民间体育组织的身份建立与中央国术馆之间的良好关系。1936年4月12日，精武体育会曾联合上海市国术馆、中华体育会三团体假上海八仙桥青年会之地，宴请时任中国国术馆馆长张之江，讨论体育发展问题，交流沟通信息。③ 上海精武体育会通过良好社会关系网络的构建，扩大了社会影响，推进了自身的发展。

---

① 《申报》上海书店1983年影印本，1924年3月19日（旧历甲子二月十五日，本埠增刊第2版），第[200]406页。

② 《上海基督教青年会和女青年会》，见上海地方志上海通网站：http://www.shtong.gov.cn/node2/node2245/node75195/node75204/node75304/node75318/userobjectlai92061.html.

③ 《精武丛报》，上海档案馆，卷宗号Q401-10-41,025。

结　语

　　上海精武体育会是中国近代规模最大、延续时间最长的民间体育组织，它的主要管理者是接受过近代新式教育的知识分子，同时又是当时颇有成就的商人。这些知识化的商人既有着传统文化的熏陶，同时也接受西方先进思想的影响，他们有着容纳中西的胸襟，怀抱强民、强种、强国的理想，在近代民族危机、国家危亡的严峻形势下，将改革、发展中国体育事业作为毕生努力和奉献的事业去做。他们通过构建系统的体育思想、改革中国传统体育、引进西方体育项目和管理模式、加入西方体育竞赛行列、体育社会化等等一系列的努力，一方面力图使中国传统体育加入世界体育之列，并有组织的把东方体育文化向世界输出，另一方面有组织的引进和吸纳西方体育文化，推动现代体育在国内的传播和发展。由于精武领导者们所具有的这种开放、包容的心态，精武体育会在近代中国体育现代化道路的实践中不断地探索，促进着中西方体育文化的不断融合。就体育思想、体育内容的革新、体育管理及体育社会化水平等方面来看，上海精武体育会对中国体育现代化的影响，主要表现在以下几个方面：

　　第一、上海精武体育会打破传统思想束缚，形成了一套系统的具有一定现代教育观念的体育思想。

　　"体""智""德"并重是上海精武体育会所奉行的全面教育思想的核心。上海精武体育会主事者们把精武体育会当作一个学校、一个俱乐部性质的企业进行管理和经营，在建设校园文化或企业文化时，采西补中，中西结合，推行"体""智""德"三育并重的教育思想。精武体育会把拥有健康的体魄当作是载智、载德的工具，是进行"智育"和

"德育"的基础;把"智育"比做驱动轮船行驶的机器,是促成"德育"实现和完成的根本;把"德育"比作指导轮船行驶方向的指南针,是进行"体育"和"智育"的思想指南。"三育"中以"体育"居先。上海精武体育会将西方全面教育思想与中国传统文化相结合,根据自身发展的需求和特点,形成"三育连锁"思想,并在实践层面,使"体""智""德"三育相互联系,相互渗透,成为不可分割的整体。

"尚武"精神是上海精武体育会体育思想的核心,贯穿整个精武发展过程。近代民族危亡的现状,使先进的爱国知识分子纷起探索救国、救民的道路,"体育救国"思想就是其中的一种选择。"体育救国"的最初体现是"军国民"思潮的兴起,由此引出的培养国民"尚武"精神的论说,成为近代无时不需的救国良药。受军国民思潮影响而产生的上海精武体育,自然也无出其右,提倡"尚武"是其思想核心。不同之处在于,上海精武会推崇的"尚武"是一种自卫、御侮的行为,而不是恃强凌弱,它强调"崇武尚德"的内在精神追求,反对法西斯主义的好武、好战。在"尚武"精神的指导下,上海精武体育会促进了近代国人参加体育活动的积极性。

上海精武体育会引入"群"(社会)这一概念,把"合群"作为推广和普及体育所希望达到的境界。所谓"合群"就是最大限度的把体育事业向社会普及和推广,并集合全社会的力量以发展精武体育事业。精武体育会有"大精武主义""大体育"之说,其意就是把精武体育事业推广至全社会及世界的各个角落,精武会将其与"合群"观念相结合,提出要实现"大精武"之"大"就要最大程度的将精武事业向社会普及和推广,并通过体育在社会上的普及实现精武事业发展的目的。在这一过程中,精武会将深具儒家牺牲精神的"克己"思想、佛教中讲求众生皆兄弟的"平等"思想、西方基督教所宣传的"博爱"思想,作为其内在的精神动力。同时,为了让人们了解"群"的界限,精武体育会还对"群"的范围进行了界定,认为无阶级、宗教、党派、年龄之区分,这是精武体育会普及体育过程中始终坚持的原则。

"牺牲主义"是精武体育会所宣扬的一种精神，它是集体主义观念的一种体现。精武体育会将中国传统文化中的群体观应用到精武精神的构建中，提倡牺牲个人利益为集体服务的思想。精武体育会认为牺牲主义离不开全体会员群策群力的无私奉献，这也是全体会员们的责任和义务。只有每一位会员都有了这种无私奉献的精神，并能够承担起为集体而牺牲个人利益的责任，才能实现在推广和普及精武事业中的"合群之效"。

第二、上海精武体育会革新体育内容，改革中国传统武术、吸纳西方新式体育运动项目。

首先，精武体育会把传统武术作为中国体育的代表对其进行改革。针对中国传统武术中"师徒秘传"的谱系传承模式，上海精武体育会首先打破门户之见，汇集各派名师于一炉，采取公开择师、公开传授，以及集体授课与个体教学相结合的体育教学模式，破除各门派"因袭宗法，师徒秘传"的旧习。同时，上海精武体育会还借助举办武术学习班、技击运动会、武术观摩会等形式，将各派武术公诸于众。上海精武体育会的武术教学改革成为中国武术传播模式上的一个突破。

精武体育会把编制"中国式体操"作为替代西方兵式体操、传播中国武术的手段和途径。针对"体操"体育泛滥，中国传统体育式微的严峻形势，上海精武体育会大胆革新中国武术演练模式，尝试将中西两种体育运动形式相结合，创编新的、具有中国体育特征的"体操"。其一是将中国传统武术动作抽取出来，纳入到西方兵操套路之中，编制成武术兵式体操；其二是仿照西方体操，为中国武术套路编配口令，形成中国式武术体操；其三是将中国传统武术中的技击手法借用到火枪及刺刀对敌的实战训练之中，演变成"技击术军用实施法"这一新门类。精武体育会的"中国式体操"一方面是对西方兵式体操占领中国体育市场的回应，另一方面也是对中国传统武术在新形势下的一种改革尝试。

上海精武体育会以挽救"国乐"为名,把武术功架演进为舞蹈姿势,通过编配音乐,创编出具有开创性的现代武舞表演形式。为了抗衡西方健美体操表演,精武体育会将中国传统音乐、武术、中国式体操与西方的舞蹈等元素结合在一起,编制出"滑稽跳舞""武化舞""凤舞""剑舞"等新式的"武舞"表演形式。这种"跳舞术"既有声色娱乐的成分,又隐含"挽救国乐"深意,精武会把它作为弘扬中国文化,强民、强种、强国的工具。

上海精武体育会通过召开精武运动会的方式,演绎其对中国传统体育的改革。精武运动会与现代意义上的体育运动会不同,它是精武体育会宣扬中国武术文化、展示体育研究成果的重要舞台。运动会上,精武体育会把中国传统武术的精髓通过表演和解析,毫无保留的展现给人们,武术由此脱去了神秘的面纱,成为大众化的体育运动项目。精武运动会还担当着近代体育发展播报员、大众娱乐平台、资金筹集者、竞技运动会等多种角色,它为精武体育会开展现代体育运动会奠定了实践基础。

其次,上海精武体育会吸纳西方新式体育运动项目,积极参与现代体育赛事。上海精武体育会对西方体育项目的引进,是建立在近代国人对西方体育文化认知和接受的基础之上的。租界体育娱乐生活的耳濡目染、对教会学校体育教学模式的了解和掌握,对基督教青年会的借鉴和学习,以及近代留学生对体育的推广等,都为国人了解和学习西方体育打开了方便之门。为满足社会需求及发展精武需要,精武体育会引进不同科目的现代体育运动项目,篮球、排球、田径等各项运动与中国传统武术一起成为上海精武体育会进行体育训练和体育锻炼的重要内容。

上海精武体育会提倡现代体育运动,把参与现代体育赛事作为衡量精武事业、推动体育发展的方式和手段。为了提高会员学习和参与现代体育的兴趣,精武体育会积极引导会员参加到各类体育比赛中。同时,为了提高现代体育运动水平,上海精武体育会积极引进体育人才,组织各种体育项目队伍,采用世界竞赛规则和体育运动原理进行体育训练。上海精武体育会还通过主办和承办各种现代运动会,联合国内体育界人士发起组织具有全国性的体育组织等方式,争取中国对体育赛事的领导权。

再次,精武体育会改变中国传统"文武殊途"的思维习惯,在宣传体育运动知识的同时,讲求文化知识的传播。精武体育会把自己看作俱乐部性质的学校,因此主张开设体育学科的同时,开发体育科学之外的文事内容,即奉行"乃武兼办乃文"的办会原则。精武会通过开设"文事部",具体经营和管理中西文学、摄影、打字、书法、国语、医学、图画等人文学科,培养会员的文化素养。同时,上海精武体育会还创办精武体育期刊,设置书报室,为人们提供一个休闲、娱乐及学习的场所。

第三、在体育管理方面,上海精武体育会也积极向现代体育管理模式靠拢。

上海精武体育会为自身的组织管理制定了一套较为完善的民主管理模式。一方面,精武体育会借近代西方代议制管理形式,用民主选举的形式选举和任命职员。上海精武体育会是中国近代在非政治领域内引进西方代议制民主管理模式最早的机关之一。精武体育会从代议制管理形式中得到启发,通过召开会员大会,由全体会员民主投票的方式,选举和任用职员。同时,在民主选举职员的基础上,选出相当于国会性质的理事会(大约20世纪20年代初改为参事会)管理会务,实行民主条件下的经营管理。

另一方面,借鉴三权分立思想,精武体育会采用全体会员大会、参事会及事务会议商讨和管理会务。在近代改革代议制浪潮中,精武体育会从三权分立思想中得到启示,结合上海精武体育会的实际情况,开始执行具有一定分权性质的三会管理制度。上海精武体育会每年春季召开会员大会进行职员选举,并讨论审核参事会拟定的各项章程,会员大会从而成为相当于国会性质的权力机构。参事会涉及的管理内容包括一般的事务性问题、参事会议细则的修订、年度预算决算的审订等，是精武体育会内具有民主决策和评议性质的管理机构。事务会议则是在参事会之外新生的一个相当于执行和决策性质的权利机构，是精武体育会鉴于已有的参事会制度中出现的弊端而进行的改良。

同时，精武体育会通过制定章程为精武体育会的民主管理提供政策法规的保障。大到总章程的制订，小至会内各类小团体、培训班的组建，上海精武体育会几乎凡事即以章程的形式规范下来。各类章程成为其管理职能有效实施的依据和保障。

第四、上海精武体育会通过体育社会化，推动人们向更健康的生活方式迈进。

上海精武体育会通过在国内外创建精武分会的形式，有组织有计划的将东方体育文化向国内外宣传。在上海建立分会使精武体育率先覆盖了上海市区范围，之后汉口、广东精武体育会相继建立，精武体育会在国内开始有了发展的中心。在其影响下，南方的一些大中城市、乡村地区开始创办精武分会。为了与南方发展相呼应，上海精武体育会组织北游旅行团，前往天津、北京等地宣传精武，遂将精武主义传播到北方广大地区。为了实现"大精武主义"的理想，中央精武还派遣"五特使"到达南洋地区，帮助和指导南洋地区男女精武分会的建立。在上海精武体育会的努力下，越来越多的人们参加到体育运动、体育健身的行列。

上海精武体育会倡导妇女解放，鼓励女子参加体育锻炼。为了打消女子参加体育锻炼的顾虑，精武体育会结合先进的科学知识对女子参加体育锻炼的利弊进行研究，论证女子体育锻炼的可行性和必要性。为了推动女子体育运动的开展，精武会一方面把近代学校中的女性列为重要辅导目标，派教员到学校教授女生练习武术及体操，另一方面积极指导上海及国内外精武女子体育会的建立。在精武女会的推动下，女会员们不仅踊跃参加精武武术的练习活动，同时积极参加现代体育比赛，促进了近代女子体育运动的发展。

上海精武体育会通过与政、商、学各界建立的良好互动关系，把精武体育向社会各阶层推广。利用创立初期建立的革命网络关系，上海精武体育会获得了陈其美、孙中山、汪精卫、蒋介石等不同政治人物的庇护和支持；上海市特别政府成立后，邀请政界人物担任精武体育会的名誉职务，则是精武会为取得合法地位，并取信于政府所采取的手段和途径。自霍元甲去世后，精武会的领导权逐渐由粤、沪两地为主的商人所主导，而以工商界人士为主体的会员构成及精武体育会自身所经营的各种实业，都增加了上海精武体育会在国内外商界的力量和影响。近代报纸的宣传，以及与各社会团体之间的良好互动关系，成为上海精武体育会推动体育社会化的另一种有效力量。通过工、商、学、报各界的推广和宣传，精武体育会实现了多途径的体育社会化。

当然，除了上述对体育现代化的正面影响外，上海精武体育会也存在着诸多的不足，或者说非现代化的因素，这些又与精武体育会现代化因素纠结在一起，有时很难区分开来。较为明显的有以下几点。

第一，表现在精武体育思想上，则有过分尚"武"、过多标榜"集体"而忽视"个体"等内容。精武主义是精武体育会的灵魂，是指导上海精武体育会普及和发展的指导思想，但是，精武主义中所体现的唯武是崇的"尚武"心态、"大精武主义"的体育梦想等，把"尚武"作为救国和发展体育的唯一根本，这虽然在当时历史条件下对推动精武体育会的发展有很多帮助，但不免偏激。精武主义中过分强调"集体主义"，而忽视"个人"的存在，一定程度上也束缚了精武会职员、会员的个性发展。

第二，传统的集权思想严重。上海精武体育会以中央精武为"统理全世界精武之机构"，因此中央主事人称"总裁"，对精武事业发展的记录称"本纪"，派往各地指导精武分会建立的人员称"特使""专员"等，并将其作为"精武体制"推行，俨然将精武体育会看作一个独立的体育王国。在这个"精武体制"下,时间记录采用"精武纪年法",以1910年为精武元年,中央精武以"总裁"名义发布"命令"或"檄文",则自称"朕命"等,这在精武体育会的期刊、领导人的回忆录中,有多处出现。① 这种集权思想虽然在当时历史条件下有利于推动精武体育的扩展,但精武"总裁"的头衔和权利诱惑也往往使其内部矛盾频发。20年代初期,陈公哲、卢炜昌二人交恶,最终导致"精武三公司"破产,这就是一个明显的例证,严重影响了精武体育会的声誉和持续发展。

第三,在处理中西关系上,精武体育会对中国传统体育文化的过分注重,一定程度上阻碍了现代体育的发展步伐,这在20年代中期之前尤其明显。上海精武体育会领导人作为新式教育的受益者,虽然站在时代的前沿,勇敢地向体育现代化迈步,引进西方的全面教育思想,宣传体育普及中的"民主、平等、博爱",但他们引进和研究西方体育,很大程度上是为了对比中西方体育之间的异同,抽取西方体育的某些"有用"内容,纳入到传统体育活动中,达到"西为中用",更好的保存中国传统体育这一根本,最终未能跳出"中体西用"的藩篱。

无论精武体育会如何在传统与现代中艰难地选择,它的产生和发展推动了中西方体育文化的相互传播。纵观上海精武体育会的发展历史,可以看出,精武体育的传播主要分两个时期。一是1916年至1932年之间,主要发展地区是华人文化区,在国内建立分会20余所。1920年以后,精武会出现了迅速发展的趋势,开始向南洋一带华侨聚居区域发展,先后在东南亚各国建立精武会达20个以上。精武体育会在东南亚的发展,对中国传统体育向国外发展起到了重要的推动作用,也促进了现代体育的交流和发展。二是解放后的20世纪七八十年代,主要方向是西方文化区。近数十年来,随着东南亚精

---

① 陈公哲:《精武会五十年》,春风文艺出版社,2001年版,第129页;《上海精武体育会内传与章程》,Q401-10-2、SC0016、SC0024。

武会华人与欧美各地的频繁交流,精武体育事业在欧美地区发展起来。精武体育会对中国传统体育的改革、西方体育文化的吸收,为体育的发展赋予了新的生命力。

在精武体育会百余年的发展历程中,它为中国体育事业的发展做出了巨大贡献。精武体育会作为一个纯粹的民间体育社团,在抗日战争爆发后积极投身救亡事业,并在力所能及的情况下坚持推广中国传统武术,并积极推动民众体育,提高民众身体素质。直到1945年7月,因日军征用上海精武体育会的总会会所慈淑大楼,并进行封房,精武体育会方被迫停止了所有活动。抗日战争胜利后,精武体育会成立了复兴会务委员会,全力进行复兴会务的工作。1949年5月底,上海解放,精武会不仅成为新中国武术训练、开展群众体育的主要阵地之一,而且为新中国现代体育事业的发展输送了一大批的骨干力量。至今,由精武武术名师所教授的学生很多仍在武术界发挥骨干作用,"精武杯"武术、拳击等项目的比赛,国际武术比赛的召开,武术项目及武术套路的挖掘等,都使精武体育会成为中国传统武术发展的重要阵地之一。解放后,虹口区的室内体育场所只有精武会一家,分会所在的南京东路和后来搬迁至的延安东路,也是黄浦区内少数室内训练场所之一。精武体育会应国家号召,将精武会体育活动场地向市民开放,尤其在延安东路,精武会设立有大型乒乓室,安放 12 张乒乓桌,对社会开放,乒坛名将徐寅生、李富荣、张燮林、孙梅英等就经常到该地练球。为新中国输送现代体育人才也是上海精武体育会的一大贡献。解放后,中国开始出现专业足球队,精武足球队队员成为各队的骨干力量。1951 年,上海专业足球队成立,精武会为之输送了陈成达、方韧秋、郑德耀三位优秀队员。1954年,八一足球队成立,精武足球队的陈复赉、王国光二人被选为主力。不久,陈复赉、陈成达、方韧秋又升任国家队队员,为国家队效力,郑德耀则赴广东省担任省足球队教练。精武会还将培养出的优秀选手向有关部门输送,如周建华、杨学伟、顾成飞、郭秋萍等人考入上海体育学院深造,顾国信、徐嫩英、王祥、宋宁、范红梅等人加入到市体育运动技术学院学习等。如今,上海精武体育会在各届精武理事会的带领下,全面发展精武各项事业,继续为中国体育事业的发展和中国武术向世界的传播而努力。

附 录
中国精武会章程①

第一章 定 名

第一条 本会初由中国技击专家霍元甲君发起,专事技击一科,继欲扩充体育范围,附增兵操、文学、游艺三部,定名中国精武体育会。

第二章 宗 旨

第二条 本会以提倡武术、研究体育、铸造强毅之国民为主旨,然武术本属专门之学,必须专心致志乃可期成,以故本会宗旨概不许预闻政治,尤不争门户短长。

第三章 会 所

第三条 本会所设在上海提篮桥倍开尔路工部局公学隔壁,第七十三号门牌,电话第东一百十九号。

第四章 会 员

第四条 凡立志坚忍,确无嗜好,有商学界或会员介绍者,得为本会会员(年龄不限)。

第五条 会员分特别会员、通常会员、名誉赞成员、夏季会员

---

① 《精武本纪》,上海档案馆,Q401-10-48,SC029-SC301。

四种：

（甲）特别会员：入技击部而兼他部者；

（乙）通常会员：只入游艺部者；

（丙）名誉赞成员：赞助本会及捐助经费者；

（丁）夏季会员：入技击部而兼他部惟以夏季四十天为限。

第五章　职员、教员

第六条　（总部）（一）正会长一人，总理会务；（二）副会长二人，协理会务，遇正会长不到时，得代行其职权；（三）董事无定额，凡满任会长及热心赞助本会者，得举任之；（四）总务主任二人，驻会执行会务；（五）书记员八人，司管文牍；（六）会记员二人，司进出款项；（七）调查员四人，调查各界对于本会意见，藉资奋勉，以期会务日臻完备；（八）庶务员六人，司本会一切庶务；（九）会医三人，司本会卫生、医药事宜；（十）稽查员四人，司管一切雇役及清洁事宜；（十一）纠察员四人，监视会员行止。

技击部：部长一人，统理技击事宜，凡派出内外各团体之教练技击者，咸受其节制、调动。技击主任无定额，凡派往各省之总会及分会或上海之分会及团体教授技击之会员，均称为主任。技击教员无定额，直接受技击部长及主任之节制，间接并受总部制裁，而由技击部长聘任之。励志团主任二人，由本团公举。女子模范团主任二人，由部长指定道德高尚者充任。安步团主任一人，由本团公举。武器主任四人，由部长指任。袖镖主任一人，由部长指任。弓箭主任一人，由部长指任。健儿团总教一人，由部长兼任或指派之。健儿团红、黄、蓝、白、黑五队，各由本队公举一人充任队长。技击术出版部编辑员无定额。

兵操部：部长一人，教授无定额，被服主任一人，军械主任一人，军乐主任一人。

文事部：部长一人，国文教授无定额，英文教授无定额，图书教授无定额,簿记学教授无定额,国语教授一人,打字科主任一人,摄影学主任一人,摄影学教授二人,教影戏片。雄辩团主任一人,书报主任四人。临池会主任二人,一人主国文,一主英文,临池会检察员一人。中医主任、西医主任无定额。

游艺部:部长一人,京乐教授一人,欧弦教授一人,铜乐教授一人,京乐主任一人,粤乐主任二人,田猎主任二人,足球主任四人,网球主任四人,铁球、铁饼主任一人,台球主任一人,篮球主任一人,平台木马主任一人,溜冰主任一人,凌空主任一人,标枪主任一人,杠子秋千主任无定额。

第七条　本会各职员除正副会长外,均由会员中推举其富有责任心者当之,一年期满再被举得连任之。

第六章　会　　费

第八条　特别会员每月收费二元,每半年收费八元,每年收费十二元;十六岁以下之会员,年费减半;通常会员每半年收费二元;夏季会员每四十天收费壹圆,均于入会时缴交会计处。

第七章　科　　目

第九条

（一）技击部:拳术、兵器、对手（即拆法）、内功（即运气）、弓箭术、袖镖。

（二）兵操部:兵式操、野战术、气枪打靶、军乐、军事学。

（三）文事部:各种体育书报、中西文学、摄影学、打字、簿记学、雄辩学、临池、国语、医学、图书。

（四）游艺部:足球、网球、铁球、铁饼、台球、乒乓、杠子、篮球、秋千、溜冰术、凌空术、平台、木马、田猎、标枪、音乐（分西乐、京调、粤调三种）。

附技击术名目
黄河流域派技击术

（一）拳术

潭腿、穿拳、杀蛟拳、醉八仙、五虎架、卧地豹、行拳十路、大雄拳、接潭腿、工力拳、插拳、太祖拳、溜脚势、孙膑拳、跳地龙、鹰手连拳五十路、小雄拳、合战、节拳、龙虎势、少林拳、溜腿架、挡拳、形拳、五花豹、串子、大战、伏虎拳、金刚拳、小扎拳、撩裆拳、四六拳、罗汉拳、大棉掌拳、八折、脱战、黑虎拳、关西拳、顺步捶、硬捶、地躺拳、八步捶、小棉掌拳、猴拳、十字战、练手拳、八极拳、子孙丹、散手、杀手掌、八面捶、前溜势、挡步捶、短战、二郎拳、青龙拳、五虎拳、十二步架、开打拳、雁行拳（以上独习类）。

五郎捶、三步架、盘捶、四门拳、短打、套拳、一百零八拳、扎拳、棉掌拳、开门豹、对子腿、踊步捶、捻手拳（以上对手类）。

（二）兵器

达摩剑、提炉枪、三步枪、八卦刀、露花刀、小金刚双刀、峨嵋枪、双锏、扑虎群羊棍、对枪、双刀串枪、双扫对枪、对手双刀、霹雳棍、绨袍剑、露花枪、花枪、步战刀、雪片刀、春秋大刀、峨嵋刺、铜锤、齐眉棍、战枪、单刀串枪、双刺对枪、单刀对大刀、降龙棒大连环剑、梨花枪、双舌枪、朝阳刀、六合刀、双斧、提炉大刀、九节软鞭、奇门棍、鹞子枪、棍对枪、虎头钩对枪、对手大刀、大扫子对枪、小连环剑、拦门枪、二郎刀、大六合花枪、梅花单刀、太极大刀、虎头钩、单刀鞭、老虎鞭、圈枪、大刀对枪、三节棍对枪、方戟天对大刀、童子军实用棍、双八卦剑、中六合花剑、抱月刀、双刀梅花大刀、双座钩、拦门鈌（即棍尾鞭）、缠拦枪、玄灵杖对枪、盘龙棍对枪、对手三节棍、五虎枪、断门刀、梅花枪、小六合花枪、解腕刀、双八卦刀、方天戟、八宝钩、孙膑拐、穿袖枪、拐刀对枪、对手八卦刀、双扫子对拐、夜战枪、太极枪、罗汉枪、劈山刀、大金刚双刀、玄灵杖、护手钩、大扫子、金剪刀枪、双拐对枪、断门刀、对手齐眉棍（以上对手类）。

（三）空手入白刃类

空手夺刀、空手破刀、空手夺双刀、空手夺枪、空手夺捶、空手夺匕。

长江流域派技击术

（一）拳术

天罡手、昭阳手、醉八仙、弥陀拳、四门重手、金枪手、阳家手、八罗汉拳、十字手、兴唐拳、竞枪拳、大天罡、八黑手、十八技、百合拳、小天罡、蒋手、脱铐、金鸡拳、下山拳、独臂拳、宗法拳、小梅花拳、醉溜膛、赤雄拳（以上独习类）。

红操、黄操、花鲍操、短手、文操（以上对手类）。

（二）兵器

梅花枪、流金镋、双鞭、左提枪、单槊、双槊、少林棍、单扎、双平安戟、金箍棒、月牙铲、甘家刀、五郎棍、平安戟、板樱、单拐、虎尾钢鞭、双扑刀、纵扑刀。

珠江流域派技击术

（一）拳术

铁拳、祖拳、虎膝拳、凤眼拳、双龙拳、伏虎拳（以上独习类）。

拼命拳（以上对手类）。

（二）兵器

长棍、双刀、拦门矛、板凳、藤牌战刀、伏虎拳（以上独习类）。

对手棍、双刀对棍、板凳战双刀、钯战刀牌（以上对手类）。

第八章　时　　间

第十条

（一）技击部：每晨六时起至晚上九时止，由教员分班教授，凡属特别会员无论何时均可来学。

（二）兵操部：兵式操及野战，每星期三、六两日，由上午七时至八时，星期日由上午八时至九时。

（三）文事部：夜学每晚由七时上课至九时，其余另有详章。

（四）游艺部：足球运动在星期六及星期日两日；网球运动每日下午四时至七时，星期六及星期日两日则由下午二时至七时；音乐每星期二、五两晚由七时至九时，星期日则由上午九时至十一时，其余则可随时为之。

第九章　毕　　业

第十一条　技击部会员满两年由教员及主任审定及格者，给以初等毕业文凭，满四年给以中等，满六年给以高等毕业文凭，各等毕业均于开秋季运动会时举行。高等毕业后有欲再求精进以竟全功者，尤为本会所欢迎，其会费并可按年递减。

第十二条　兵操部会员操满两年后，由主任者考试，程度及格则给以毕业证书。作为模范队，毕业后每星期日仍须会操一次，以资后觉之观摩，而促操务之进行。一年期满即退伍作为续备队。

第十三条　摄学毕业不拘年限，但须将所摄景物成绩交该部主任评定，认为合格始给以毕业证书，以谋艺术普及。广招同志，不限会员。外人成绩及格亦可得毕业证书，唯须缴证书费一元。

第十章　运　　动

第十四条　本会每年开秋季运动会一次。

第十一章　开　　会

第十五条　本会各职员每日晤面必有定时，遇事自可随时解决，如遇有重要事项则开全体大会议决，届时先由书记员发信通告。

第十二章　书　　报

第十六条　本会所置中西书报，只以供会员夜学之研究及公余之检阅，无论新置、旧存一概不能携出本会书报室外，以免散失及妨碍他人之取阅。

第十七条　会员所送或暂存本会之书藉，只许本人借用，但须在借书簿填明姓名及交还时日，以便管理者检查，此外无论何人均不得沿例借用。

第十三章　规　　则

第十八条　同人组织此会，为强种、保国起见，凡属会员均宜奋勉练习，以养成刚健强毅之风，而划除萎靡颓惰之习。

第十九条　特别会员每日练习须依所订技击课程表，由教员教授，间有不谙方言及不明所授要旨者，尽可询问各毕业会员，自当详细解释。

第二十条　特别会员因事不暇练习者，须致函书记处告假（惟遵守励志团规约者不在此例）。

第二十一条　本会所置技击器械，会员均宜爱惜，用毕须妥置原处，幸勿随意抛弃。余如所植花木、各种游艺器具及弹子台等，尤宜格外将护，以保公物。

第二十二条　浴室内所置淋水浴器及瓷盆等，会员均可享用，惟水管龙头之启闭，用者须特别留意，以免滥耗冷热水。

第十四章　附　　则

第二十三条　凡特别会员而遵守励志团规约者（励志团规约另载），为之备衣柜鞋箱，藉表欢迎勤奋会员之诚意。

第二十四条　兵操部员之操衣及汽枪，均可由本会代办，如觅有切实保证不致半途中辍者，其费用并可豁免。

第二十五条　摄影术部之暗房、冲片器具及布景等物，会员皆可借用，惟相片及冲片药水须用者自备。

第二十六条　游艺部会员来会运动时，须携带本会所给会证，俾易查询而免外人羼杂。

第二十七条　各部细则未克备载,会员欲知详细者,请径向各部主任询问一切。

第二十八条　会所右侧新建精武公园,凡我会员得享公园之全部权利。

第二十九条　本会所发之入会证券,在各省区之精武会及本埠之精武分会皆有效。

精武女子体育会简章①

第一　定名:精武女子体育会。

第二　宗旨:以振刷女子精神增进德体智三育为宗旨。

第三　会所:暂设北四川路横浜桥福德里精武第一分会内。

第四　会员:凡立志坚忍(年龄不限)有相当团体或会员介绍者得为本会会员。

会员分三种:(甲)特别会员:入技击部而兼他部者;(乙)普通会员:只入游艺部者;(丙)名誉会员。

第五　教员、职员:(一)会长一人;(二)董事无定额;(三)总务主任一人;(四)书记员二人;(五)会计员二人;(六)交际员八人;(七)庶务员二人;(八)会医一人;(九)技击部主任二人;(十)女子模范团主任二人;(十一)教员由女子模范团全体及本会教员担任。

第六　会费:特别会员每年六元;普通会员每年二元;十六岁以下减收半费。

第七　科目:(一)技击、舞蹈;(二)保育学、英文、国文;(三)国语、临池、图画、粤乐;(四)网球、乒乓、篮球、秋千、溜冰术。

第八　时间:每星期一至六二时至六时。

第九　毕业:技击毕业由教员及主任审定及格者,满两年给以初等,满四年给以中等,满六年给以高等毕业文凭。

第十　开会:每年开大会一次,每月开常会一次。

第十一　附则:

(一)凡会员皆得享会中一切权利。

---

① 《上海精武体育会征求特刊》,上海档案馆,卷宗号 Q401-10-27,017。

（二）本会所发之会证在各省精武会、本埠精武分会皆有效。

（三）凡特别会员而遵守模范团规约者，本会为之备衣柜鞋箱藉表欢迎会员之诚意。

主要参考文献^①

一、档案和原始文献

（一）档案资料

1. 上海档案馆,卷宗号 Q132-3-27,上海市警察局黄浦分局关于第一分会第九支部会员名册,黄浦区律师姓名地点,伦社社员名册,银行俱乐部职员待级姓名表,广学会全体职员履历表,上海市精武体育会职官要员公会名册,1946—1947 年。

2. 上海档案馆,卷宗号 Q235-2-1743,上海市教育局关于精武体育会立案,1935—1936。

3. 上海档案馆,卷宗号 Q401-10-1,上海精武体育会概况与委员,1937—1947 年。

4. 上海档案馆,卷宗号 Q401-10-2,上海精武体育会内传与章程,1922—1924 年。

5. 上海档案馆,卷宗号 Q401-10-3,上海精武体育会关于业余国术研究社社务纪要,1927—1947 年。

6. 上海档案馆,卷宗号 Q401-10-4,上海精武体育会来往文稿,1937—1948 年。

7. 上海档案馆,卷宗号 Q401-10-5,上海精武体育会财务与捐册,1926—1948 年。

8. 上海档案馆,卷宗号 Q401-10-6,上海精武体育会会员名册,1929—1930 年。

9. 上海档案馆,卷宗号 Q401-10-7,上海精武体育会会员名册,1930 年。

10. 上海档案馆,卷宗号 Q401-10-8,上海精武体育会会员名册,1931—1936 年。

11. 上海档案馆,卷宗号 Q401-10-9,上海精武体育会会员名册,1933—1934 年。

12. 上海档案馆,卷宗号 Q401-10-10,上海精武体育会会员名册,1934--1947 年。

13. 上海档案馆,卷宗号 Q401-10-11,上海精武体育会会员名册,1936—1947 年。

14. 上海档案馆,卷宗号 Q401-10-12,上海精武体育会会员名册,1937—1947 年。

15. 上海档案馆,卷宗号 Q401-10-13,上海精武体育会会员名册,1938—1940 年。

16. 上海档案馆,卷宗号 Q401-10-14,上海精武体育会会员名册,1939—1940 年。

17. 上海档案馆,卷宗号 Q401-10-15,上海精武体育会会员名册,1940 年。

---

① 本参考文献中,档案文献按照档案号的英文字母顺序排序,英文文献按照著作者、编者的姓氏字母排序,中文文献按照出版时间的先后排列。

18. 上海档案馆,卷宗号 Q401-10-16,上海精武体育会会员名册,1940—1941。

19. 上海档案馆,卷宗号 Q401-10-17,上海精武体育会会员名册,1940—1942 年。

20. 上海档案馆,卷宗号 Q401-10-18,上海精武体育会会员名册,1940—1943 年。

21. 上海档案馆,卷宗号 Q401-10-19,上海精武体育会会员名册,1941—1943 年。

22. 上海档案馆,卷宗号 Q401-10-20,上海精武体育会会员名册,1924—1945 年。

23. 上海档案馆,卷宗号 Q401-10-21,上海精武体育会会员名册,1924—1948 年。

24. 上海档案馆,卷宗号 Q401-10-22,上海精武体育会会员名册,1924—1949 年。

25. 上海档案馆,卷宗号 Q401-10-23,上海精武体育会会员录(附永久会员录),1924—1934 年。

26. 上海档案馆,卷宗号 Q401-10-24,上海精武体育会会员会费簿(有名单),1924—1944 年。

27. 上海档案馆,卷宗号 Q401-10-25,上海精武体育会征求队通讯录,1924—1947 年。

28. 上海档案馆,卷宗号 Q401-10-26,上海精武体育会精武建筑图纸,1924—1947 年。

29. 上海档案馆,卷宗号 Q401-10-27,上海精武体育会征求特刊,1925—1927 年。

30. 上海档案馆,卷宗号 Q401-10-28,上海精武体育会征求特号(第二卷第十期),1927—1937 年。

31. 上海档案馆,卷宗号 Q401-10-44,上海精武体育会有关白虹田径队资料,1931—1948 年。

32. 上海档案馆,卷宗号 Q401-10-45,上海精武体育会有关白虹田径队资料,1933—1948 年。

33. 上海档案馆,卷宗号 Q401-10-46,上海精武体育会有关白虹田径队资料,1934—1948 年。

34. 上海档案馆,卷宗号 Q401-10-47,上海精武体育会有关白虹田径队资料,1935—1948 年。

35. 上海档案馆,卷宗号 Q401-10-49,怡保精武体育会章程,1926—1948 年。

36. 上海档案馆,卷宗号 Q401-10-52,两阳精武体育会章程,1936—1948 年。

37. 上海档案馆,卷宗号 Q401-10-71,广州精武体育会第二十一征求会特刊,1930—1937 年。

38. 上海档案馆,卷宗号 Q401-10-72,汉口精武体育会征求特刊,1930—1936 年。

39. 上海档案馆,卷宗号 Q401-10-73,越南精武体育会特刊,1930—1948 年。

40. 上海档案馆,卷宗号 Q401-10-74,雪兰义精武体育会,1930—1948 年。

41. 上海档案馆,卷宗号 Q401-10-75,上海精武体育会关于上海社会局来函,1930—1945 年。

42. 上海档案馆,卷宗号 Q401-10-76,上海精武体育会会议录,章程及医务合同等,1930—1942 年。

43. 上海档案馆,卷宗号 Q401-10-77,上海精武体育会报告书等,1930—1945 年。

44. 上海档案馆,卷宗号 Q401-10-78,上海精武体育会财务类,1930—1945 年。

45. 上海档案馆,卷宗号 Q401-10-79,上海精武体育会旅行报告书,1933—1936 年。

46. 上海档案馆,卷宗号 Q401-10-81,上海精武体育会胜利复员后第 1 届会员大会签名簿,1936—1947 年。

47. 上海档案馆,卷宗号 Q401-10-83,上海精武体育会概况及教职员名册,1947—1948 年。

48. 上海档案馆,卷宗号 Q401-10-84,上海精武体育会会员名录等,1936—1948 年。

49. 上海档案馆,卷宗号 Q401-10-85,精武体育会会员名册,1947—1948 年。

50. 上海档案馆,卷宗号 Q401-10-86,上海精武体育会会议记录,1934—1948 年。

51. 上海档案馆,卷宗号 Q401-10-88,上海精武体育会函稿,1933—1948 年。

52. 上海档案馆,卷宗号 Q401-10-89,上海精武体育会函稿,1933—1934 年。

53. 上海档案馆,卷宗号 Q401-10-90,上海精武体育会函稿,1934—1935 年。

54. 上海档案馆,卷宗号 Q401-10-91,上海精武体育会函稿,1935—1936 年。

55. 上海档案馆,卷宗号 Q401-10-92,上海精武体育会会议记录,1935—1943 年。

56. 上海档案馆,卷宗号 Q401-10-93,上海精武体育会第十九届征求会,1935—1938 年。

57. 上海档案馆,卷宗号 Q401-10-94,上海精武体育会第廿五届征求会函稿,1935—1942 年。

58. 上海档案馆,卷宗号 Q401-10-95,上海精武体育会参事会议案录,1929—1935 年。

59. 上海档案馆,卷宗号 Q401-10-96,上海精武体育会参事会议事日程,1929—1935 年。

60. 上海档案馆,卷宗号 Q401-10-97,上海精武体育会理事会会议录,1935 年。

61. 上海档案馆,卷宗号 Q401-10-98,上海精武体育会理事会会议录,1935—1936 年。

62. 上海档案馆,卷宗号 Q401-10-99,上海精武体育会理事会会议录,1935—1937 年。

63. 上海档案馆,卷宗号 Q401-10-100,上海精武体育会理事会会议录,1938—1947 年。

64. 上海档案馆,卷宗号 Q401-10-101,上海精武体育会理事会会议录,1939—1947 年。

65. 上海档案馆,卷宗号 Q401-10-102,上海精武体育会理事会议案录,1942—

1947 年。

66. 上海档案馆,卷宗号 Q401-10-103,上海精武体育会理事会议案录,1944—1947 年。

67. 上海档案馆,卷宗号 Q401-10-104,上海精武体育会理事会议案录,1945—1947 年。

68. 上海档案馆,卷宗号 Q401-10-105,上海精武体育会会务报告,1945—1947 年。

69. 上海档案馆,卷宗号 Q401-10-106,上海精武体育会复兴会务委员会议案录,1945—1947 年。

70. 上海档案馆,卷宗号 Q401-10-107,上海精武体育会理事会议案录,1947 年。

71. 上海档案馆,卷宗号 Q401-10-111,上海精武体育会第二十八届征求大会特辑,1937—1947 年。

72. 上海档案馆,卷宗号 Q401-10-112,上海精武体育会二周纪念特刊,1927—1947 年。

73. 上海档案馆,卷宗号 Q401-10-113,上海精武体育会函稿,1946—1947 年。

74. 上海档案馆,卷宗号 Q401-10-114,上海精武体育会公函起草部(其一),1936—1947 年。

75. 上海档案馆,卷宗号 Q401-10-115,上海精武体育会公函起草部,1937—1947 年。

76. 上海档案馆,卷宗号 Q401-10-116,上海精武体育会公函起草,1929—1947 年。

77. 上海档案馆,卷宗号 Q401-10-117,上海精武体育会公函起草稿,1929—1947 年。

78. 上海档案馆,卷宗号 Q401-10-118,上海精武体育会公函起草部,1935—1947 年。

79. 上海档案馆,卷宗号 Q401-10-119,上海精武体育会公函起草簿,1945—1947 年。

80. 上海档案馆,卷宗号 Q401-10-120,上海精武体育会公函起草部(第二册),1924—1947 年。

81. 上海档案馆,卷宗号 Q401-10-121,上海精武体育会公函起草部(第一册),1924—1947 年。

82. 上海档案馆,卷宗号 Q401-10-122,上海精武体育会稿簿,1943—1947 年。

83. 上海档案馆,卷宗号 Q401-10-123,上海精武体育会函稿,1940—1941 年。

84. 上海档案馆,卷宗号 Q401-10-124,上海精武体育会函稿,1939—1941 年。

85. 上海档案馆,卷宗号 Q401-10-125,上海精武体育会函稿,1939—1940 年。

86. 上海档案馆,卷宗号 Q401-10-126,上海精武体育会函稿,1938—1940 年。

87. 上海档案馆,卷宗号 Q401-10-127,上海精武体育会函稿,1937—1940 年。

88. 上海档案馆,卷宗号 Q401-10-128,上海精武体育会函稿,1936—1940 年。

89. 上海档案馆,卷宗号 Q401-10-129,上海精武体育会第十六届征求纪念,1935—1940 年。

90. 上海档案馆,卷宗号 Q401-10-130,上海精武体育会第十六届征求纪念,1938—1940 年。

91. 上海档案馆,卷宗号 Q401-10-131,上海精武体育会会员登记簿,1938—1940 年。

92. 上海档案馆,卷宗号 Q401-10-132,上海精武体育会帐目传票,1947—1940 年。

93. 上海档案馆,卷宗号 Q432-2-1291,上海市财政局关于精武体育会呈请豁免执照费,1947—1948 年。

94. 上海档案馆,卷宗号 Q6-5-518,上海市社会局关于上海市精武体育会申请登记的文件,1947—1949 年。

95. 上海档案馆,卷宗号 Q6-5-518-21,上海市精武体育会章程,1947—1949 年。

96. 上海档案馆,卷宗号 Q6-5-518-26,上海市精武体育会成立大会报告表,理监事履历表,1947 年。

97. 上海档案馆,卷宗号 Q6-5-518-32,上海市精武体育会会员名册,1947 年。

98. 上海档案馆,卷宗号 Q6-13-363,上海市社会局关于精武体育会申请批准演出文件,1945—1949 年。

99. 上海档案馆,卷宗号 Y4-1-614,精武体育会第十七届征求大会特刊,1935—1948 年。

100. 上海档案馆,卷宗号 Y4-1-615,上海精武体育会第二十八届征求大会特辑,1947—1948 年。

(二) 未付印资料

101. 卢丽娟主编,《上海精武体育总会会史(1910 年 7 月—1996 年 12 月)》。

(三) 出版文献

102. 星洲精武编辑会员会,《星洲中国精武体育会三十周年纪念集》,星洲精武体育会,1951 年版。

103. 于继涛,《精武实战技击法选萃》,北京奥林匹克出版社,1990 年版。

104. 陈公哲,《精武会五十年》,春风文艺出版社,2001 年版。

105. 上海市精武体育总会编,《精武拳械录》,上海社会科学院出版社,2008 年版。

106. 罗啸敖,《精武内传》,上海社会科学院出版社,2008 年版。

107. 陈铁生,《精武合战》,上海社会科学院出版社,2009 年版。

108. 张建方,《精武传统螳螂拳术》,上海辞书出版社,2010 年版。

（四）报纸

109.《时报》,1910 年。

110.《申报》,1872—1937 年。

111. 京津《泰晤士报》,1922—1926 年。

二、著作

112. Allen Guttmann. Urbana. *The Olympics*, *a history of the modern games*. University of Illinois Press，c2002.

113. Eric Dunning，Dominic Malcolm and Ivan Waddington. *Sport histories：figurational studies in the development of modern sports*. London；New York：Routledge，2006.

114. John J. Macaloon. *This great symbol：Pierre de Coubertin and the origins of the modern Olympic Games*. Abingdon，Oxon；New York：Routledge，2008.

115. Kevin Young，Kevin B. Wamsley. *Global Olympics：historical and sociological studies of the modern games*. Amsterdam；New York：Elsevier JAI，2005.

116. Paul Dimeo. *A history of drug use in sport* 1876—1976：*beyond good and evil*. London；New York：Routledge，2007.

117. Robert A. Mechikoff, Steven G. Estes. *A history and philosophy of sport and physical education：from ancient civilizations to the modern world*. Boston：McGraw-Hill,c2006.

118. A. Boydston(ed)，*The latter works of John Dewey*，Southern Illions University Press[M]，1984.

119. 郭希汾,《中国体育史》,商务印书馆,民国二十四年二月[1935.2]出版印行。

120. 沈镇湖,《上海体育年鉴　民国念九年　第一集》,体育世界社,民国二十九年五月一日[1940.5.1]出版发行。

121. 沈镇湖,《上海体育年鉴　民国三十年　第二集》,上海体育世界社,民国三十年六月一日[1941.6.1]出版发行。

122. 何仲箫,《陈英士先生年谱》,中国文化服务社,民国三十五年[1946]。

123. 体育运动委员会运动技术委员会,《中国体育史参考资料》,人民体育出版社,1957。

124. (美)哈肯·史密斯,《西洋体育史》,黎明文化事业公司,民国六十年[1971]。

125. 上海博物馆图书资料室,《上海碑刻资料选辑》,上海人民出版社,1980。

126. 蒯世勋，《上海公共租界史稿》，上海人民出版社，1980。

127. 体育文史资料编审委员会，《体育史料》，人民体育出版社，1980。

128. 上海社会科学院历史研究所编，《辛亥革命在上海史料选辑》，上海人民出版社，1981。

129. 上海人民出版社，《清代日记汇抄》，上海人民出版社，1982。

130. 朱邦兴，《上海产业与上海职工》，上海人民出版社，1984。

131. 体育院，系教材编审委员会本书编写组编著，《中国近代体育史》，人民体育出版社，1985。

132. (美)罗兹·墨菲，《上海——现代中国的钥匙》，上海人民出版社，1986。

133. 上海社会科学院历史研究所，《"八一三"抗战史料选编》，上海人民出版社，1986。

134. 陈学恂主编，《中国近代教育史教学参考资料》，人民教育出版社，1986。

135. 唐振常、谯枢铭，《上海史》，上海人民出版社，1989。

136. 国家体委体育文史工作委员会，中国体育史学会，《中国近代体育史》，北京：北京体育学院出版社，1989。

137. 周西宽，《体育史》，人民体育出版社，1989。

138. 上海市体委文史办公室，《体育场地》，上海市体委文史办公室，1990。

139. 郭希汾，《中国体育史》，上海文艺出版社，1993。

140. 上海体育志编纂委员会，《上海体育志》，上海社会科学院出版社，1996。

141. 崔乐泉，《中国近代体育史话》，中华书局，1998。

142. 崔乐泉，《体育史话》，中国大百科全书出版社，1998。

143. 马学强、宋钻友，《上海史话》，社会科学文献出版社，2000。

144. 徐威明，《体育 20 世纪》，世界知识出版社，2000。

145. (日)小浜正子，《近代上海的公共性与国家》，上海古籍出版社，2003。

146. 刘建辉，《魔都上海——日本知识人的"近代"体验》，上海古籍出版社，2003。

147. 梁元生，《上海道台研究——转变社会中之联系人物》，上海古籍出版社，2003。

148. 黄绍伦，《移民企业家——香港的上海工业家》，上海古籍出版社，2003。

149. 熊月之、马学强、晏可佳，《上海的外国人》，上海古籍出版社，2003。

150. (美)魏斐德，《上海歹士——战时恐怖活动与城市犯罪》，上海古籍出版社，2003。

151. (法)安克强，《1927—1937 年的上海——市政权、地方性和现代化》，上海古籍出版社，2004。

152. (法)安克强，《上海妓女——19—20 世纪中国的卖淫与性》，上海古籍出版社,2004。

153. 顾德曼,《家乡、城市和国家——上海的地缘网络与认同》,上海古籍出版社,2004。

154. (美)魏斐德,《上海警察》,上海古籍出版社,2004。

155. 卢汉超,《霓虹灯外——20世纪初日常生活中的上海》,上海古籍出版社,2004。

156. 韩起澜,《苏北人在上海》,上海古籍出版社,2004。

157. 郎净,《近代体育在上海:1840—1937》,上海社会科学院出版社,2006。

158. 晨曲,《正说霍元甲》,天津:百花文艺出版社,2006。

159. 罗时铭,《中国近代体育变迁的文化解读》,北京体育大学出版社,2007。

160. 张雪莲,《佛山精武体育会》,广东人民出版社,2009。

三、论文、文章

161. 李佩弦,《精武体育会简史》,《体育文化导刊》,1983(01)。

162. 黄文聪,《精武体育会的内外发展》,《体育文化导刊》,1983(01)。

163. 罗时铭,《浅谈基督教青年会在中国近代体育史上的作用》,《成都体育学院学报》,1985(04)。

164. 李季芳,《霍元甲与精武体操学堂(校)》,《体育文化导刊》,1989(05)。

165. 邵隽,《精武体育会的发展及其影响》,《体育文化导刊》,1990(01)。

166. 黄佩华,《精武体育会成立年代考》,《体育文化导刊》,1991(01)。

167. 蔡扬武,《从精武体育会看东方体育与西方体育的交汇》,《体育文化导刊》,1992(06)。

168. 韩锡曾,《浅谈精武体育会在我国近代体育史上的地位和作用》,《浙江体育科学》,1993(01)。

169. 易剑东,《精武体育会和中央国术馆的比较研究——民国武术的组织社会学探索》,《体育文史》,1995(06)。

170. 韩锡曾,《精武体育会创始人考辩》,《浙江体育科学》,1995(02)。

171. 蔡扬武,《上海的租界体育》,《体育文史》,1995(02)。

172. 陈晴,《军国民教育与中国近代体育》,《武汉体育学院学报》,1996(01期)。

173. 朱海明,《旧上海近代游泳史源初探》,《上海体育学院学报》,1997(S1)。

174. 易剑东,《精武主义和奥林匹克主义的比较研究——19世纪末至二战前的东西方体育文化》,《成都体育学院学报》,1997(04)。

175. 易剑东,《论精武主义》,《成都体育学院学报》,1997(01)。

176. 林致诚,《自然主义体育思想及其对学校体育改革的启示》,《厦门大学学报(哲学社会科学版)》,1998(03)。

177. 张敏，《中西合璧的晚清上海体育文化》，《档案与史学》，1999(03)。

178. 易剑东，《精武体育会的四种舞蹈术》，《体育文史》，1999(04)。

179. 刘志民、虞重干、丁燕华、平杰，《上海竞技体育历史之研究》，《体育科学》，2004(12)。

180. 牟艳，《胡适的实用主义体育思想探析》，《体育文化导刊》，2004(08)。

181. 王荷英，《〈申报〉中的上海近代体育研究(1872—1919)》，苏州大学 2005 年硕士学位论文。

182. 冯玉龙，《中国近代社会思潮对学校体育的影响》，《体育文化导刊》，2005(07)。

183. 郭玉成、许杰，《精武体育会与中央国术馆的武术传播研究》，《体育文化导刊》，2005(02)。

184. 暴丽霞、冯强，《近代上海球类单项体育组织考证研究》，《体育文化导刊》，2005(07)。

185. 郎净，《商务印书馆与近代中国体育传播》，《体育文化导刊》，2005(08)。

186. 杨祥全、吕广臣，《"精武元祖"霍元甲考略》，《搏击　武术科学》，2008(03)。

187. 范智展，《佛山精武体育会》，《中华武术》，2005(03)。

188. 黄瑾，《"精武会"的推介艺术及其对体育社团的启示》，《南京体育学院学报(社会科学版)》，2005(03)。

189. 付尘，《清末民初军国民教育思潮研究》，贵州师范大学 2006 年硕士学位论文。

190. 陈根福、王国志，《上海精武体育会对中华武术发展的影响》，《搏击·武术科学》，2006(9)。

191. 李润波，《上海精武体育会》，《北京档案》，2007(10)。

192. 韩起，《"精武会"的两大谜团》，《精武》，2007(04)。

193. 程美宝，《近代地方文化的跨地域性——20 世纪二三十代粤剧、粤乐和粤曲在上海》，《近代史研究》，2007(2)。

194. 邱海洪，《精武体育思想在我国的传播和影响》，《体育成人教育学刊》，2007(02)。

195. 陈天日，《试论霍元甲的精武精神及在传承中华武术文化方面的贡献》，《天津市社会主义学院学报》，2007(02)。

196. 葛国政、康庆武，《精武体育会之研究》，《南京理工大学学报(社会科学版)》，2008(6)。

197. 刘帅，《精武会社会网络之研究(1909—1941)》，上海体育学院 2009 年硕士论文。

198. 马廉祯，《略论中国近代本土体育社团对外来社团在华发展的借鉴——以精武体育会对基督教青会的模仿为例》,《搏击·武术科学》,2010(3)。

四、网站、电子书

199. 上海地方志上海通网站(上海市地方志办公室:《上海体育志》),http://
www. shtong. gov. cn/node2/node2245/node4455/node14988/node14993/node
60893/userobject1ai15415,html.

200. 上海地方志上海通网站(《上海基督教青年会和女青年会》),http://www.
shtong. gov. cn/node2/node2245/node75195/node75204/node75304/node75
318/userobject1ai92061. html.

201. 武汉市地方志编纂委员会办公室:武汉方志网,http://www. whfz. gov. cn/
shownews. asp?id=15602. 2009. 12. 11.

202. 中国网,http://www. china. com. cn/chinese/zhuanti/06msh/1182405. html.

203. 广州文史网(《广州工商经济史料》第36辑,"简照南与南洋兄弟烟草公司"),
http://www. gzzxws. gov. cn/gzws/gzws/ml/36/200809/t200800916_8008_
2. html.

204. 上海市总工会网站(《工运志》),http://www. shzgh. org/renda/node5902/
node6752/userobject1ai1267597. html.

后　记

本书的准备和写作过程中，我幸运地得到众多良师益友的帮助与支持。

首先要感谢我的博士生导师李蓓蓓教授多年来对我的悉心指导和谆谆教诲。在本书的写作过程中，曾经反反复复进行数稿修订，李老师付出了大量的心血，给予我很多宝贵的指导意见。

感谢王家范教授、杨奎松教授、许纪霖教授、易惠莉教授等老师们的传道授业解惑。

感谢博士论文评阅人李学昌教授、金志霖教授对本文提出的宝贵修改意见。

感谢华东师范大学体育与健康学院张云龙教授、上海精武体育会方长生老师、石双林老师、方婷老师等人多次接受我的访问，并提供相关文献及口述资料。

感谢好友梁德阔、徐大慰、戴银凤等好友们多年来对我的关心和支持。

感谢上海古籍出版社余鸣鸿师兄在该书出版过程中给予的大力帮助。

最后，感谢我的家人，多年来，他们的包容和支持，使我能够挤出更多的时间安心写作，他们给予我的爱和支持，使我克服了生活、工作中的诸多困难和压力。宝贝女儿始终是我幸福生活的源泉。大家族的关心和支持成为我努力学习和工作的巨大动力。

胡玉娇

二〇一八年夏